生と認識　超越論的観念論の展開

生と認識

超越論的観念論の展開

久保陽一著

知泉書館

凡　例

一　本書で引用する主な著書は次のように略記する。

（1）カント

A: I. Kant, *Kritik der reinen Vernunft*, die erste Auflage.

B: I. Kant, *Kritik der reinen Vernunft*, die zweite Auflage.

KU: I. Kant, *Kritik der Urteilskraft*. Hrsg. v. K. Vorländer, Hamburg 1963.

（2）ヤコービ

JH: F. H. Jacobi, *David Hume, über den Glauben oder Idealismus und Realismus. Ein Gespräch*, Breslau 1787.

JS: F. H. Jacobi, *Über die Lehre des Spinoza in Briefen an den Herrn Moses Mendelssohn*, Breslau 1789.

JIII: F. H. Jacobi, *Werke*. Bd. 3. Hrsg. v. Hamacher und Jaeschke, Stuttgart-Bad Cannstadt 2000.

WJ: *Der Streit um die Gestalt einer Ersten Philosophie (1797–1807)*. Hrsg. v. Jaeschke, Hamburg 1999.

（3）フィヒテ

GA: J. G. Fichte, *Gesamtausgabe*. Stuttgart-Bad Cannstadt.

FB: J. G. Fichte, *Über den Begriff der Wissenschaftslehre*, in: Teilsausgabe von Bd. I, 2 der Fichte-Gesamtausgabe, Stuttgart 1969.

FG: J. G. Fichte, *Grundlage der Wissenschaftslehre*. Hrsg. v. F. Medicus, Hamburg 1970.

FN: J. G. Fichte, *Wissenschaftslehre nova methode*, in: J. G. Fichte, Gesamtausgabe IV, 2, Stuttgart 1978.

FE: J. G. Fichte, *Erste und zweite Einleitung der Wissenschaftslehre*. Hrsg. v. F. Medicus, Hamburg 1967.

FS: *Fichte-Schelling Briefwechsel*. Hrsg. v. Schutz, Frankfurt am Main 1968.

（4）シェリング

SS: F. W. J. Schelling, *System des transzendentalen Idealismus*. Hrsg. v. Schulz, Hamburg 1962.

SI: F. W. J. Schelling, *Schellings Werke*. Bd.1. Hrsg. v. Schröter, München 1965.

SIV: F. W. J. Schelling, *Schellings Werke*. Bd. 4. Hrsg. v. Schröter, München 1978.

SA: F. W. J. Schelling, *Ausgewählte Werke*. Darmstadt 1973.

（5）ヘルダーリン

StA: J. C. F. Hölderhn, *Sämtliche Werke*. Im Auftrag des Kultusministeriums Baden-Württemberg. Hrsg. v. Beissner, Stuttgart 1943ff.

（6）ヘーゲル

GW: G. W. F. Hegel, *Gesammelte Werke*. In Verbindung mit der deutschen Forschungsgemeinschaft. Hrsg. v. der Reinischen-Westfälischen Akademie der Wissenschaft, Hamburg 1968ff.

Sk: G. W. F. Hegel, *Werke in zwanzig Bände. Theorie Werksausgabe*. Hrsg. v. E. Moldenhauer/ K. M. Michel, Frankfurt a. M. 1969ff.

N: *Hegels theologische Jugendschriften*. Hrsg. v. H. Nohl, Tübingen 1907.

Br: *Briefe von und an Hegel*. Hrsg. v. J. Hoffmeister und F. Nicolin, Bd.1, Hamburg 1952.

JL: G. W. F. Hegel, *Jeaner Systementwürfe II. Logik, Metaphysik, Naturphilosophie*. Hrsg. v. R. P. Horstmann, Hamburg 1982.

Ph: G. W. F. Hegel, *Phänomenologie des Geistes*. Hrsg. v. J. Hoffmeister, Hamburg 1952.

二　注は各章の末尾に付ける。

三　引用書の著者および筆者の強調箇所は傍点で表わし、筆者の補足は［　］で表わす。

目次

生と認識

——超越論的観念論の展開

序論　ドイツ古典哲学の問題意識と理論的特質

ドイツ古典哲学は登場してから既に二百年ほどたっており、その間、様々な評価を受けてきた。ドイツ古典哲学の中には、多分、今日では既に無縁になったと感じられるような考え方も多くあるだろう。例えば、哲学的な知を「体系」の形で提示することや、「絶対者」にかんする「絶対知」をめざすことは、多くの現代人にとって受け入れがたいかもしれない。そのような拒否反応は常識や科学主義の故だけでなく、ハイデッガーが戦前にシェリング『自由論』の講義で語ったように、絶対的価値を信じられなくなった現代の「ニヒリズム」の故に生じているのかもしれない[1]。しかし、他方当時、N・ハルトマンは実証主義に対抗して「形而上学への感覚」の蘇りを認め、「われわれはふたたび形而上学的なものを、ヘーゲルがそれを見たのとまったく同じように見ている[2]」と述べ、ヘーゲルの再評価を行なった。しかしこれに対して、周知のように、一九三〇年代に論理実証主義の立場からヘーゲルなどの「形而上学」の命題が認識の基準に適わないとして拒否されただけでなく、およそ「意識」の「表象」に依拠する近代哲学一般やドイツ古典哲学の立場が、言語論的転回の観点から「表象主義」として否認されてきた。

ところが戦後まもなく論理実証主義がクワインやセラーズによって批判され、分析哲学においてプラグマティズムや全体論への移行が行なわれるようになった。それに照応して、英米系の分析哲学者の中でまずカント哲学と問題の共有が、さらに最近ではヘーゲル哲学の受容が行なわれるようになってきた。また心や表象を無視し、すべてを言語の分析に還元しようとした言語論的転回の考え方は改められ、言語と心の関係が問題とされるようになってきた。こうしてながく敵対していた大陸系哲学と英米系哲学の融合が新たに始まったかのようである。

しかしそのことは幾つかの問題を新たに投げかけるものでもある。一つは、そのような最近の分析哲学の側からのドイツ古典哲学への接近は、はたしてドイツ古典哲学をその固有の意味において受けとめているかどうかという疑問である。あるいは、それが多少の誤解を含むとしても、結果として積極的な意義をもたらすものかどうかが問われよう。だが、それらの点を問うということは、結局、ドイツ古典哲学の意味を、現代との「近さ」と「遠さ」の中で問うということになるのではないだろうか。それによってむしろ、逆に「ニヒリズム」や「ポスト形而上学」など現代人の観点の限界も問い直されることになるのではないか。そのような二重の意味で、すなわち、一方でドイツ古典哲学のうちに現代の関心と共通の事柄を見出すとともに、他方でドイツ古典哲学に照らして現代人の観点の限界を照らしだすという意味で、われわれは今日でもなおドイツ古典哲学から汲み取るべきものをもっていると思う。そうだとすると、われわれはドイツ古典哲学を現代の関心から出発して問題にすることは避けがたいとしても、それを性急に現代人の観点や問題意識に引き寄せて解釈することは、避けなければならないだろう。ドイツ古典哲学をわれわれとの「近さ」においてだけでなく、「遠さ」において捉える必要もあり、その考え方を固有の意味において明らかにする必要があろう。例えば、クローナーも問うたように、カントの形而上学批判にも拘わらず、何故またいかなる意味でシェリングやヘーゲルにおいて「絶対者」の哲学が企てられるようになったかが、くりかえし検討されねばならない。そのためには、個々のテキストの中に踏み入り、それぞれの哲学者が語るところに虚心に耳を傾けると共に、それを歴史的コンテキストや哲学的布置のうちで解釈することが必要だと思われる。

そこで本書では、ドイツ古典哲学の問題意識と理論的特質がいかなるものであったかを、その複数の哲学者の歴史的連関および哲学的布置のうちで見極めることに努めたい。それは結局次の三つの点に認められる。第一に、ドイツ古典哲学では、カントの超越論的観念論における表象の客観的実在性の根拠づけという根本的モチーフが、カントを越えて展開されたことである。第二に、ヤコービによる観念論批判の挑戦を受けて、超越論的観念論が「生の認識」として自己了解するようになり、そこから表象の客観的実在性の根拠づけを人間的自我からでなく絶対者の立場から行なうようになったことである。第三に、生を反省によって認識することには原理的に困難が含まれているものの、懐疑主義や神秘主義に与せず、所与の根拠づけによる学的体系、また導入構想によってその困難を克服しようとしたことである。第一の点は本書の第一部で、第二と第三の点は第二部から第四部において詳しく取り上げることにする。それに先立ってここではこれらの点が全体としていかなる意味で成り立つかを予備的に考察することにしたい。

一　超越論的観念論の根本的モチーフの展開

ドイツ古典哲学を全体として捉える試みは一九二〇年代にクローナーやハルトマンによって行なわれるようになった。まずその点を振り返っておくことにしよう。クローナーの場合、ドイツ古典哲学の個々の哲学者の叙述が同時に一つの体系的意味をもつことが認められ、カントから出発してヘーゲルで終る過程が「一つの全体」として捉えられねばならないとされた。ヘーゲル哲学という目標に向かって、いかに「或る段階から次の段階へと進んでいるか」が問題とされた。したがって、「ヘーゲルのうちに帰結する発展に参与した者だけ」が叙述されるにすぎず、その発展の枠から外れる思想は、たとえそれ自体において重要な意味をもつものであろうと、除外された。また、それまで未公開だった個々の哲学者の草稿の刊行が行なわれだしたばかりの段階で、全体について論じることは当時時期尚早ではないかという懸念もあったが、それも退けられた。というのは、クローナーによれば、たとえ資料が完全に揃ったとしても、全体の評価の大勢には変更はないからである。重要なのは、カントの超越論的な考え方がフィヒテ、シェリング、ヘーゲルにおいて深められたかどうか、カントによって拒否された形而上学が彼らにおいて復活せしめられたのは正当だったかどうかというような問題である。それは「歴史的な個別研究とは独立に提起される」というのである(3)。

しかし歴史的個別的研究の意味を軽視しても済むというクローナーの見込みは、今日ではもはや成り立たなくなっていると思われる。なぜなら、彼が叙述の基準に据えたヘーゲルの哲学ですら、その体系の意味は、ここ数十年の間に彼の種々の体系構想の変化が辿られるようになって初めて、十全に問題にされうるようになったからである。

これに対してハルトマンによるドイツ古典哲学の叙述は個々の哲学者の独自性を捉え、そこから諸哲学者相互の関係についても、クローナーのように何か終末論的な観点を持ち込むことなく、事柄に即した分析を行なっている。ただハルトマンもこれらの哲学者たちに共通の目標を認めてもいる。それは、カントにおいては「批判」が第一の要求であり、「将来の形而上学」や体系構築は今後の課題にとどまったのに対して、フィヒテ以後においては個別的問題に先立つ「全体の理念」、「究極的基礎に基づく包括的な統一的哲学体系の樹立」がめざされたというのが、それである。「究極的基礎に基づく包括的な統一的哲学体系の樹立」はラインホルトから始まり、そこから「一方でカントをめざしつつ、他方でカントを越えて」展開するという運動が起こり、それがフィヒテ、シェリング、ヘーゲルに継承された(4)。このようなハルトマンの見方は確かに今日でも正鵠を射ていると思われる。しかしその際、彼らがカントのいかなる考え方を展開することによって哲学体系の視野を開いたかにかんして、ハルトマンの見方はやや一面的であったように思われる。彼は、フィヒテに先立つ、ラインホルト、マイモン、ベックなどのカント的問題への取り組みが、物自体にかんする問題を中心としており、『純粋理性批判』に依拠して行なわれたものの、それは「カントの思想の核心」に触れたものではなかったという。カントの「根本的視野」はむしろ『判断力批判』で初めて明らかにされるのであり、物自体の問題も「実践的領域」で解決しうるのであって、フィヒテが初めてその点に気づき、「人間の行為的道徳的な根源性の思想」によって、自然を越えて絶対者への視界を開いたという(5)。

確かにハルトマンが言うように、ラインホルト等によるカントの問題への取り組みには偏りがあり、また『判断力批判』によって初めてカント哲学の全体像が見えてきたという面はあると思う。カントはしばしば感性と悟性、理論理性と実践理性には「共通の根」があると言い、また『純粋理性批判』の方法論の箇所で、「体系」としての「形而上学」は「自然の形而上学」と「道徳の形而上学」とから成ると述べていた。そのような「共通の根」や「形而上学」の総合の場は、私見によれば、『判断力批判』で扱われた自然の美的宗教的経験の領域に、すなわち自然の合目的的連関と道徳的世界との結びつきに認められる(6)。しかしこのことは、「カントの思想の核心」が『純粋理性批判』には存せず、「実践的領域」およびそれを踏まえた『判断力批判』の視界にあることを意味するものではない。ちなみにカントは「全形而上学がその周りを回転している二つの回転軸」として、「空間と時間の観念性」と「自由概念の実在性」を挙げ、両者の結合の必然性を説いていた。すなわち、「空間と時間」が直観の形式であることから、因果的自然は「現象」の世界に限られることになり、そこから「現象」の背後に、因果的自然に拘束されない「自由」が存在する余地が開かれてくる。(7) そうだとすると、理論哲学を先行せずには「自由」を語ることはできない。フィヒテが実践の優位の故に自然を越えて絶対者への視界を開いたとしても、それはカントが予め自然を超越論的観念論的見地から捉えていたからこそ、可能であったというべきだろう。

そうであれば、フィヒテ等がカントの考え方を敷衍し展開することによって体系的哲学への視界を開いたのも、むしろ、『純粋理性批判』における自然認識の基礎づけの根本的モチーフを、「カントを越えて」徹底したことによって生じたと見られるべきであろう。その根本的モチーフとは、要するに、表象の客観的実在性を観念論的に根拠づけることであり、これこそカント哲学の核心をなすものと思われる。

周知のように、カントは、人間の心のいだく表象のうち、知覚や知覚に基づく科学的認識は心が自ら作り出した空想などではなく、心から独立に存する対象を志向していること、すなわち表象の客観的実在性を、心の外なる物からの作用の結果としてではなく、心の諸条件から説明した。これは周知のコペルニクス的転回の考え方であるが、近代哲学の脈絡からすると、デカルト以来の意識内在主義が抱えていた、物体の存在の論証のアポリアに対する積極的な回答であったとも言える。その際、カントの独自性は、デカルトやバークリのように最終的に神に依拠することはせず、人間の立場に踏みとどまったことに認められるだけではない。それと同時に、表象の客観的実在性を表象の「確実性」という基準から、表象の「必然性」とりわけ因果的必然性という基準に転換した点にもあるだろう。つまり、カントは個別の物あるいは実体にかんする表象の客観的実在性の根拠を問うのではなく、多様な物の関係とりわけ因果的秩序にかんする表象の根拠を問い、その根拠をとりわけ直観形式、構想力、悟性という秩序づけの認識能力に見出したのであった[8]。その限り、デカルトにおいて目覚めた意識の対象と夢の意識の対象とが原理的に区別されえなかったのに対して、カントにおいて両者は表象における因果的秩序の有る無しによって区別されえた。しかし、このようにカントが経験的実在論をアプリオリな原理に基づく観念論のうちに取りこむのに成功したのだとしても、認識の素材（色、音などの感覚内容）にかんしては物自体からの触発を前提するのみで、それ以上説明しなかった。その限り問題を残し、ヤコービの批判を招くことになった。また、表象の客観的実在性を表象の因果的必然性に置き換えることは、因果的必然的ではない表象の客観的実在性を否認することになり、その点でも問題を残したように思われる[9]。

ともあれ、ドイツ古典哲学の哲学者たちは、このようにカントが設定した、表象の客観的実在性の根拠づけという根本的モチーフおよびその論証方法を受け継ぎつつ、それを「カントを越えて」様々に展開しようとした。実際、まずフィヒテは『知識学への第一序論』において、一般に「哲学の課題」を「必然性の感情に伴われた表象の体系」と「必然性の感情そのもの」の「根拠」を問うことにあると定式化した。その際、フィヒテ自身はその「根拠」をもちろん「物体」にではなく「自我」に見出した[10]。その限り、フィヒテは「表象の必然性」の観念論的根拠づけというカントの問題意識を受け継ぐと共に、それを「必然性の感情」あるいは「強制の感情」という「感情」の次元にまで引き降ろし、理論のみならず実践の領域にも及ぼそうとしたと言える。それと共に、カントが不問にした認識素材の問題についても、産出的構想力の立場から一定の説明を与えることができた。それは、心が自らの外に対象を意識するのは、「構想力」による対象の産出を自覚しえない限りにおいてだというものである。

シェリングも「超越論的観念論」の課題を『超越論的観念論の体系』において、「主観的なものを第一のもの、絶対的なものとみなし、そこから出発して、客観的なものを生ぜしめる」（SS10）ことに見出した。彼はこの客観的なものの根拠づけをすべての知の体系において遂行するために、その「手段」（SS2）として、「自己意識の進行する歴史」（SS3）を述べようとした。しかもこの歴史の出発点として、まさに、フィヒテが重視したところの「感覚」ないし「強制の感情」（SS75）を置き、それを「一切の知の客観性の条件」（SS76）とみなした。それと同時に注目すべきは、シェリングは「強制の感情」を、「自分が戻ることが出来ない、意識の瞬間に連れ戻されようとするのを感じる」「現在の感情」（SS133）というように、自我の時間的被制約性の次元において成り立つ事態とみなしたことである。

ヘーゲルも既に『差異論文』において、カントの超越論的観念論とりわけ「カテゴリーの演繹」の思想を、「主観と客観の同一性」（GW4, 6）を表したものとして高く評価していた。『精神現象学』においては、かの「自己意識の歴史」として構想されたシェリングの「超越論的観念論の体系」の企てを、絶対者（「精神」）の「現象」という意味においてだが、「意識の教養の歴史」として展開した。その中で、とりわけ「理性」の段階において、対象における「一切の実在性」が「理性的意識」の作用を通して成立する事態を重視し、そこに「観念論」（GW9, 133）の企ての意義を認める一方、その企てを充分に実現できない既成の「観念論」の限界を認めた。

その際ヘーゲルは実は、表象の客観的実在性の根拠づけの問題を、カント、フィヒテ、シェリングのように心の働きの側から認識論的に問うだけでなく、存在論的に問うてもいた。つまり問題は、表象がいかなる根拠によって客観的実在性をもつかだけではなく、いかに一般に或る概念が実在性をもつかでもある。実際、彼は一八〇三年冬の講義予告では「論理学と形而上学」を「超越論的観念論」と称していた(11)。その論理学と形而上学において、「実在性」は殆ど「全体性」と同義とみなされたと思われる。すなわち、或る概念が全体との関係の中で初めて自己の真相に、すなわち「自己内反省」に達することが、その概念が「実在性」をもつことに他ならない[12]。

同時に、このような表象の客観的実在性をめぐるカントの問題意識のフィヒテ以後の展開によって、カントが見出した二つの実在的世界（因果的自然と道徳的自由）が一層拡張され、一層力動的に開示されることになった。そこから存在者全体にかんする一元論的哲学体系の視野が開かれるようになった。第一に、因果的自然あるいは因果的自然の意識の言わば手前に、主客未分の「衝動」の世界が実在することが見出された。それは同時に理論的意識の世界と実践的意識の世界の垣根を取り払い、両者に貫通する世界を開くという意義をもつだろう。第二に、因果的自然あるいは因果的自然の意識を包み越えて、人間の行為を通した社会的歴史的世界が実在するのが見出された。しかもそこでは「自由」と「必然性」とのカント的対立が克服された。個々の人間の行為が社会的歴史的現実から制約を受けると共に、個々の人間の行為が社会的歴史的現実を産み出し、「自由」と「必然性」が相互に作用しあう構造において捉えられた。第三に、カントにおいては因果的自然の世界から締め出され、かろうじて因果的自然と道徳的自由とを媒介するものとして想定された「神」が、理論と実践、自然と自由の世界を媒介する領域において実在性をもつものとして、芸術や宗教や哲学を通して経験可能な「絶対者」として語られうるようになった。こうして絶対者の認識という形而上学的企ては「独断的形而上学」への後退ではなく、種々の実在的世界の総括という意義をもつようになった。

二　生と認識、絶対者の哲学への展開――ヤコービの挑戦に対する応答

こうして、フィヒテ、シェリング、ヘーゲルにおいて、カントによって認められた実在的世界の拡張を通して、カントにおける表象の客観的実在性ないし必然性の根拠づけという根本的モチーフの様々な展開が認められた。だがそれはいったいいかにして生じたのだろうか。換言すれば、いかにして超越論的観念論のモチーフは人間的自我の観点のみからだけでなく、絶対者の観点からも問われるようになったのだろうか。この点については、しかし、近年、個々の哲学者のテキストをその自己理解に従って理解するだけでは、充分な説明は得られないのではないかという反省がなされるようになってきた。とりわけ、個々の哲学者が何ゆえに短期間のうちに急速に以前の立場を乗り越えたかが理解しがたい。この疑問を解くためには、その変化に先立って、哲学者が置かれていた問題状況にずれが生じていたことに注目せねばならず、哲学者が組み込まれていた「布置 Konstellation」を解明することによって、かの疑問に答えられると言われるようになった。例えば、ヘンリッヒは初期ドイツ古典哲学の運動について次のような点を指摘した。「遅くとも最初の知識学の出現以来、だが本当は既にラインホルトとヤコービとの間に哲学的布置が成立して以来、個々の哲学の発展は、一つの活発で刺激的な思想的な問い合わせの連関の中に組み込まれていたのであって、その連関の中で多くの重要な思想家も余り重要でない思想家も意見表明を行なっていた。[13]」

そうだとすると、上述のごとくラインホルトから始まった「カントを目指しつつ、カントを越える」運動、超越論的観念論の展開は、少なくともヤコービとの関係における「問い合わせの連関」から捉えなおす必要がある

と思われる。実際、ヘンリッヒは、ヤコービの『スピノザ書簡』において示された「現存在のうちなる存在」というスピノザの絶対者の規定が一七九五年頃に、ヘルダーリンとシェリングの思想形成に、とりわけ彼らのフィヒテへの取り組みに大きな影響を及ぼした点を解明した。(14) またハルトマンも指摘していたように、フィヒテが『全知識学の基礎』の実践的部門で「一切の実在性の基礎」を「感情」に見出したときに、フィヒテもヤコービの「直接的確信」の立場に与していた。(15)

この「直接的確信」における「自己」と「外的なもの」、また「制約的なもの」と「無制約的なもの」との不可分の連関が、やがてヤコービの『フィヒテ宛公開書簡』(一七九九年)において一切の観念論的哲学を「ニヒリズム」として退ける「非知」の立場として先鋭化されるようになる。それは、ドイツ古典哲学の根本問題、すなわち上述のごとく、表象の客観的実在性を問う立脚点そのものを無にする意味をもっていた。そのような哲学への挑戦をめぐる「問い合わせの連関」の中で、ヤコービに対する言わば傾倒と反発というメカニズムが作動し、そこからドイツ古典哲学が意識や自我の立場から絶対者の立場に転換するように誘発されたと思われる。この点は従来必ずしも十分に取り上げられてこなかったので、以下で少しく立ち入ってみよう。

1　ヤコービ

ヤコービの『フィヒテ宛公開書簡』によれば、「自然な人間」の「非知」(WJ6) の見方では、「私は存在する」という命題と「私の外に物が存在する」という命題は「等しい確実性」(同) をもっている。つまり「知」の「外または前」に「真なるもの das Wahre」(WJ15) があり、そこでは「自己と外的なもの、受動性と能動性、内なるものと外なるもの、自分と他者、必然的なものと偶然的なもの、無制約的なものと制約的なもの、時間的なものと永遠なもの」（WJ26-27）とが「不可分な合一」（WJ26）をなしている。しかるにこの「合一」は「反省」にとっては「不可能」なもの、「奇跡や神秘」（WJ27）としか考えられない。そこで「思弁的哲学」は「私は存在する」と「私の外に物が存する」の両命題を切り離して、どちらか一方のみを認め、それに他方を従属させようとする。その結果、「観念論」（WJ6）の体系もしくは「唯物論」（同）の体系が生じることになる。そうだとすると、カントやフィヒテの「観念論」は主観によって構成された限りでの客観的なもの、「主観と客観との同一性」を「自立的な実在性」と誤解し、したがって真に客観的なものを見失っている。それはむしろ「無」（WJ11）を産み出す「ニヒリズム」（WJ19）と言われるべきである。

2　フィヒテ

この『フィヒテ宛公開書簡』に対してフィヒテは四月二二日のヤコービへの手紙で、一方でヤコービの考え方に対する変わらぬ尊敬と賛同を表明する共に、他方で何ゆえにヤコービが観念論をそこまで非難するのかについて困惑を示した。だが、実は、フィヒテは『フィヒテ宛公開書簡』を受け取る少し前に、一七九九年四月頃に『回想・応答・問題』という論稿を書いており、そこでヤコービの「非知」と「知」の区別と殆ど同様の「生」と「思弁」の区別を、自ら説いていた。実際、フィヒテはこれより五年前に『知識学の概念について』において「学」の営みの根底に「人間精神の行為」という非学的領域があることを認め、さらに『新しい方法に基づく知識学』ではそれを「生」と名づけていた。したがって、フィヒテはこの点で既にヤコービから示唆を受けていたと思われる。そして、無神論論争を通して宗教と哲学の連関という問題に直面したことによって、その点を一層明確にすべきだと思い、『回想・応答・問題』を書いたのだろう。

その論稿の中でフィヒテは常識や信仰という「生」の立場と「思弁」の関係について次のように述べていた。「生」は「じかに客観を考える」「自然な日常的立場」であるのに対して、「思弁」は「自分の思考を考える」「人為的な立場」であり、そこに「知識学」と名づけられた「超越論的哲学」も成り立つ。その際、フィヒテは、まるでヤコービの見方に与するかのように、「哲学しないことによって」「すべての実在性がわれわれにとって生じ」、「思弁に上昇するや、この実在性がまったく消滅する」ことを認めている。しかし、フィヒテはヤコービとは異なり、哲学知の立場を擁護し、「思弁」に「生を認識する手段」としての意義を認める。フィヒテによれば、人は「思弁」なしにも生きていけるが、「生」の中にとどまる限り、「自分が何に囚われているのか、自分自身が何であるか」を「認識できない」。「思弁」によって「自分自身から抜け出し、自分自身であることを止め、自分の外の立場に身を置く」ことによって初めて、自分を「認識できる」ようになる[16]。

そうだとすると、超越論的観念論はヤコービの場合とフィヒテの場合とではやはりまったく異なった意味をもつことになるだろう。ヤコービから見ると、表象の客観的実在性を根拠づけようとする議論の前提、――外的な物から切り離された表象の存在――そのものが「真なるもの」から逸脱している。したがって、その表象の内でいくら客観的実在性を付与しようにも、「真なるもの」の実在性には到達できず、表象の客観的実在性を求める論証は、始めから失敗を運命づけられている。その限り、ヤコービの考え方は、――後のラインホルトの言葉を借りて言えば、――「認識の真の実在性を学問的に根拠づけることを、不可能とみなす」「懐疑論」（WJ130）である。フィヒテにとってもこの論証それ自体は「生」そのものから「抜け出した」次元にあり、そこに「実在性」は認められない。しかし「生」からの脱出によって初めて「生」の「認識」が得られる。つまり一方で「思弁」から抜け出して「生」の立場を認めねばならないが、他方で「生」から抜け出して「思弁」に高まらねばならず、そこで「生」を「認識」できるようになる。したがって、表象の客観的実在性ないし必然性を根拠づける超越論的観念論は、むしろ「生」の真相を自覚した、あるいは「生」を「認識」の様式において再構成した「生」の一形態として、非学的「生」の立場から捉えなおされたことになろう。

それ故、フィヒテは、一方で「私はヤコービの意見に全面的に賛成です。彼は思弁の本質と生の本質を非常に真摯に認識しています」（WJ57）とヤコービの立場に与するものの、他方で「どうして彼が冷静に生と思弁の両者を乗り越えて、両者を互いに支えあうようにすることができないのか」（同）と述べて、ヤコービの反哲学的な主張に疑念を示すのである。そこで、ヤコービがフィヒテの立場を「論理的熱狂主義」と呼んだことに対抗して、フィヒテはヤコービの立場を「現実的生の熱狂主義」（WJ58）と名づけ、その一面性を批判した。一八〇〇年一月八日のラインホルトへの手紙でも、フィヒテは一方で、自分の哲学の「本質」が「ヤコービ哲学の本質と同様に、非知にある」（WJ65）ことを認めつつ、他方で「非知」や「自由」（同）の意味について両者の理解の違いを認める。最終的には彼はヤコービの立場を「頑迷な独断論」（WJ115）と非難するようになる。

3　ラインホルト

それに対して、ラインホルトはかのヤコービの『フィヒテ宛公開書簡』の直後に、一七九九年三月二七日のフィヒテへの手紙において、自分の立場をヤコービとフィヒテとの「中間」にあると認めるようになる。というのは、ヤコービとフィヒテが共に、生と思弁、自然な信念と思弁的理性の違いを認める——一方は生の側に、他方は思弁の側に立つという違いはあるものの、——のに対して、ラインホルトは両側面の「関連」を重視するからである。ラインホルトによれば、哲学的知は確かに「思弁的理性」によってまた「思弁的理性」にとってのみ成り立つ自己完結性をもっている。しかし「良心」によって告知される「実在的だが、端的に不可解な無限者」すなわち「神」の「感情」を「前提して」もいる。哲学的知はその「信仰」との「関係」によってのみ「実在性」をもちうる。哲学的知は「信仰」との「関係」がなければ、「単なる思弁」であり、「作り話」でしかない。つまり、ラインホルトは、ヤコービと同様に、哲学的知を、「非知」における有限者と無限者の合一をいったん分裂した後で再興する営みと見なすものの、それはけっして「根源的で不可解な実在的に真なるもの」に至らず、その「模倣」でしかないと言うのである(17)。

これに対してフィヒテはラインホルトへの返書（一七九九年四月二二日　実はフィヒテはこの手紙の一部を上述のヤコービに宛てた同日の日付けの手紙にも挿入した）で、「ヤコービの立場と私［フィヒテ］の立場との中間の哲学的立場なるものはまったく存在しない」(GAIII-3, 327) と述べ、哲学者の「生」と「哲学」とが互いに「独立である」点を再度強調する。これに対してラインホルトはかの中間の立場を、むしろフィヒテの『人間の使命』第三巻における「良心」の立場に他ならないと反論する。他方では、「良心」で捉えられる「存在」は「単なる人間的意識の現象でないもの」、すなわち「端的に実在的な根源」であると述べる。つまり、かつて彼も与したことのある知識学の「主観主義」を批判し、「主観的なものと客観的なものを越えた、端的に崇高なる絶対者」あるいは「一者」の立場、――「一者における一者による一者としての一者の反復可能性」の立場、すなわちバルディリの「合理的実在論」へ転換しようとする(18)。『一九世紀初頭の哲学の状況を容易に概観するための寄稿』第一分冊（一八〇一年）において、ラインホルトはかの超越論的観念論が求めてきた「知の実在性」の「根拠」を、もはや「自我」や「自己意識」にではなく、「根源的に真なるもの」ないし「絶対者」に見出すことになる。

4　シェリング

ヤコービに刺激されて超越論的観念論の立場を実践的な生の次元から捉えなおし、主観的観念論を絶対者の哲学へ乗り越えようとする傾向は、ラインホルトにだけでなく、シェリングにも認められる。シェリングは『超越論的観念論の体系』（一八〇〇年）において「現実からの出口」として「芸術」と共に「哲学」を挙げ、「現実」と「哲学」との関連について、殆どヤコービの「非知」と「知」（観念論と唯物論）の連関を踏まえて、こう言う。「常識」においては「私は存在するという命題と私の外に物があるという命題」は直接「繋がっている」。しかし「哲学」は両命題を切り離した上で、一方と他方との同一性を人為的に示そうとする。この同一性を主観的なもの（「私は存在する」）から示す場合には「超越論的観念論」となり、客観的なもの（「私の外に物がある」）から示すと「自然哲学」となる。[19] ただ、シェリングはヤコービとは異なり、「哲学」を擁護する側に立ち、その点ではフィヒテと同じである。しかし他面ではシェリングはフィヒテと異なり、「自然哲学」を認めてもいる。その点ではシェリングはむしろヤコービの「非知」と「知」（観念論と唯物論）の連関づけに沿った見方をしていると言えよう。換言すれば、シェリングがフィヒテの自我哲学を受容した後にやがてそれから離れ、自然哲学を含む独自の哲学体系に移行しえたのも、ヤコービの考え方に引きよせられたためとも考えられる。

ただし、シェリングは、周知のように、超越論的観念論と自然哲学との並行論的な捉え方からもすぐに抜け出し、両部門を絶対者の自己認識のうちで捉え直す同一哲学の構想に移行し、そこでフィヒテの立場を主観的観念論として批判するようになる。けれどもこの同一哲学はヤコービによってただちに、フィヒテ的な超越論哲学の「必然的帰結」（WJ255）として一蹴される。そこでシェリングはヤコービのニヒリズム批判に対して、ヘーゲルと共に対抗するようになる。このようなヤコービに対する傾倒と反発は、『自由論』における「二元論」の受容に見られるように、その後のシェリングの思想をも駆り立てたものと思われる。

5　ヘーゲル

ヘーゲルはシェリングの『超越論的観念論の体系』と同じ頃に宗教論や政治論から哲学への移行を行なうようになった。その移行も、哲学を「生の認識」と捉えた上述のフィヒテの考え方に合致したものであり、――フィヒテの論稿『回想・応答・問題』は当時公刊されておらず、ヘーゲルはそれを知らなかったろうが、上述のヤコービの『フィヒテ宛公開書簡』を（また恐らくラインホルトのフィヒテ宛公開書簡も）読んだと思われる(20)――「生」から「生の認識」への展開を意味していた。(21)「生」はヘーゲルにおいてまず『キリスト教の精神』において「有限者と無限者との連関」と表されていた。それは人間と神的なものとの宗教的連関を意味していた。この連関は「生の意識」の立場で捉えられるが、その際注目されるべきは、それが既にまさにヤコービの『スピノザ書簡』における「生の感情」の思想の影響の下に考えられたと思われることである。やがて「生」における人間と神的なものとの連関が『キリスト教の実定性、改稿序文』において「概念」によって根本的に考察されることによって、「有限者と無限者との形而上学的考察」に移行すると言われる。実際、「教授資格論文テーゼ」において「有限者と無限者の総合」が「理念」と呼ばれ、それが「哲学」の内容をなすと見られるようになる。けれども「生」は「理念」の「認識」に移行するだけではなく、「生」そのものとして保持されてもいた。一八〇〇年一一月二日のシェリングへの手紙にも見られるように、「青年時代の理想」が「体系」に移行した後、再び「人間的な生」への「帰路」が求められた。その意味では「生」が「生と認識」という二重構造に展開したと言えよう。

このような「生」から「生と認識」への展開をめぐってヘーゲルは、シェリングと同様に、一方で「自己と外的なもの」「制約的なものと無制約的なもの」の「合一」の立場の故にヤコービに共感すると共に、他方でその「非哲学」の主張に対しては反発を感じたと思われる。彼は『差異論文』の序論の「思弁と常識の関係」という箇所で「常識 gesunder Menschenverstand」の二義性を問題にしており、その際「常識」としてヤコービ（もしくはラインホルト）の「感情」と「信仰」の立場を暗示していたと思われる。ヘーゲルによれば、一方で、「常識のうちで」「制約的なもの」と「無制約的なもの」とは「同一である」（GW4, 21）。それ故、「思弁」は「常識の要求の根底にあるものにおいて、絶対者を認める」（GW4, 20）。ただし、「常識」によって求められている絶対者は「内的なもの、感情、認識されないもの、表現されないもの」（GW4, 21）にとどまる。他方で、「常識」が絶対者を認識し、表現しようとして「反省」の対象にするとなると、自己と「絶対者」との「対立」（同）の立場（「信仰」）に身を置くことになり、「制約的なもの」と「無制約的もの」との「同一性」を見失ってしまう。それに対して「思弁」は「常識にとって無意識的であった同一性」を「意識された同一性に高める」（同）。だが「常識」はそのような「意識された同一性」に対して、「信仰の中で分離されていたものがそのように結合されるのをみて、ぞっとする」（同）。「常識は分離を廃棄するという哲学の原理をけっして認めず、体系の原理だけを見て、対立するものの一方が絶対者に高められ、他方が廃棄されるのを見るに過ぎない」（GW4, 22）。こうしてヤコービ的な「常識」と「信仰」の立場および哲学批判は、ヘーゲルの見るところ、「反省」による分裂を越える面を含んでいながら、なお「反省」による分裂に拘束されており、「思弁」における「意識された同一性」に到っていない。

6　ヘルダーリン

だが「生の認識」は、実はヘーゲルに先立って、既にヘルダーリンがその詩論のうちで述べていたモチーフでもある。ヘルダーリンは既に一七九五年春にヤコービなどの影響を受けて、「意識」における主客分裂の根底に「存在」における主客合一を認めていた。その際、彼は、フィヒテの「絶対的自我」の観点からは客観の実在性は根拠づけられないことを認め、その意味で超越論的観念論の企てに対する根本的疑問を示していた(22)。しかしやがて彼は一七九九年頃の詩論において単に「合一」の「感情」にとどまるのでなく、そこから抜け出し、「対立」を通してこそ真の合一が達成されると考えるようになり、「生の認識」をめざすようになる。ヘルダーリンによれば、「詩」の行程は「生」の「感情」から「認識」へ高まる行程を意味する。この「生の認識」は詩的精神の「自己認識」とともに達成される。ただしそれは、フィヒテ的自我の自己反省によってではなく、自我と自我によって選択された「外的な客観」との相互帰入によって可能になる。詩人は自らに降り懸かってきた外的な出来事を自らの決断のうちで受け入れることによって、自己が「生」のうちにあると共に「生」が自己のうちにあることを認める(23)。

上述のヘーゲルの『キリスト教の精神』の「生」の思想は、ヤコービの「生の感情」のみならず、このようなヘルダーリンの「生の認識」、とりわけ「エンペドクレスの死」のモチーフからも大きな影響を受けたと思われる。ただしヘーゲルはそこでイエスにおける「生の意識」を問題にしたものの、――「認識」を一般に「反省」による客観の把握の意味で捉えていたため、――まだ「生の認識」には到らなかった。「生の認識」はイェーナ時代になって初めて、フィヒテと同様に「哲学」の課題として企てられるようになる。

こうしてカントの超越論的観念論がカントを越えて「絶対者の認識」にまで展開したのも、フィヒテ、ラインホルト、シェリング、ヘルダーリン、ヘーゲルがヤコービの「非知」の挑戦に触発されて、超越論的観念論を「生と認識」の問題構成から捉えなおし、展開しようとしたことから生じたと思われる。少なくとも、一八〇〇年前後の自我哲学から絶対者の哲学への転換はヤコービとの関係ぬきには生じえなかっただろう。

三　生の認識の方法——自己における根拠づけ

だが「生の認識」という事態には一見形容矛盾とも言えるようなアポリアが含まれていた。というのはそもそも「生」と「認識」とは互いに相容れないと思われるからである。「認識」は通常人間と世界という二つの項の間に成立する関係と考えられるが、それは或る特殊な関係を意味していると思われる。そこでは人間はもっぱら主観としてあり、客観的なものではなく、世界はもっぱらその主観に対する客観としてあり、主観的でないものである。両者の間には認識する主観と認識される客観という言わば別々の役が振り当てられている。それと同時に客観において或る特定の内容が認められるかどうかが問われる。したがって、人間が何かを認識するという事態が成立するとなると、言わば誰のものか分からなかった土地に二種類の対立がもたらされて、持ち主と境界が特定されるようなものであろう。対立の一方は認識主観と認識客観との対立であり、もう一方は認識される世界と認識されざる世界との区別である。

そうだとすると、人間が何かを認識しようという態度を取るとなると、その企てが成功するか否かに関わりなく、既に同時には認識の対象となりえないものを少なくとも二つ抱え込むことになる。一つは認識主観自身であり、他は認識されざる世界である。前者は認識されると、認識主観でなくなり、後者は認識されても、それとは別のものが認識客観から排除される。そうだとすると、いつまでたっても存在者の「全体」を認識できず、断念せざるをえないだろう。しかし認識主観にせよ認識されざる客観にせよ、存在者全体のなかの一部分であるはずである。したがって存在者の全体が少なくとも想定されるのではあるが、それは認識の枠外におかれることになる。上述のように、ヤコービが「知」の「外または前」に「真なるもの」があると言ったのも、この事をさしていると思われる。けだし、「真なるもの」においては、認識の関係において認められるような二種類の対立は存せず、「自己と外的なもの」「制約的なものと無制約的なもの」とが「合一」しているからである。それに対して、存在者の全体としてのこの「真なるもの」には「感情」「直観」「信仰」「常識」という非知的な通路が認められた(24)。

ドイツ古典哲学の哲学者が取り組んだのは、ヤコービが注視したこの「真なるもの」の「認識」の困難という問題であったと思う。その際、彼らは主観と客観、有限者と無限者とが「合一」しているところの存在者の全体をしばしば「生」と呼び、「生」に二重の対立をもたらす営みを「反省」と名づけた。したがって彼らにとって問題は、「生」に対する「反省」の困難を認めつつ、しかし「非知」や懐疑主義、神秘主義に陥ることなく、いかに「生」を学的に認識しうるかである。

彼らはその問題にまさにカントの超越論的観念論の展開という企ての中で取り組んだと言える。その際まずフィヒテやシェリングが手がかりとしたのは、認識主観自身を認識することは「反省」によってではなく、「知的直観」によって可能になるという洞察である。なぜなら、「知的直観」において、自我の存在と本質が自我によってもたらされると共に、自我によって認識されるので、自我は自ら主体的なものであることを失うことなしに認識対象とされうるからである。しかも「知的直観」は対象にかんする通常の意識のうちにも現れる自己認識であり、特別な精神状態を意味しない。

しかしたとえ「知的直観」によって客観の認識に伴う自己の認識が可能になるとしても、そこから果たして更に認識されざる客観の認識も可能になるのか、という問題が残るだろう。この点についてヘルダーリンは疑問を抱いたが、フィヒテ自身は表象の客観的実在性の根拠づけを上述のように「強制の感情」において行ない、「構想力」などを介してカントが不問にした物自体の領域にまで到りうると考えた。

それでは、自我の「知的直観」から出発しながら、物自体も含めた全体をいかに捉えうるのであろうか。その際、注意すべきは、フィヒテの場合、探求される内容は自我から独立な世界というものではなく、世界は自我との関係のうちに還元されていることである。「知的直観」においては自我がその都度みずから世界を産出し、それと同時にその世界を見るのである。それ故、「知的直観」に引き寄せられる限り、見られる対象は世界それ自体ではなく、自我の世界に対する働きである。自我の世界に対する種々の働きの全体をいかに構成するかが問題になる。けれどもそれは、何か全体を一挙に直観するという仕方でも、ロマン主義者の「断片」「断章」方式のように、全体の体系的把握を断念し、断片に留まりながら全体を夢見続けるという仕方でもない。(25)

それは、まさに「反省」によって或る働きを抽出し、それを他の働きと結びつけながら、一歩一歩進み、結果として全体を再構成するにいたる「学的」な営みであり、「演繹」と呼ばれた。だが演繹は、前提から結論を導き出す通常の意味の演繹的推論を意味しない。むしろカントにおけるカテゴリーの「超越論的演繹」と同様に、所与からその前提条件ないし根拠を導き出す「根拠づけ」に他ならない。それは、フィヒテの『知識学の第一序論』によれば、次のように行なわれる。「まず最初に根本命題として打ち立てられ、直接に意識のうちにおいて確証されたものが、同時になお他のものが生じなければ可能ではなく、またこの他のものも同時に何か第三のものが生じなければ可能ではないということを示す。こうして最初に打ち立てられたものの諸条件が完全に尽くされて、それがその可能性という点で完全に理解されるようになるまで進んでゆく。その行程は条件づけられたものから条件へと間断なく進行することである」(FE33)。その結果、「すべての必然的な表象の体系ないし全経験」が「最初に打ち立てられたもののすべての条件の総括」(同)として生じてくる。

この所与のものの条件の究明は、フィヒテの『全知識学の基礎』の場合、「分析的方法」と「総合的方法」によって遂行された。或る働きのうちに他の働きとの「区別の理由」を見出すことによって区別を求め、その区別された働きどもの間に「関係の理由」を見出すことによってそれらを総合し、その総合された働きのうちに新たな他の働きとの「区別の理由」を見出すことによって区別を求め、……というように進行していく。[26] その結果、いかなる個別的な働きも最終的根拠との連関において初めて可能なものとして、全体の中で示されることになる。ただしこの分析と総合によって生じた全体の系列は哲学者の「自由な働き」によってもたらされた言わば新しい領域であって、人間の行為そのものの実際の構造とは必ずしも一致しない。したがって、哲学が「生の認識」であるということは、哲学が哲学者の観察の対象となる自我の働きの系列(「生」)と、それを模倣し、人為的に再構成したところの観察それ自身の中の自我の働きの系列(「認識」)という二重の系列を含むことを意味する。[27] そのため、或る働きが後者(「われわれ」哲学者)にとっては既に別の条件(自我の働き)によって根拠づけられているとしても、前者の自我にとってはそうではないことが起こりうる。そこで根拠づけの過程は二つの自我のこの段差を埋め、その都度、通常の自我が哲学的自我の見方をわがものにするように高めていく過程でもある。

この過程は、シェリングによって「自己意識の歴史」と名づけられた。けだし、分析と総合によってじょじょに見出される自我の諸々の働きは、その最終的根拠たる「自己意識」にあっては、「自己意識」の中に同時に存在する構成諸契機を意味する。そうだとすると、それらの働きは本来「同時にかつ一挙に定立されているもの」(SS55)である。ただそれらを言語によって表す場合には、「多くの個々の作用へと言わば砕き」(同)、「継起的に合成された」(SS65)もの、すなわち「一なる総合の進化」(SS64)の「諸段階」(SS65)と見なされねばならない。こうして、自我のもとでの自己による根拠づけ、——それは、共時的に存在する諸契機の分析と総合による通時的再構成として「歴史」(同)と名づけられる、——が行なわれ、その結果として全体的包括的な「生の認識」が獲得されるはずである。

だがこのような仕方で果たして自我の働きの全体が真に包括的に再構成され、認識されうるのだろうか。この根拠づけの過程は自我のもとにおいてであれ、反省による分析と総合の営みである以上、ラインホルトが上述のフィヒテへの書簡で指摘していたように、(28) 無限進行に陥ると考えられるのではないだろうか。仮に従前の働きをすべて総括した働きが認められるとしても、それが特定のものとして限定されている限り、その限定を有しない他の働きとの区別が残り、探求がふたたび続くはずである。それにも拘わらず、その働きを総括的なものとみなし、探求を打ち止めとするためには、それが「知」の「外または前」にある特権的な存在であることを認める他ないのではないか。フィヒテやシェリングの場合、この反省による根拠の探求はもともと、反省による対立を免れている「知的直観」のもとで、しかも「知的直観」に戻ってくることを予め期待して行なわれていた。もしも最終的根拠が実際にその「知的直観」と同じものであることが示されるならば、それに対して反省の探求はもはやなされないことになるだろう。実際、シェリングの『超越論的観念論の体系』の場合、「美的直観」という「客観的となった知的直観」(SS294)において根拠づけの営みが終結された。

実は、ヘーゲルが『一八〇〇年体系断片』で「哲学」の営みの困難として見出したのも、この問題であったと思われる。ただヘーゲルが「哲学」の対象とみなした「生」の内実は、もはや人間的自我の働きではなく、ヘルダーリンの場合と同様に、人間と人間を包み越えた自然との対話的連関であったろう。しかしこの「生」を「反省」および「理性」によって捉えようとする限り、無限進行に陥ると考えられた。「反省」は「生」を一面的に「対立」とか「関係」としか捉えないのに対して、「理性」はこの一面性を克服して、「対立と関係の結合」と捉えたとしても、「結合」という概念自身「反省の概念」であり、「非結合」と対立している。そこでこの新たな一面性を克服するために「理性」は「対立と関係の結合」と「対立と関係の非結合」との「結合」(N347) を求めざるをえない。しかし最後の「結合」自身再び「非結合」と対立しているため、その対立を克服せねばならず、こうして無限進行に陥る。それに対して「宗教」においては無限進行が断ち切られる。というのはそこではかの「結合」は反省概念ではなく、「反省の外にある存在」(N348) とみなされるからである。だが、そうだとすれば、ヘーゲルは最終的にはかのヤコービの「非知」の見方――「知」の「外または前」に「真なるもの」が存在する――を容認していたと言えるのではないか。

けれどもヘーゲルはまもなく宗教でも芸術でもなく哲学によって「生」の完全な再構成をめざすようになる。彼は『差異論文』で学の立場が一般に「制限されたもの」から「制限されたもの」への進行であることを認めつつも、「制限されたもの」が「絶対者のうちにあり、したがって内的には無制限なものである」(GW4, 71) とみなすようになる。その限り、ヤコービの「非知」に対抗して、「体系的な連関」における「知」(同) が可能であることを説く。ヘーゲルはこう言う。「体系が有機化された非知であるというヤコービの表現に対しては、単にこう付け加えなければならない。非知、――つまり個別的なものの認識は、それが有機化されることによって、知になる、と」(同)。

したがって、このような体系的連関における知は、「絶対者」を、第一の始まり、すなわち、すべてのものを制約する「無制約者」とみなす――それは、制限されたものを自己の外にもつ限り、なお制約されていると言えよう、――のではなく、すべての制限されたものを自己のうちに含む「全体」とみなす見方、したがってまた、「部分が意味と意義を有するのは、ただ全体との連関によってのみである」(GW4, 19)という全体論的な見方を基にしてのみ可能だと言える。そこから、体系的連関とは、自己自身によってのみ明証的で、いかなる他のものからも導出されない第一原理(コギト、神、感覚的所与、数学的な公理など)から出発し、またそれに確実に還元されうる限りで他のものを真なるものとして容認するというような演繹形式ではありえないことになる。つまり、ヘーゲルはいかなる意味でも基礎づけ主義に与しない。むしろ、「制限されたもの」と「全体」とは言わば解釈学的循環のうちにあり、この循環を漸進的に解決するしかない。つまり、まず「制限されたもの」から出発する。それが「制限されたもの」であるが故にただちに不十分であり、「二律背反」に陥らざるをえないことを通して、他者および全体との連関のうちにあることを示す。それによって、結果としての「全体」が実は出発点である「制限されたもの」の「根拠」であったことを明らかにする。ヘーゲルにおける知の体系的連関ないし根拠づけとは、このように結果において自己を根拠づけるという方式である。

また「制限されたもの」の自己の根拠づけが進めば進むほど、「全体」もそれらを含むものとして一層顕在化し、「自己を根拠づける」ことになる。彼は言う。「学は自己のうちで自己を根拠づけると主張する。というのは、学はそのあらゆる部分を絶対的に定立し、それによって出発点およびあらゆる個々の点において一つの同一性と知を構成するからである。知は自己を形成すればするほど、客観的全体性としても同時に自己を根拠づける。諸部分はこの認識の全体と同時に根拠づけられる」(GW4, 82)。ちょうど、円を描く際に、その出発点は既に中心との関係にあり、中心は前提されているとはいえ、中心が「中心として」完全に規定されるのは、すべての円周の点が辿られることによってであるようなものであろう。

そのような意味で、ヘーゲルの体系は「自己と認識の実在性を、形式に関しても内容に関しても自分自身のうちで根拠づけ」(GW4, 81)、ラインホルトのように、「哲学」の「前で」論理学を展開する「蓋然的仮説的」方法を採らない。しかし、これによってヘーゲルは体系への「導入」や「助走」をまったく否認したわけでもない。「助走」は「哲学の普遍的欲求の一面」(GW4, 91) として、すなわち哲学のいわば消極的側面として認められた。通常の人間の反省の立場を、それが全体の中にある状態へと導く、言わば「梯子」が求められる。そのためには、まず反省の立場を認めつつ、しかも反省の立場が破綻することを反省に示すことによって、反省自身が自己の内にして外なる全体のうちにあることに気づかせ、向きをかえるようにする必要がある。「反省」の立場が破綻することを示すことによって初めて全体への道が開かれる、そういう消極的な意味で、反省はなお「哲学的思索の道具」(GW4, 16) として必要である。

ただし、『差異論文』では、このような反省の自己廃棄の後に、なお積極的な要素として「直観」(GW4, 27) の付け加えが求められた。そこから初めて絶対者の自己認識が体系の諸部門を通して示されるようになる。その限りでは、体系の直前でやはりまだかのヤコービ的直観の余地が残されたと言えよう。また、一八〇一年秋の講義草案では、本来の哲学への導入における「反省」の破壊的な道と、体系における「思弁」の建設的な道とが、並列されていたにすぎず、両者の有機的連関が充分に認められていなかった。両者の有機的連関は『論理学・形而上学・自然哲学』(一八〇四／〇五年) において初めて、方法的に「弁証法」と「自己内反省」との連関において示される。(29) そこでは導入から体系に到る際に、もはや「直観」の要素をもちこむ必要がなくなる。

こうしてヘーゲルにおいて「生の認識」は、フィヒテにおける「生」の「認識」すなわち、自己における根拠づけの構想を継承しつつ、他方ではそれが無限進行に陥るのを克服するべく、「導入」を通して現れる、「全体」としての「絶対者」の結果における自己の根拠づけによって、体系として成立した。その意味で、ヘーゲル哲学のポテンシャルは、結局、「生」・「導入」・「体系」の三者の相互的連関のうちにあると言えるだろう。しかもその中で「導入」の役を果たすものは、当初「論理学」であったが、やがて「意識の経験の学」になる。この「意識の経験の学」において、上述のようにシェリングの「自己意識の歴史」としての超越論的観念論が受け継がれると共に、それが存在論的な意味に変容されもする。この存在論的な意味に変容された超越論的観念論がもつ、根拠づけのモチーフが、絶対者の自己認識の道として展開される。

（1）Vgl. M. Heidegger, *Gesamtausgabe II Abteilung: Vorlesungen 1919–1944, Bd. 42, Schelling: Vom Wesen der menschlichen Freiheit (1809)*, Frankfurt a. M. 1988, S. 39f.
（2）Vgl. N. Hartmann, *Die Philosophie des deutschen Idealismus* (1. Teil 1923, 2. Teil 1929), Berlin/New York 1974, S. 253.
（3）Vgl. R. Kroner, *Von Kant bis Hegel*, Bd. 1, Tübingen (1921) 2007, S. 21, 26, 29.
（4）Vgl. N. Hartmann, op. cit., S. 3-5.
（5）Vgl. N. Hartmann, op. cit., S. 40–41.
（6）拙著『ドイツ観念論への招待』（放送大学教育振興会、二〇〇三年）一〇九―一一〇頁参照。
（7）上掲拙著、七六頁参照。
（8）本書第I部第一章参照。なお、ブランダムはカントにおいて「確実性」から「必然性」に移った点を、「推論主義」の観点から高く評価している。本書補説第二章参照。
（9）ヤコービのカント批判やカントにおける表象の客観的実在性の根拠づけの問題点については、上掲拙著、五八―七三頁、一一六―一一八頁参照。

(10) Vgl. FE10ff. 本書第Ⅰ部第二章も参照。

(11) Vgl. K. Rosenkranz, *Hegels Leben* (1844), Darmstadt 1972, S. 161.

(12) 本書第Ⅳ部第二章参照。

(13) Vgl. D. Henrich, Jacob Zwillings Nachlaß. Gedanken, Nachrichten und Dokumente aus Anlaß seines Verlustes, in: *Homburg vor der Höhe in der deutschen Geistesgeschichte*, hrsg. v. C. Jamme und O. Pöggeler, Stuttgart 1981, S. 245.

(14) Vgl. D. Henrich, *Der Grund im Bewußtsein, Untersuchungen zu Hölderlins Denken (1794–1795)*, Stuttgart 1992, S. 71–73.

(15) Vgl. N. Hartmann, op. cit., S. 67.

(16) Vgl. GA.II, *Nachlaßband* 5, 111, 114, 117–119.

(17) Vgl. WJ47–56.

(18) Vgl. WJ129–131.

(19) Vgl. SS9ff. 本書第Ⅰ部第三章、第Ⅱ部第二章参照。

(20) Vgl. GW4, 71.

(21) 以下の点については、本書第Ⅳ部第一章参照。

(22) 本書第Ⅲ部第一章、第二章参照。

(23) 本書第Ⅲ部第四章参照。

(24) 渡邊二郎氏によれば、このヤコービの見方には「自我以上の存在の場を見る眼差しが、光って」おり、その意味で「近代主観性の形而上学の問題」が伏在している。渡邊二郎「ヤコービのフィヒテ宛公開書翰」（『実存主義』第八〇号、一九七七年）一二―一三頁参照。

(25) 伊坂青司・原田哲史編『ドイツ・ロマン主義研究』（御茶の水書房、二〇〇七年）六九頁、一五〇―一五一頁、一六六頁、二二二頁参照。

(26) Vgl. FG31–33.

(27) Vgl. FE27ff. 33, 43ff.

(28) Vgl. WJ48-49. ラインホルトは言う。「哲学者は、自己自身によって確かで真なるものまた自己自身によって真にして確かなものを、自らの人為的意識の無限に進行していく自己規定によって、つまり無限な知にとって、無限に把握することを通して実現しようと努力する。それに対して信仰は、同じものを既に、自分の信仰のうちで実現されている、すなわち良心と呼ばれる特別な自己意識にとって、実現されていることを見出す」(WJ48)。

(29) 本書第Ⅳ部第二章参照。

第Ⅰ部　超越論的観念論の根本的モチーフの展開

近代の意識内在主義の哲学は、意識から独立に存在する物体をいかに説明しうるか、という問題で根本的な困難を抱えていた。デカルトの場合、例えば光や色や音が「私の同意なしに私にやってくる」限り、また想像力が「私の精神とは別なものに関わっている」限り、物体が私の意識の外に存在するように思われるとしながらも、しかしそれは絶対確実ではないとされた。というのは、それらの感覚的性質は実は私自身が造りだしたかもしれないと考えられるからである。ただし、人間の知性によって明晰判明に知られるもの（「延長的なもの」）は同時に「神が造りだす力をもっている」から、そのようなものは神の被造物として存在するとされた。(1) そうだとすると、もしも神が存在しなければ、また神が「誠実」でなければ、われわれは外的物体の存在を証明できないことになる。この点はバークリの場合も同様である。またヒュームの場合、物体が心の外に存在することは、それを意識していない間も物体が連続的に存続していることが示されることに帰せられたが、そのことは確実には論証されえず、結局、外的物体は主観的な信念の対象でしかないとされた。

これに対して、カントは神の助けを借りず、また意識を越えるのでも懐疑にとどめるのでもなく、意識の中で問題を積極的に解決しようとした。私の意識のうちに現れる光や色や音が、主観的恣意的に造られた空想や幻想ではなく、客観的必然的に実在する物の知覚として現れることは、人間の認識能力の働きから説明された。このカントの認識論がいわゆる「超越論的観念論」と呼ばれる彼の立場の核心部分をなす。元々「超越論的 transzendental」とは、中世以来とりわけ「超越概念」としての「存在」をめぐる問題意識、すなわち特定の領域を越えて存在一般を問題にする視点、つまり存在論を企てる観点であったが、カントの場合それが観念論的に「心」のアプリオリな認識様式の側から行なわれた。(2) すなわち「超越論的」とは、「諸対象にではなく、むしろその認識様式がアプリオリに可能であるべき限りにおいての諸対象に関するわれわれの認識様式に、一般に携わるところのすべての認識」(B25)のことである。フィヒテも「超越論的観点」を「常識」や「自然科学」の実在論的立場との違いにおいて、カントと同様に特徴づけた。「常識」や「自然科学」においては「感覚的世界」は意識と関係なく「それ自体で存在する」と見られるのに対して、「超越論的観点」では「感覚的世界」は「われわれの内面的活動の反映」(GA5, 349)とみなされる。シェリングも「超越論的観念論」の課題を、「主観的なものを第一のもの、絶対的なものとみなし、そこから出発して、客観的なものを生ぜしめる」(SS10)ことに見出し、つまり「特定の外界の物の存在」を「直観作用そのものの根源的メカニズムから、すなわち、客観の現実的構成によって」「論証する」(SS4)ことをめざした。

それでは、外界の対象一般が、いったいいかにして「われわれの外にある」という性格を失うことなしに、「アプリオリな認識様式」の対象であり、「われわれの内面的活動の反映」あるいは「直観作用そのものの根源的メカニズム」の所産でありうるのであろうか。表象の客観的実在性はいかに観念論的に根拠づけられるのだろうか。カント、フィヒテ、シェリングは共にこの問題を追求したが、その根拠の所在については互いに異なった見方をしていたようにも見える。あるいは、カントの超越論的観念論の問いが、フィヒテ、シェリングに受け継がれつつも、それが「カントを越えて」展開されたように思われる。以下では、まずカントの根拠づけの議論を見た上で(第一章)、いかにそれをフィヒテ、シェリングが展開したかを見ることにしよう(第二章と第三章)。

まず、カントがいかなる仕方で意識内在主義による表象の客観的実在性の根拠づけにおける困難と対決し、その問題にかんして独自の答えを用意したかを、検討してみることにしよう。彼はこの問題を『純粋理性批判』第一版の「弁証論」における「（外的関係の）観念性にかんする誤謬推理」において、また第二版の「観念論論駁」において主題的に取り上げていたが、ここでは主に第一版の議論を見てみることにする。

ここでカントが批判しているのは、上述のごとき、外的物体に対する「経験的観念論」（A369）による懐疑論である。「経験的観念論」によれば、直接的に知覚されるものは私の存在と状態だけであるが、そのような私の存在と状態の知覚からその「原因」として「私の外に存在する現実的な対象」（A367）を推理することには、困難がある。なぜなら、私の存在と状態の原因としては、外的な原因以外に、「内的な」（A368）原因もありうるからである。私自身がひそかに私の存在と状態をもたらしているかもしれない。

しかしカントは「経験的観念論」のこのような意識内在主義的な見地による懐疑論を退ける。その理由は、まさに「私の外に存在する対象」という言葉の意味に関わってくる。カントによれば、「経験的観念論」が「私の外に存在する対象」という言葉で理解しているものは、実は「物自体として私たちから区別される物」（A373）、すなわち「超越論的実在論」（A369）で言われる「物」に他ならない。この前提のもとでは、確かに私の「内」

から「外」へ出て行くことは、困難であろう。しかし、カントからすれば、そのような前提はもとより容認されえない。「私の外に存在する対象」というのは「物自体」ではなく、むしろ「表象」の意味で考えられ、「外的現象に属するにすぎないもの」（A373）とみなされるべきである。したがって、そのような対象は心の「内」から「外」に向かって推論されるには及ばず、「直接的に知覚される」（A371）。デカルト的な「自己意識の直接的な証拠」（同）に「基づき」ながら、「外的事物」の「表象」（A370）も認められる。その限り、超越論的観念論者は経験的実在論者と一致する。このようにカントは論じる。

それでは、「自己意識の直接的な証拠」に基づく「表象」でありつつ、それが空想や夢でなく「外的事物」の「表象」であることはいかにして可能であろうか。その点についてカントはここで三つの条件を挙げていると思われる。第一は、表象が「空間において直観される」（A373）ことであり、第二は、空間において直観される表象が「知覚」（同）の対象でもあることであり、第三は、知覚の対象が同時に「経験的諸法則に従って」（A376）いることである。

まず、或る表象が「外的なもの」であると認定されるためには、それがここにいる私から隔たったところにあり、私とそれとが「相互の外にある」（A370）という仕方で「共存」（A. 374）しているものとして捉えられる必要があろう。実際カントは感性論のなかで「空間」という「直観形式」の「実在性」ないし「客観的妥当性」について語り、「主観的でありながら、何か外的なものに関係する表象で、アプリオリに客観的だと呼ばれるようなものは、空間以外には存在しない」（A28, B44）と述べていた(3)。しかし表象が空間のうちに現れることは、それが外的であるための最低の条件、すなわち「可能性」（A374）を示すものであり、まだ「現実性」（同）を示すものではない。

それが現実に外的なものと認定されるには、空間のうちにある現象が「知覚される」という特殊な性格を具えていなければならない。ただし、このことは勿論、バークリの言う「物の存在は知覚されることである」――その場合、知覚対象が主観的か客観的かの判別はつけられないだろう――とは異なる。カントは、「色や味覚」という「感覚 Empfindungen」は「主観における感官の特殊な性状」（A28）にすぎず、「それ自体としてはいかなる客観をも認識させない」（B44）と述べている。確かに個々の感覚は明断ではあるが、それだけでは「対象」の判明な認識には到らない。

対象の判明な認識は諸感覚が複合された「秩序」のレベルで生じる。対象に関わる知覚は個々の感覚やその偶然的な寄せ集めにすぎないものではなく、諸感覚が「対象」という統一的な核に向かって収斂され、言わば意味づけられることによって[4]、同時に「経験的諸法則に従った」あり方をしたものに他ならない。それによって、私の習慣的確信の域を出ない単なる「知覚判断」（例えば、「太陽が照ると、石が熱くなる」）を越え、客観的に所在する物どうしの法則的関係を述べる「経験判断」（例えば、「日光が石を暖める」）が可能になる。

こうして表象の「客観的実在性」ないし外的対象との関係はカントにおいては表象の「必然的な普遍妥当性」ないし「必然性」と相関関係にある。カントは言う。「対象に関係するということがわれわれの表象にいかなる新たな性質を与えるのかを探求するならば、［…］それは、諸表象の結合を或る仕方で必然的なものにし、規則のもとに従わせるということでしかない。また逆に、われわれの表象の時間的関係における或る秩序が必然的に存在することによって、表象に客観的意味が付与される」（B242-43）。確かにわれわれは現実には或る時或る場所で特定の角度から或る現象、例えば一本の杉のようなものを見たり触れたりしており、その限り多少とも主観的個人的な見方、感じ方を免れられないだろう。しかしわれわれは同時にその杉の姿形あるいは感触や匂いをその時空的背景ないし非顕在的な地平の中で捉えてもいるのであり、その杉の見え姿や性質がそういう「普遍的」「必然的」な地平との連関[5]にあると思っている限り、それが「客観的」な「秩序」のうちにあると確信しているのだろう。

そこで問題は、主観的経験を客観的地平との連関のうちに置くべく、「諸表象の結合を或る仕方で必然的なものにする」、その「或る仕方」とはいかなるものかということだろう。この点にかんするカントの解明において一つ特徴的なのは、すべての表象は「内感」に属するが故に、諸表象の必然的結合は、たとえ一見同時的に捉えられると思われる諸表象の繋がりであろうとも、諸表象の「時間的関係」において行なわれると考えられているということである。つまり心のうちで時間の流れの中で次々に現れたり消えたりする多様な表象を通して、それらの「必然的」結合による「対象との関係、すなわち客観的実在性」（A109）が形成されると考えねばならない。

そのメカニズムについて、第一版では構想力による「覚知」と「再生」の総合を踏まえた悟性概念による「再認」の総合が指摘された。すなわち、過去の諸瞬間に経験された感覚的表象が、構想力によって今も保持され総合されるだけでなく、それらが同一であり連続していることが「概念」ないし「規則」によって確認され、そのような諸表象の「総合的統一」において（諸表象がそこで収斂するところの）「或るもの etwas」（A108）すなわち「対象」（同）が認められる。ただし、さしあたり或る一個の「実体」として確定されるように思われる「対象」、例えば一本の杉は、本当は単独に存在するのではなく、太陽や大地など他の実体との「因果関係」さらに「相互作用」において存在するのでもあり、結局「普遍的な自然の統一」（A114）という地平のうちに属することになろう。カントによれば、「空間における現象的実体」の「内的諸規定」は「純然たる諸関係の総括」（B321）であり、その意味では対象の内容そのものが「関係」に他ならない[6]。

ともあれ、表象にとって「対象との関係」が刻印されるには、時間の流れのうちで諸表象の総合的統一を成し遂げる総合的な心的機能がなければならず、それが「一切の表象に伴う、我思う」として「立ちとどまる自己」（A107）、すなわち「超越論的統覚」（同）である。感覚に基づき時間の流れのうちで構想力によって総合された諸表象が、まさに「自我にとって」の諸表象であることによって、カテゴリーによって結ばれて「客観的な」連関をもつことになる。ただし、超越論的統覚という自己意識は万能ではなく、感覚の内容そのものを作り出すことはできない。感覚は物自体という未知の根拠による感官の触発の結果として生じるのであり、超越論的統覚は、それを構想力の総合を通して受け止めるしかない。一方で感覚と構想力の働きは超越論的統覚によって秩序づけられ支配されながら、他方で超越論的統覚は感覚と構想力の働きに依存している。その意味で、自己意識と対象の意識は相関関係にある。両者は、「同一性」と「多様性」、「持続」と「変化」、「自発性」と「受動性」が互いに他のものを前提して初めて自分も成り立つという意味で、アプリオリな相関関係をなしていると思われる。それ故、上述のごとく「自己意識の直接的な証拠」に基づきつつ「外的事物」にかんする「表象」が可能だというのは、正しくは、このような自己意識と対象の意識とのアプリオリな相関関係において成り立つものといえよう。

カントにおける表象の客観的実在性のこのような根拠づけに対しては、しかしはたして客観的実在性は必然性だけによって保障されるのか、という疑問をいだくこともできよう。換言すれば、「偶然的なもの」でありながら、われわれの心を「強いる」（B242）という意味で客観的実在的な現象もありはしないか、カントが容認した客観的実在的なものは、理論哲学の枠内では因果的必然的なものだけであり、彼は言わば科学的実在論を観念論的に正当化したにすぎず、「偶然的なもの」の実在性を無視したのではないか、という問題もあろう。この点についてここで立ち入ることはできない(7)。だがたとえカントが科学的実在論に止まっていたとしても、注意すべきは、表象の客観的実在性は、悟性の「必然性」と感覚の「実在性」との総合によって成り立ち、しかも感覚の根底に未知の根拠としてであれ、「物自体」の存在が想定されていたことである。つまりカントの立場は「コペルニクス的転回」にも拘わらず、悟性の一元論ではなく、観念論的要素と実在論的要素とが総合されたものであった。

それに対しヤコービは「私はかの前提［物自体が感官を触発して感覚をもたらすという作用――筆者］なしには体系に入り込みえず、またかの前提でもってはその体系のうちにとどまりえなかった」(JH223)と述べて、カント哲学の自己矛盾を指摘した。それは結局、ヤコービがカントにおける自己意識と対象意識との関係を、観念論的要素と実在論的要素とが総合されたアプリオリな相関関係として認めず、むしろ観念論的要素と実在論的要素との齟齬と捉えたことを意味しよう。このようなヤコービの批判がカント哲学に対して的を射た議論であったかどうかは、たぶんに疑わしい。とはいえ、ヤコービ自身においては、外界の知覚は最初から自分の身体の感覚と結びつけられており、ことさらその実在性の根拠が問われる筋合いのものではなく、直接的に「信じ」られる。

彼は言う。「自分が身体をもっており、自分の外に物体や他の思考する者が存在することをわれわれが知っているのは、信じることによってである。真の驚くべき啓示！　なぜならわれわれはただ自分の身体をかくかくしかじかのものと感じるだけだが、そうすることによって、身体の変化を知覚するだけでなく、感情でも思想でもない、身体からまったく区別されるもの、すなわち他の物をも知覚するから」(JS216)。

このヤコービの直接的確信の立場は、序論で触れたように、後にドイツ観念論に対して挑戦的な意味をもつようになる（この点は詳しくは、後の第Ⅱ部で取り上げる）。さしあたり、ヤコービのカント批判が切っ掛けになって、カントによる表象の客観的実在性の根拠づけそのものの是非が直接検討されるというよりも、むしろ、カントによる根拠づけの前提にある「物自体」概念の困難が論議の対象とされるようになった事情を、簡単に振り返ることにしよう。まず、ラインホルトは「意識」のうちに「主観」―「表象」―「客観」という三肢構造を認め、一方で「表象」と「客観」との区別の故に「物自体」を認識不可能なものとみなしつつ、他方で「表象」と「客観」との「関係」の故に表象の素材的要素が「物自体」に根ざすことを容認した。しかしシュルツェはラインホルトの意識律の絶対性と確実性に疑問を示し、心の内なる現象から外なる物に越え出て行くことはできないと反論した。マイモンも「物自体」の解消に努めたが、懐疑主義的な仕方ではなく、観念論的立場を保持しようとした。マイモンは言う。「意識は思考能力の活動によって生じる。しかし個別的な感覚的な表象を受け入れる際にはこの能力は単に受動的に振舞うのでしかない。私が或るものを意識する時に、私はこの或るもののもとで意識の外にあるものを理解しているのではなく、［…］意識の特定の仕方、すなわち行為そのものの特定の仕方を理解しているにすぎない。」その「意識の特定の仕方」とは、認識素材が意識のうちで成立するものの、その成立の仕方がわれわれに知られない「不完全な意識」の場合に、認識素材が外から「与えられたもの」という性格を帯びるということに他ならない(8)。

（1）　Cf. R. Descartes, *Meditationes de Prima Philosophia*, Amsterdam 1654, p. 35ff.
（2）　渡邊二郎「超越論哲学の帰趨」、哲学史研究会編『現代の哲学　西洋哲学史二千六百年の視野より』（昭和堂、二〇〇五年）、二一―二一頁参照。
（3）　第二版の「観念論論駁」でもカントは「空間」を手がかりに観念論による外界の存在への疑問を論駁する。すなわち、デカルトの「内的経験」は「時間」の内の現象であり、時間規定は「持続的なもの」を前提するので、「内的経験」は「空間」における「私の外にある物」の「外的経験」を前提にしてしか成り立たない（B275-279）。

（4）湯浅正彦氏によれば、カントにおける「客観」は「意味的な統一体」とみなされる。湯浅正彦『存在と自我』（勁草書房、二〇〇三年）一九五頁参照。

（5）この連関は「図」と「地」の連関とも呼べよう。古川英明「構想力と三重の総合――『純粋理性批判』A98-B110への覚え書」、『哲学雑誌』七九一号、二〇〇四年、一三頁参照。

（6）カントにおける「関係の存在論」については、拙著『ドイツ観念論への招待』七〇―七三頁参照。

（7）この点については、上掲拙著五八―七〇頁参照。

（8）上掲拙著一三五―一三九頁、S. Maimon, *Versuch über die Transzendentalphilosophie mit einem Anhang über die symbolische Erkenntnis und Anmerkungen*, Berlin 1790, S. 29, N. Hartmann, *Die Philosophie des deutschen Idealismus*, S. 20-21 参照。

第二章　「すべての実在性の根拠」としての「感情」

――フィヒテにおける根拠づけ――

フィヒテも『知識学の概念について』において、カントをめぐる論争の確信を「われわれの認識と物自体との連関」（FB109）の問題に認めると共に、その問題に対してマイモンと似たような解決を探り、自我の受動的な態度のうちに外界の存在の確信の成立を認めようとした。その際、彼はとりわけ「感情 Gefühl」の働きに注目した。彼は言う。「われわれの認識は確かに表象によっては直接的には物自体と関連しないが、おそらく、感情を通して間接的には物自体と関連するだろう。もとより物は単に現象として表象されるにすぎないとはいえ、しかしそれは物自体として感じられる。およそいかなる表象も感情なしには可能ではないだろう。物自体が認識されるのは、しかし、ただ主観的にのみ、すなわち物がわれわれの感情に働きかける限りにおいてのみである」（同）。

ただしここで「感情」と言われたものは、喜怒哀楽あるいは快不快という自分の生命活動をめぐる感情ではなく、物をめぐる感情で、物の客観的実在性の容認を迫る「必然性の感情」を意味する。フィヒテは「必然性の感情」を介したわれわれと物自体との関係という点において、まさに、カントにおける上述のような表象の客観的実在性（必然性）の根拠づけの問題意識を受け継ぎ、展開した。実際、『知識学への第一序論』によれば、「必然性の感情に伴われた表象の体系」と「この必然性の感情そのもの」の「根拠」（FE10）を問うことが、哲学の課題である。それでは、いかにして（一）「必然性の感情に伴われた表象の体系」が、また（二）「必然性の感情そのもの」が根拠づけられたかを、見てみることにしよう。（一）はさしあたり『全知識学の基礎』の理論的部門で、（二）はその実践的部門で取り上げられていると思われるので、その箇所を見ることにしよう。ただしここでは論述の大筋を追うだけにとどめたい。

一　客観の「実在性」の根拠としての「構想力」

まず、およそ自我に対立して立てられるもの、「非我」の「実在性」の根拠が「自我が受動的である」ことに求められる。すなわち、「非我はそれ自体において実在性をもたないが、自我が受動的である限りにおいて実在性をもつ」（FG56）。しかし、自我の受動性そのものは、自我と非我との相互作用のレベルでは説明がつけられない。そこで、自我の受動性が自我と非我の相互作用とそれから独立な「独立的活動」との関係というレベルで捉えなおされる。[1] しかもそこで初めて「客観」という概念が「主観」との連関で登場する。[2] つまりそこで初めて「客観」の「実在性」の根拠が問われる。フィヒテによると、自我は自分の「実在性」を非我に「委譲する」（FG83）ことによって、自我と非我とが「本質的に対立している」（FG100）。つまり一方を立てると、他方が廃棄されるという関係が生じ、それが「主観」と「客観」（FG109）の関係に他ならない。この「主観」と「客観」の関係は、独立的活動としての自我の観点からすると、「自我にとって衝撃が存在する」（FG129）という事態と見られる。そこから最終的にはそれは「構想力」の自己限定と自己超越の運動の一契機として捉えられる。つまり「客観」の「実在性」は、「構想力」の運動において自我の自己限定の局面において生じる。

そこで構想力の動揺する運動からいかにして自己限定によって「客観」の「実在的なもの」が生じるかが、「表象の演繹」の箇所で問われる。それは、動揺状態にある構想力としての「直観」が「悟性」の「把捉する働き」(FG153)によって固定されることによって可能になる。(3) その際、「所与のものが悟性に入ってくる仕方」(同)、すなわち構想力の働きは通常は「意識されない」(同)。それ故に、「われわれの外に、われわれの一切の関与なしに存在する物の実在性にかんするわれわれの固い確信」(同)が生じることになる。自我がこの客観的な物との関係において働いている限り、その働きは「客観的活動」(FG156)と呼ばれるが、その前提として自我が純粋に自分だけを定立する「純粋な活動」(同)が認められる。これら両活動は相互に規定しあっていると捉えられる。

このような「客観的活動」と「純粋な活動」との相互規定の関係において、フィヒテは、明らかに、表象の客観的実在性をめぐるカントの考え方を、すなわち「直観」の所与のもと時間の流れのなかで「構想力」と「悟性」によって「対象」が形成されると共に、そのような「対象の意識」が「自己意識」と相関関係にあるという考え方を継承していたと思う。ただし、カントの場合、直観内容すなわち感覚は受動的なものであるが、フィヒテの場合、受動的な直観のレベルにおいて同時に能動的な働き、すなわち直観する働きが認められる。「直観されるものがなければ直観するものもなく、逆に直観するものがなければ直観されるものもない」(FG156)。その意味で、交互規定の論理が感覚的直観のレベルにも認められる。(4)

それと共に、この対象認識の場面でまさに「感情」が、しかも「必然性」の「感情」が伴っているのが認められる。フィヒテによれば、自我の「純粋な活動」が「客観的活動」になり、客観と関係するようになるのは、既述のごとく自我の「受動」という条件においてであるが、この「受動」はただ「特定の活動へと強いることとの感情」（FG157）においてのみ認められ、その「強制 Zwang」が「悟性」によって「必然性 Notwendigkeit」（同）として固定される。つまり、かの構想力と悟性による実在的な客観の成立には、「強制」ないし「必然性」の「感情」が伴う。

ちなみに、カントも、上述のように、客観的実在性と必然性は相関関係にあると認め、しかも「必然性」を「われわれへの強制」の意味で捉えていた。カントは言う。「この秩序を観察するようにわれわれに強いる」、「この強制 Nötigung こそが本来、客観における継起を可能ならしめるものである」（B241-242、傍点筆者）。ただしカントの場合、「必然性」は対象そのものの特性、すなわち対象における「秩序」の意味で、実質的には因果的な必然性として考えられ、それが同時に「われわれに強いる」面も認められた。それに対して、フィヒテにおいては必然性や因果性はもっぱら、非我が「われわれに強いる」作用、すなわち「自我の受動」として捉えられた。いかなる対象であれ、――対象が因果的連関のうちにあろうと、なかろうと、――その対象の「われわれの活動」に対する「強制」という面でのみ解されたと言えよう。(5) あるいはむしろ、フィヒテは、「偶然的なもの」(6)、例えば、あの椅子ではなく、この机がここで「このように、それ以外にでなく」、すなわち「必然性の感情に伴われて」「意識のうちに現れてくるのか」（FN19）について、その根拠を示そうとしたと言えよう。

二　必然性の感情

この「必然性」ないし「強制」の感情そのものについてフィヒテは知識学の実践的部門で主題的に取り上げ、しかもそこに「すべての実在性の根拠」（FG218）を見出そうとする。フィヒテはまず「強制」の「感情」

(FG206) を言わば三つの層——生命のない物体、生命、人間的知性——を含んだものとして再構成する。第一に、或る「内的な力」と別の「内的力」とが「均衡」(FG209) した状態にある。第二に、この両力の均衡に反省の働きが加わる。そこでは、「衝動」が他の「限界づけるもの」によって「限界づけ」をこうむり、そこに自分に対する「反省」が生じる (FG210-11)。ただし、この自己反省において、まだ反省する主体自身は「意識されず」(FG212)、ただ「自分自身の外に駆り立てる」「力」(FG213) を漠然と「感じる」(FG212) だけである。この「力」の「感情」をもつか否かが、「生」を「死」(単なる物体) から分かつ所以である。つまり、或るものは「力」を感じる限りでのみ、「生きている」。第三に、その「力」をさらに明確に「自分自身の力」(FG216) として感じる、つまり「自我が自分自身を感じる」(同) ようになる限り、自我の「自発的な働き」(FG215) において、産出しようとする自我が同時に非我との関係で限定されている。それは生物の中でも特に人間に特有な現象である。人間的自我の自分を乗り越えようとする衝動が非我によって限界づけられているという事態が、同時に「自我にとって」(FG214) あり、自己感情と共に生じている。そこに「自我の実在性」と「非我の実在性」が同時に成立している。例えば、私が外に出ようとする衝動に駆り立てられて扉を押そうとしても、扉を開けることができず、そこで〈扉が重い〉という感覚をもつが、それは同時に〈私の手の痛み〉を感じることを通してであるようなものであろう。フィヒテは言う。「自我の実在性と非我の実在性において、実在性一般においてただ信じることが生じている」(FG218)。

この事態は「非我の実在性」に関する限り、それが妥当する領域の拡張という意味をもっていよう。つまり非我の実在性はここでは単独にではなく、自我の実在性と共にあり、その自我は産出しようとする働きである。それ故、非我ないし客観の実在性は、カントの場合のように認識の領域においてのみならず、実践の領域にまで拡

張して捉えられている。(7)

さらに、この「強制の感情」は単独にではなく、「理想」への「憧憬」（FG220）の感情との相互関係においてあると見られる。「強制の感情」は、衝動が自分の「内」へ折り曲げられることを余儀なくされるときに生じるが、それは、自我が自分の限界を克服して自分の「外」に「理想」を求める「憧憬」の感情を抱く限りにおいてである。逆に、「強制の感情」がなければ、「憧憬」も生じない。こうして、当初「自我にとっての内も外も存在しない」（FG222）状態であったが、今や「内」と同時に「外」が開示される。ただし、「憧憬」によって開示される「外界」は「理想」である限り、「強制の感情」のもとでじかに遭遇する「非我」において感じられる「実在性」をもっていない。「憧憬の客観は実在性をもっていないが、憧憬に従って実在性をもつべきである」（FG223）。この理想と現実の距離を縮めるのは、「自我の外にあるもの」を「規定し、変化させる」衝動としての「模写」（FG228）である。その際、何かを模写するためには、模写される「素材」が与えられねばならない。それは、結局、「主観的なもの」（FG229）である「感情」が「産出的構想力」（FG231）によって「客観的なもの」（FG229）へと変えられることによって、生じる。例えば、物体に触れた時に、「硬い」とか「柔らかい」という感じをもつが、それは物体の「表面」（FG231）を示すものでしかない。そこからさらに自分では触れられない「物体の内側」（同）つまり客観的な物体それ自体を確信しうるのは、「構想力」の働きによってである。

こうして、『知識学の概念について』の冒頭で言われていた、「感情」を通して「間接的」に「物自体」と連関するという事態は、結局、一方では「強制の感情」をもとに、それと相関的に生じる「憧憬の感情」を通して「外界」が開示されると共に、他方ではその世界を充填するべく、「強制の感情」において感じられた「非我」の「実在性」が「構想力」によっていわば拡張されるという仕方で、示されたことになろう。ちなみに、「構想力」は、カントが言ったように、「われわれの心の盲目的な機能」である限り、その所産はあたかも「われわれの外に、われわれの一切の関与なしに存在する」（FG153）かのような意味をもつ。したがって「客観的に」実在するものは、自我の働きからまったく独立な物自体にあるのではなく、自我の活動の所産の一種であり、ただし無自覚的な所産である。しかもこの「客観的」なものは一層根本的には、行為において自分を限定しかつ乗り越えようとする不断の運動のうちに帰属している。その運動の一つの局面において、表象の客観的実在性が根拠づけられたと言えよう。

しかし、このような成果にも拘わらず、彼の考え方にはなお問題点が残されたと思う。それは、自我の衝動が阻止されて、強制の感情が起こったとしても、その阻止の原因が自我の外側にあるのか、それとも内側にあるのかは、構想力の立場からは、知ることができないという問題である。だがこの難点は、根本的には、『全知識学の基礎』の第二根本命題、「非我は自我に端的に対立させられる」に由来していると思われる。というのは、非我が「端的に」すなわち更なる根拠なしに自我に対立させられるということは、非我が絶対的自我という確実な基礎から根拠づけられていないことを意味するからである。それ故に、非我は、自我の構想力の働きにも拘わらず、なお根拠づけられていない単なる「事実」にとどまらざるをえない。その限り、フィヒテはまだ二元論の残滓を除去できなかったと言えよう。

確かにフィヒテは「偶然的なもの」の客観的実在性を強制の感情において認めることができ、この点でカントの科学的実在論の世界を一歩乗り越えることができた。しかしそれによって、逆にフィヒテには対象の内容的理解が、――カントにおいては「原則の体系」において自然科学一般の基礎、「対象一般」の内容がいかなるものであるかが述べられていたが、――欠けてしまったように思われる。

（1） この点について詳しくは、本書第Ⅱ部第一章の二節の四参照。
（2） 瀬戸一夫『無根拠への挑戦――フィヒテの自我哲学』（勁草書房、二〇〇一年）二八二―二八三頁参照。
（3） Vgl. D.Köhler, Die Einbildungskraft und das Schematismusproblem. Kant-Fichte-Heidegger, in: *Fichte-Studien* Bd. 13, 23.
（4） 瀬戸一夫、上掲書二七八頁、上掲拙著一八九―一九一頁参照。
（5） フィヒテが原因概念を自我の受動性の意識に帰しようとする際に、ヤコービから影響を受けていたと思われる点について、R. Loock, Gefühl und Realität. Fichtes Auseinandersetzung mit Jacobi in der Grundlage der Wissenschaft des Praktischen, in: *Fichte-Studien* Bd. 10, S. 222ff. を参照。
（6） Vgl. H. Eidam, Fichtes Anstoß. Anmerkungen zu einem Begriff der *Wissenschafts-lehre* von 1794, in: *Fichte-Studien* Bd.10, S. 200.
（7） このようなカントとの違いは『新しい方法による知識学』で一層明確に捉えられるようになる。フィヒテは言う。「『純粋理性批判』は表象から始まり、論理学における表象の法則をわれわれの心の根源的な思考形式から展開しようとする。しかしそれは、何ゆえに私が或るものを表象するのか、何によって私が表象しようとするようになるのかという問題を解いていない」（FN54）。フィヒテによれば、「或るものを表象する」ことは、「実践的活動に先立って、目的概念を予め構想する」「知性」（FN47）ないし「観念的活動」（FN49）として捉えられる。したがってそれは実践の一局面として説明される。しかも、「知性」が捉えるもの（目的）とは、「衝動」（FN61）（「実在的活動」にいたることを妨げられている「活動」）が自覚されたところの「感情」（FN66）に他ならない。

第三章　シェリングの超越論的観念論の特性

シェリングは『超越論的観念論の体系』（以下『体系』と略記）において「超越論的観念論の完成」を企てた。それは、「超越論的観念論を、それが実際あるべきものにまで、すなわち、すべての知の体系にまで拡張する」（SS2）ことである。この点にかんしては、既にカントが『純粋理性批判』の中で、「批判」を「超越論哲学」へ拡張することとして暗示していた。その際、「超越論哲学」とは、「悟性と理性そのものを、対象一般と関係するところの一切の概念と原則の体系において」（B873）考察するものである。カントによれば、「批判」はいまだ「超越論哲学」（B27）ではなく、たんに「体系」への「予備学」（B869）にすぎない。しかしもしも「批判」が「人間のすべてのアプリオリな認識の詳細な分析も含む」（B27）ようになるならば、「批判」は「完全な体系」（同）、つまり「超越論哲学」になるだろう。シェリングは『体系』においてこのようなカントの超越論哲学の理念を受け継ごうとした。

一　カント哲学の補足

しかしシェリングの試みは、カントが「批判」を基にして築こうとしたものとまったく同じものではない。シェリングは初期の論文以来、既に、カントの「精神」を受け継ごうとしつつも、カント哲学の欠陥を指摘してもいた。『哲学一般の形式の可能性について』（以下『形式論文』と略記）でシェリングは、カントにおけるカテゴリーの形而上学的演繹には演繹を規制する「原形式」が欠けていることを指摘していた。一七九五年一月のヘーゲルへの手紙では彼はカント哲学における「前提」の欠如に言及していた。「カントは結果を与えた。しかしまだ前提が欠けている。前提のない結果を誰が理解できるだろうか」（BrI, 14）。こうして彼は論文『哲学の原理としての自我について、ないし人間の知における無制約者について』（以下『自我論文』と略記）において、カント哲学を「すべての知の究極的原理に連れ戻す」ことによって、カント哲学を補足し、カントの「超越論的統覚」を「絶対的自我の統一によって」（SI130）可能にされたものとして捉えた。また論文『独断論と批判論にかんする哲学的書簡』（以下『哲学的書簡』と略記）においても彼は、カントの批判論が「その全体系をもっぱらわれわれの認識能力の性質に基づかせ、われわれの根源的存在者に基づかせるのではない」（SI214）点について、カントの批判論の限界を指摘した。やがて彼は論文『知識学の観念論を解明するための論文』（以下『知識学論文』と略記）においてカントの限界を、カントが人間の認識と概念について「それらの構成部分」の単なる分析に止まった点に認めた。それらの部分の総合、いかに人間本性の全体が「かの諸部分から合成されてくるかについて、［…］一目で捉える」（SI284）ことは、後継者に委ねられたという。

だがそのようにカント哲学をその「前提」の補足によって完成させ、一元論的な「すべての知の体系」として再構成することは、既にラインホルトやフィヒテが以前から取り組んでいた事柄である。シェリングはこの点において一七九四年以後とりわけフィヒテの知識学に依拠していたが、『体系』においてもなお知識学に従っている。その序文で彼はこう述べている。この書の「最初の論究の箇所にかんしては」、「知識学の創始者もしくは著者［シェリング］の著作において既に以前から述べられてこなかったものは、まったく認められないだろう」（SS2）。

しかしそこからむしろ、「最初の論究」の箇所以外ではシェリングがフィヒテとは異なった点を述べている、と読み取ることもできよう。実際、彼は「超越論的観念論の一般的演繹」の箇所で、「知の観念性」についてフィヒテが行なったのとは「別の証明」（SS45）を行なうと述べた。一方で、フィヒテは知識学において「知の観念性」を――およそ存在するものはすべてただ自我にとってのみ存在することを――「「自我は存在する」という命題からただちに推論すること」によって証明した。それに対して、シェリングは「知の観念性」を、「知の体系の全体」を超越論的観念論から「現実に導出する」ことを通して、証明しようとする。それにも拘わらず、シェリングは知識学から「一般的成果」（同）を引き出し、そこから「知の体系の全体」を導き出そうとする。言い換えると、彼は知識学の「一般的成果」のみを自分の体系のために利用し、知識学の他の部分を無視する。それでは何故にシェリングはフィヒテの知識学の一部を受容し、他の一部を無視したのだろうか。そこには恐らく両者の共通性の中に、何らかの違いが存在したのだと思われる。その違いについて以下で見てみることにしよう。

二　知性と自然との並行論

既述のように、超越論的観念論の課題は一般に表象の客観的実在性の根拠づけにあり、その根拠は自我の働きに求められた。シェリングもそのような課題を「超越論哲学の任務」（SS12）とみなした。それは、「主観的なものから出発して、客観的なものを生ぜしめること」（SS10）、あるいは「われわれの外に物がある」という命題が「私は存在する」という命題ないし「直接的確信」と「同一であることを示すこと」(SS12)である。その際、彼はこの任務を非哲学的な「常識」(SS12)との差異において、更に「自然哲学」(SS9)との並行関係において捉えた。「常識」においては「私は存在するという命題と私の外に物があるという命題」は直接「つながっている」。しかし「哲学」は両命題を切り離した上で、一方と他方との同一性を人為的に示そうとする。「哲学」がこの同一性を主観的なもの(「私は存在する」)の側から示す場合には、「超越論的観念論」となり、客観的なもの(「私の外に物がある」)の側から示す場合には、「自然哲学」となる。

まさにこの並行論の承認という点においてシェリングはフィヒテと対立するようになる。フィヒテは一八〇〇年一〇月一五日にシェリングに宛てた手紙のなかで、シェリングの「超越論哲学と自然哲学との対立」に対してこう反論した。

「私は貴兄の超越論哲学と自然哲学との対立についてまだ貴兄と一致しておりません。すべては観念的な活動と実在的活動との混同に基づいているように思われます。[…]私の考えによれば、物が意識に付け加わってくるのでも、意識が物に付け加わってくるのでもありません。両者が自我のうちで、すなわち観念的—実在的なものにして実在的—観念的なもののうちで直接結ばれているのです。――自然の実在性はこれとは別なものです。自然の実在性は超越論哲学においては徹頭徹尾既に見出されたものとして、しかも仕上げられたものとして現れてきます。このこと(すなわち見出されること)は確かにそれ自身の法則に従ってではなく、知性(観念的—実在的なものとしての)の内在的法則に従って現れてくるのです」(FS105)。

したがってフィヒテは自我における観念的活動と実在的活動との合一のみを認め、「自然の実在性」を超越論哲学においては自我によって「見出されたもの」とみなした。それ故、知性の捨象によって、換言すれば「フィクション」の中でのみ、自然が自我から独立なものとして考えられることになる。

これに対してシェリングは一八〇〇年一一月一九日のフィヒテ宛の手紙のうちで次のように返答した。シェリングが超越論哲学と自然哲学を並立させる根拠は、「観念的活動と実在的活動との区別」（FS107）にあるのではない。なぜなら彼は自分の著書の「体系」の部分、特に「産出的直観」の理論においては、まさにフィヒテと同様に「同一の自我における二つの活動」（FS108）を認めていたからである。彼はかの対立をむしろその観念的—実在的な産出的自我の「ポテンツ」（同）の差異、すなわち「自然」における「ポテンツ」と「自己意識」におけるそれとの差異に帰する。『体系』において彼は自然哲学の原理を、それが「自ら原因であると同時に結果であり、主観であると同時に客観である、絶対的なもの」（同）である限り、「自己意識」（SS24）とさえ呼んでいた。この「主観的なものと客観的なものとの絶対的同一性」の「最高のポテンツ」が「再び、自己意識に他ならない」（同）。それが超越論的観念論の原理である。

それではこの「知性と自然との並行論」（S3S）はいかに正当化されうるのだろうか。シェリングは「両学の等しい実在性」（同）を「これまでただ主張してきたにすぎなかった」（同）が、その「説得力ある証明」（同）をこの『体系』で行なうと述べている。そうだとすると、彼は「並行論」を既にこれまでの諸論文において「主張してきた」のである。

この主張の最初のケースは『自我論文』における「無制約者」としての「自我」という規定のうちに見出されるだろう。そこで彼はスピノザの「神」を「すべての現存在の根底にある」「純粋で不変な根源的存在」（SI194）と規定したが、その「根源的存在」を「自我」（同）にも見出した。(1) 言い換えれば、世界の現存在のうちなる無制約的で不変な存在はスピノザ哲学とフィヒテ哲学に共通の原理である。この「独断論」と「批判論」との同型性を彼は更に『哲学的書簡』において有限者の無限者への努力のうちに見出したが、それが実は『純粋理性批判』の「精神」を表していると見られる。つまり、『純粋理性批判』の「精神」は「批判論の体系にも独断論の体系にも確かに認められる」(SI303)[2]。やがて『知識学論文』において彼は「二重性」、すなわち能動と受動というような「対立したものの合一」を「超越論的観念論」の原理とみなし、それによって「すべての有限者」も「理解できる」(SI293)とした。それによって初めて超越論的観念論と自然哲学との並行論を明確に主張したことになる。

最後に『体系』において彼は並行論に対する「説得力ある証明」を、とりわけ産出的直観の理論における「物質の演繹」において行なったように思われる。彼はそこで、「磁気」「電気」「化学的過程」の契機が「自己意識」「感覚」「産出的直観」の作用に照応することを指摘した[3]。この物質の三つの契機はやがて更にポテンツが高められて、「有機的自然」において「感受性」「興奮性」「形成衝動」として再現される[4]。

その限り、シェリングは超越論的観念論を自然哲学と並行して述べているだけでなく、むしろ自然哲学的知見を超越論的観念論のうちで基礎づけているように見える。この論述の仕方は一見、当初の両学の並立の主張とずれているように思われるかもしれない。しかしシェリングはこの点を次のようにして正当化する。彼の産出的直観の理論によれば、「物自体」は、自我の「限界を越えて進もうとする観念的な活動の影」(SS89)、すなわち「自我の所産」(同)に他ならない。しかしそのことを通常の非哲学的な自我は知らず、哲学者のみが知るところである。したがって、哲学者は物を自我の観念的活動の機構に類似したものとして演繹し、自然哲学的内容を超越論的観念論の中で述べることができる訳である[5]。

三　フィヒテ知識学の改釈

さらに、シェリングの超越論的観念論とフィヒテのそれとの違いは、単に自然哲学との並行論の有無に見られるだけでなく、超越論的観念論そのもののうちにも見出される。確かにシェリングは多くの箇所でフィヒテに従ってはいる。しかしよく見ると、フィヒテの理論に対するシェリング自身の言わば改釈が認められる。

1　超越論的観念論の原理としての自己意識

シェリングのフィヒテ改釈はまず超越論的観念論の「原理」そのものに見出される。確かにシェリングはほとんどフィヒテの『知識学の概念について』や、とりわけ『全知識学の基礎』の第一根本命題にかんする立論に依拠することによって、「自己意識」ないし「自我」を超越論的観念論の原理と認めている。しかし彼はそこで何故か「非我」にかんする第二根本命題や第三根本命題には言及していない。その点で注目さるべきは、彼は既に『知識学論文』において実質的にフィヒテの第二根本命題、すなわち「自我は非我に端的に対立する」(SI412)に対する批判を行なっていたということである。この命題が「間違っている」理由は、シェリングによれば、奇しくも、上述のようなフィヒテ哲学における二つの問題点に関わる。第一に、この命題は二元論的に見える。しかしシェリング自身の観念論は「まったく反二元論的であり、表象における主観と客観との絶対的同一性を主張する」(同)。第二に、「端的に」という表現は「更なる根拠なしに」を意味するが、これも間違っている。なぜなら「客観の条件として」「自我の感情」(同)が前提されるが、それはしかし根本的には自我の活動から説明されるからである。

実際のところ、シェリングはフィヒテの第一根本命題によって表された自己意識だけを超越論的観念論の原理として認める。ところでフィヒテの場合、第三根本命題の分析から、理論的自我の命題と実践的自我の命題とが導出されていた。それに対してシェリングは理論的哲学と実践的哲学との相違を、原理である自己意識から直接導き出そうとする。だが自己意識の立場から直接に自我と非我との関係を導きだしうるとすれば、それは、自己意識自身が自分を客観化するとみなす限りにおいてであろう。その意味で彼は自己意識を、既に、自分を客観化する働きとして理解する。確かにフィヒテの絶対的自我も自分自身を産出すると共に自分を認識する働きを意味していた。しかしフィヒテはそれをただ「同一性」(自我=自我)の形式のもとでのみ理解していた。それに対してシェリングは自我=自我の命題のもとで、「同一的」だけでなく「総合的」(SS40)でもあるような知を理解する。したがってかの命題は、シェリングの場合、「同一性における根源的な二重性」(同)を表している。

2 観念的活動と実在的活動の総合からの知の体系の導出

それではシェリングはこの「自己意識」からいかに「すべての知の体系」を導き出しうるのだろうか。いかに彼はフィヒテの第三根本命題の代替物を見出し、その分析から知の理論的部門と実践的部門などを導き出せるのだろうか。

シェリングはまず、先ほど導出した命題、「自己意識の働きによって自我が自分自身を客観化する」を分析し、そこから二つの命題を導き出す。一方の命題は、「自我は一般に自分自身にとってのみ客観である」(SS48)、である。他方の命題は、「自我は客観になる」(同)、である。ところで、すべての客観的なものは「静的なもの」

にして「限界づけられたもの」、つまり「有限な」（同）ものである。それ故、後者の命題は「自我は有限になる」を意味している。この命題は、自我が自ら何か或るものと対立する、という条件のもとでのみ考えられる。というのはあらゆる「規定性」は「否定性」（SS49）に他ならないからである。つまり自我の「自己定立」において必ず「自我に対立するもの」（同）の定立も考えられている。

言い換えれば、自我は「無限であることを止めることなしに」（SS50）、「限界づけられている」のでなければならない。このことは、「自我が、自分を限界づけられたものとして、定立する」ことによって可能である。だがそのことは自我の無限性と限界性との相互前提のもとでのみ理解できる。「自我は限界づけられることによってのみ、無限であり」（同）、逆に「自我は無限であることによってのみ、限界づけられる」（SS52）。この相互前提は、自我における「観念的活動」と「実在的活動」（SS54）の相互前提と呼ばれる。この相互前提は、恐らく、既述のフィヒテにおける自我の「無限な活動」と「客観的活動」の相互前提のモチーフを継承したものと言えよう。

ただし、フィヒテの場合、理論的自我と実践的自我の導出の出発点は、第三根本命題であったのに対して、シェリングの場合、自我における「観念的活動」と「実在的活動」との共存こそが出発点であり、そこから一切の知の体系が導き出される。理論的哲学は「制限の観念性」（同）を説明し、実践的哲学は「制限の実在性」（同）を説明する。それによって生じる矛盾は目的論において、更に最終的には芸術の哲学において解決されるが、この最後の二つの部門はフィヒテが扱わなかった領域である。

けれども、無限性と限界性の相互前提という考え方は、実は、フィヒテが理論的知識学の最後において述べた構想力の分析に基づいていたと思われる。そうだとすると、結局こうなろう。シェリングは一方でフィヒテにおける非我の「二元論的」難点を除去しつつ、他方で構想力のメカニズムを知識学の「一般的成果」として受け入れた。それによって彼は「すべての知の体系」を述べることができたのである。

3　自己意識の歴史における表象の客観的実在性の根拠づけ

このようなすべての知の体系を達成するには、その「手段」(SS2)として、知の「すべての部分」を「自己意識の進行する歴史」(同)として「一つの連続性」(同)において述べることが必要とされる。なぜなら、最終的には「すべての部分」がかの自己意識の「絶対的総合」(SS55)において「同時にかつ一挙に」定立されているとしても、われわれが全体を見出すためには、まずそれらの部分を「分割し、多くの個々の作用へと言わば砕き」(同)、そしてそれらを「継起的に」(同)つなげて、「絶対的総合の構成要素」(SS62)にする必要があるからである。したがってわれわれは自己意識の「種々の時期」(SS66)を述べねばならない。「それらを通して一なる絶対的総合が継起的につなげられる」(同)。

この歴史は、自己意識の無意識的でいまだ自由でない作用から、意識的で自由な作用への進行を述べる。それに照応して、表象の客観的実在性の様々な層も継起的に開示される。なぜなら自己意識はいかなる段階においても実在的客観的な活動を含んでいるが、その活動は自我の限界性を、つまり自我の客観に対する関係を表しているからである。

われわれはここで考察の範囲を「理論的哲学」に限定するが[6]、その限りでは、表象の客観的実在性を次の三つの層において、すなわち、①感覚、②産出的直観における物自体、③知性における客観的世界において確認することができよう。

①　感　覚

まず「すべての知の客観性の条件」（SS76）は、自我が自分を「自分自身によってもたらされていないものとして、限界づけられていること」を「見出す」（SS70-71）こと、すなわち「一切の感覚のうちにあるもの」（SS73）に他ならない。このように「認識のすべての実在性の根拠」（SS75）が「感覚の実在性」（SS73）にあること、自我が強制されていることにあるとみなす点において、シェリングはカントやフィヒテの考え方と一致する。また感覚をすべての認識の基礎とみなすロックその他の経験論者とも一致するだろう。

②　産出的直観における物自体

しかし経験論者とカントは、先にわれわれが「直観」にかんしてカントとフィヒテとの差異について指摘したように、「自我が限界づけられている（すなわち感覚的である）ためには、自我が既に能動的でなければならない」（SS84）ことを無視している。それに対してシェリングは、「印象が客観からやってくるという判断」ですら、「印象に張り付いておらず、印象の向こう側にあるものへ向かう」「活動」（SS80）を前提していることを認める。自我のうちにそのように「限界を越える活動」（同）がある限り、自我は能動的に感覚するものである。この自我の活動が限界を越えてしまうと、その活動は今や「客観になって」（SS88）しまう。逆に言えば、限界づけられた「印象」の背後にあるはずの「物自体」は、「われわれ自身の観念的な活動」に他ならない、つまり「自我の活動が物自体に実体化されたもの」（SS129）に他ならない。しかし物自体が「産出的直観」の所産だということは、哲学者によってしか理解されておらず、通常の自我はまだ知らない。

③　知性における客観的世界

そうだとすると、いかなる条件のもとで通常の自我が自分を、物自体を産出するものとして、認めうるかが、問われるだろう。ところで産出的直観は、シェリングによれば、「外的直観」と呼ばれるが、それはただ「内的直観」と呼ばれるところの、産出しない直観との関係でのみ認められうる。けれども直観そのものは認識されえないから、かの条件は、「内感」(SS129)と「(直観から切り離された)直観されるもの」(SS128)としての「感覚的客観」(SS129)との総合に他ならない。そして両者の間に「限界」が存するが、それは結局「現在の瞬間と過去の瞬間との間の限界」(SS133)に見出される。つまり、こうである。自我は、「自分が戻ることのできない、意識の瞬間に連れ戻されようとするのを感じる」(同)。自我は時間的にそのように制限されて、自分の「現在の感情」を抱くが、その限り自我は自ら「感覚的客観」と対立している。自我は現在の瞬間において「感覚的客観」を「感じる」。この感情は「自己感情」(同)と呼ばれ、そこに「内感」すなわち「時間」の意識が生じる。それに照応して、現在の客観は時間的に固定化されたものとして「空間」のうちに存する。

変化せずに空間のうちにある客観は、時間の流れのうちで変化する。それが「実体と属性」(SS136)の関係に他ならない。そしてこの現在の瞬間に存する実体の条件は、「因果関係」(SS138)である。この因果関係の更なる条件は、「相互作用」(SS142)である。それ故に、結局、相互作用によって初めて、「客観が自我にとって同時に実体と属性となり、また原因と結果となる」(SS145)。個別的な物は多くの実体の共存の地平、すなわち「宇宙」(SS148)において存立する。

①~③に見られた表象の客観的実在性の根拠づけにかんするシェリングの議論を、われわれは簡単に次のような池の中の魚の例で示すことができよう。

① 私は池の淵で水の中に何か或る物があるのを見つける。それは黒くて長い姿をしたものである。私は予期せずにこの現象と出会ったので、それは私の想像物ではなく、実際に知覚された物である。

②　そこで私は、その現象が水中で動いている「魚」から来るものだと判断する。その時、私は直接の印象を越えて、印象の背後にあるはずの物自体を想定している。しかし印象が魚からやってくるということは、さしあたり単に一つの可能的な想定にすぎず、まだ確証されていない。ひょっとしたら、その想定は何らかの錯覚であり、本当は、当の印象は池の淵に立っている木の影かもしれない。

③　私は、その印象が魚から来るという想定を、次のような観察から確証することができる。黒くて長い姿をした印象は現在の瞬間に呼び起こされたのだが、しかしそれは数秒前にはまだ気づかれなかった。また、かの姿と一緒に波が水の表面に現れている。そのような姿が不可逆的な時間の流れの中で変化すること、それが他の現象（波など）と因果関係および相互作用の関係にあることは、しかし、もしもかの印象が池の淵に立っている木の影であるとするならば、私は知覚しえなかっただろう。印象が特定の時間と特定の空間において、他の現象との特定の因果関係のうちで知覚され、最終的には宇宙に属するものとして私によって認識される限り、さしあたり可能的にすぎなかった物が、結局、現実的な客観として私にとって確証されうる。

このような表象の客観的実在性にかんする多様な根拠づけにおいて、シェリングはカントの理論とフィヒテの理論との言わば総合を行なっている。①において彼はカントとフィヒテと一致している。②において彼はフィヒテに依拠している。③における「自己感情」と「感覚的客観」との総合においても彼はフィヒテの「強制の感情」を受け入れている。けれどもこの自己感情が「現在の感情」として時間的性格をもっていることは、フィヒテには見出されないと思われるかもしれない。しかしこの考え方の端緒は既にフィヒテにも認められた。けだし、感情は、自己意識が無限であると同時に限界づけられているという、自己意識の二重性から生ずるのだが――この二重性をシェリングはフィヒテ知識学の「一般的成果」、すなわち「構想力」の理論から受け取ったのであ

り——実は、この「構想力」の運動の中で初めて「時間」が生じるからである。(7)
しかしフィヒテの構想力の理論には、対象の内容が無視されるという問題点があった。けれどもシェリングはフィヒテのこの難点をむしろカントによる対象の構成に依拠することによって、すなわち③における内感（時間）と外感（空間）と諸カテゴリーによる対象の構成によって克服したと思う。逆に言えば、シェリングがフィヒテにおける感情の理論の基礎の上にカントによる対象の構成を置いた限りにおいて、彼はカントの理論をフィヒテの理論によって補足したと言えよう。もしもそうならば、シェリングの超越論的観念論の特性は結局のところ、表象の客観的実在性を因果的必然性の心的メカニズム（カント）のみにも、強制の感情（フィヒテ）のみにも基づかせず、両者を含みつつ、「自己意識の歴史」という一層包括的な次元において、またそれと並行する自然の次元において根拠づけた点に認められよう。

（1） 本書第Ⅱ部第二章参照。
（2） この点に関しては、M. Fukaya, *Anschauung des Absoluten in Schellings früher Philosophie (1794–1800)*, Würzburg 2006, S. 50を参照。
（3） Vgl. SS110ff.
（4） Vgl. SS164.
（5） Vgl. M. Fukaya, op. cit., S. 115.
（6） それと共に実践的部門における客観的実在性をも考慮せねばならないだろう。とりわけ「歴史」という「実践的哲学における客観的なもの」がいかに「超越論的に演繹される」（SS5）かを、検討する必要があろう。この点について、私の発表に対するクナーツ教授からのコメントに感謝する。
（7） Vgl. FG35, 124.

第Ⅱ部　生と認識——ドイツ古典哲学におけるヤコービ問題

上述のようにフィヒテ、シェリングによってカント的超越論的観念論が展開されたが、それらが何故に生じたかを問う場合、既に本書の序論で指摘したように、ヤコービとの関係を見逃すわけに行かない。フィヒテは当初から、ヤコービの直接的確信ないし信仰の立場を高く評価しており、「生」と哲学との区別と連関を認めていた。そこでフィヒテがいかに「生」を知識学において再構成しようとしたかを見極めることにしたい。更に、シェリングも既に自我哲学の時期にヤコービの絶対者観から影響を受けただけでなく、有限者と無限者との連関をめぐって、ヤコービによる諸立場の布置から自分の立場を方向づけていたと思われる。ラインホルトも一八〇〇年頃にバルディリの合理的実在論に与するようになる際に、ヤコービの「非知」の観点から大きな影響をうけていた。これらの点を以下で取り上げることにしよう。

第一章　フィヒテにおける「生」の再構成

一　「生」と「認識」をめぐるフィヒテとヤコービの関係

上述のように、フィヒテは表象の客観的実在性ないし必然性を根拠づける際に、「必然性の感情」ないし「強制の感情」を重視した。この「感情」こそが「一切の実在性の基礎」であり、それを介して「物自体」との関係が生じると考えられた。その際、フィヒテは、既にヤコービの直接知ないし「信仰」の立場から影響をうけていたと思われる。フィヒテは『全知識学の基礎』において、「感情」において「自我の実在性および非我の実在性において、実在性一般においてただ信じることが生じている」(FG218、傍点筆者)と述べたが、これは、ヤコービが『スピノザ書簡』において、「自分」と同時に「他の物」が「存在すること」を「信じる」と述べた次の箇所と照応する。

「自分が身体をもっており、自分の外に物体や他の思考する者が存在することを知っているのは、信じることによってである。真の驚くべき啓示！　なぜならわれわれはただ自分の身体をかくかくしかじかのものと感じるだけだが、そうすることによって、身体の変化を知覚するだけでなく、感情でも思想でもない、身体からまったく区別されるもの、すなわち他の物をも知覚するからである」(JS216、傍点筆者)。

フィヒテは、この「他の物」の「存在」が「啓示」される点について、さらに『新しい方法による知識学』ではヤコービの名前を称揚して、次のように述べている。「ヤコービはこの客観を直接的な啓示と呼んだが、それは部分的には、すべての哲学者のうちで最善なことを行なったと言える」(FN75、傍点筆者)。

同時に、フィヒテはこの自我と同時に他の物が存在する事態を「生」と呼ぶ。「生」という「日常生活や行為において現れる日常的ないし実践的観点」では、「私は、私と世界とを同時に、——一挙に定立する」(FN27)。しかしヤコービと異なって、フィヒテは「生」に立脚するのではなく、「生」のうちの「世界」を捨象して「自我」のみを扱う「観念論」の立場に立とうとする。「観念論の観点」では「世界」は扱われず、「自我のみが対象である」。「観念論者は自分の概念をひたすら順々に展開し、あらゆるものを他のものから推測し、こうして一歩一歩自分の体系を形成する」(FN26)。

このような「日常生活や行為」の観点と「観念論の観点」との関連は、実は既に『知識学の概念について』で述べられていた。彼はそこで知識学の対象と知識学の立場との相違を次のように述べていた。知識学の「対象」とは「人間精神の諸行為」(FBI41)、一層正確に言えば、「人間精神の必然的な諸行為の仕方」(同)であり、それらは「学から独立に存在する」(FBI40)ものであり、「それ自体、思考されねばならないわけではない」(FBI48)。知識学はこの非学的行為を言語でもって学的に表現しようとする。すなわちそれを「思考され、語で捉えられる命題」(同)で捉えて、「意識に高めあげる」(FBI41)。この言語的・学的な立場は「表象」(FBI49)と呼ばれる。それは「人間精神の必然的な諸行為の仕方」が具体的経験においては互いに混合していた状態から、その一つ一つの行為の仕方を分離して注目する、「抽象の行為」と「反省の行為」(FBI42)に基づいている。その意味で行為を表象することは作為的な行為、「自由の行為」(FBI41)である。

だがこのような「表象」とか「自由の行為」と呼ばれる知識学の立場そのものは、実は知識学の対象である「必然的な諸行為の仕方」の一部に他ならない。しかもそれは「学の素材に対して急ぎすぎている」（FB149）。というのは知識学は「必然的な諸行為の仕方」を分析と総合によって諸命題の連鎖という形で再構成するが、その場合、知識学の立場そのもの、すなわち理論的自我は、諸命題の連鎖の後の方で初めて示され、また実践的自我によって後から根拠づけられるからである。したがって、知識学の営みは、いまだ学的には根拠づけられていない立場を既知のものとみなして出発せざるをえない。そのような「循環」（FB142）のうちで体系構築を試みざるをえない。

フィヒテはこのような知識学の対象と立場との連関を、その後も繰り返し述べている。とりわけ、注目されるのは、序論で指摘したように、ヤコービが『フィヒテ宛公開書簡』で、自我と同時に他の物が存在することを確信する常識の立場と、自他の合一を人為的に再構成する哲学の立場との相違を述べたのとほぼ同じ頃に、草稿『回想、応答、問題』において「二つの異なった立場」の「思考」（GAⅡ-5, 111）を問題としたことである。一方の思考は「じかに客観を考える」（同）「日常的な実在的意識」（ebd. 117）であり、これが知識学の対象をなす。他方の思考は「自分の思考そのもの」（ebd. 111）を考える「思弁」（ebd. 119）であり、知識学の立場を指し、それは「日常的な実在的意識」の「諸部分」（ebd. 117）を「演繹」（同）によって次第に合成する。その場合「演繹」とは演繹的推論の意味ではなく、所与のものの条件を求める根拠づけであると思われる。「実在的思考の記述と叙述」（ebd. 118）によって、「生」の根拠づけと再構成が行なわれ、その意味で「生」を「認識する」。しかしこの認識自体は「生を形成する手段ではない」（同）。

けれども、フィヒテは、「生」と「思弁」とは相互に規定しあうことをも認めた。したがって「哲学」ないし

「思弁」が「生の知識」と結びつくことによって、「間接的に」、「人間を形成する」可能性があるという。フィヒテは言う。「しかし哲学は間接的には、すなわち哲学の知識が生の知識と結びつく限りでは、一つの積極的効用をもっている。[…] 哲学は、自然から何を問い求めねばならないか、自然をいかに問わねばならないか [⋯] また、人間のすべての運命はもっぱら人間自身に依存していることを示す——すなわち、哲学は人間を人間自身の足で立たせる」(ebd. 123)。

こうして、フィヒテはまず人間の非言語的な「必然的行為」ないし「生」から出発する。次にそれを「思考の自由」の働きによって抽象して、「反省」ないし「思弁」のうちで、自我にかんする根本的命題と派生的命題から成る学的体系を樹立し、最終的にそれが当初の「生」と合致する学的体系を介して「生」に戻り、「人間」の「形成」をめざす。だがこの「生」↓言語的・学的体系↓「生」の過程において、最後の「生」は最初の非学的「生」と同じではなく、自己の真相を自覚している「生」である。それは、自然への問いや人間の運命が「人間自身に依存している」ことを自覚した「生」に他ならない。

二　自我と関係——知識学における「生」の根拠づけと再構成

それでは、知識学の学的体系において、当初の人間の「生」はどのように反省され、根拠づけられ、再構成されるのだろうか。言語化以前の「生」においては恐らく同時に存在し不可分に結びついていた諸要素が、いかに分析されて根拠づけの連関のうちに置かれ、学的形式に従って叙述されるのだろうか。だがその点についてフィヒテの決定的な解答を見極めることは、難しいようにも思われる。というのは、彼は「生」という全体的で動的な現象を、まさに言語によって捉えることの困難、つまり、部分的な内容を固定化せざるをえない概念や命題で表現することには原理的な困難がつきまとうこと、したがってその根拠づけと再構成の結論は蓋然的たらざるをえないことを自覚しており、そのため幾度も改善を試みているからである。

だがそうだとしても、一七九四年頃から一八〇〇年頃までの初期知識学を通して、核となるような特徴的な捉え方が――その表現や意味づけは微妙に変化するとはいえ、――少なくとも次の二点において一貫して認められるように思う。一つは、「生」の根拠づけと再構成の一切の場面において繰り返し立ち返られるべき現象があり、それは「自我 Ich」という概念で表されることである。他の一つは、「自我」にかんする現象は「物」や「実体」としてではなく、「関係」(GAII-4, 39) として捉えられることである。けだし知識学は、「学の学」という意味で「形而上学」であるが、その基本概念は「物」ではなく「関係」である。それは、結局、自我の自己関係と自我と非我との対立関係という二種類の関係を基軸としている。現実の経験的意識ないし「生」は、これら二種類の関係の関係として構成され、その関係自身更に理論的関係と実践的関係とから成る。その際、自我の自己関係と自我と非我との対立関係はしばしば「限界」概念において総合され、その総合は「交互規定」とか「反省法則」と呼ばれる弁証法的な根拠づけの方法において遂行される。以下では『全知識学の基礎』(以下『基礎』と略記) を中心に、このような自我の諸関係による「生」の根拠づけと再構成を見てみることにしよう。

1　自我の自己関係

まず、「自我」自身が実体や物ではなく、関係的な現象、すなわち自己関係的なものと見られる。フィヒテによれば、自我という実体的なものが存在して、それが考えたり行為したりするという属性をもっているというように捉えられるのではない。またそのような自我の存在や本質的属性が他者によって知られるのでもない。自我が存在することは、自然や他人やあるいは何か未知なものによってもたらされるのではなく、「自我によって」、いわばその都度「無」から創造されるようにして、もたらされる。自我が何であるかも、「自我によって」もたらされる。たとえ私が受動的な状態にあるとしても、例えば、石が私の手に当たって痛みを感じるという現象も、少なくともその痛みが私によって引き受けられるという意味で、私によってもたらされると考えられる。同時にこれらの自我の存在と本質は「自我にとって」現前している。つまり他者が知るのではなく、自我が自ら知っている。こうして自我は、自我の存在と本質の自己産出および自己認識を通してしか、その意味で自己関係的なものとしてしか存在しない。それら以前ないし以外には、自我は、――物体や道具的なものとしてならばともかく、――「自我」としては、存在しえない。こうしてフィヒテは次のように述べる。「自我は端的に存在する。すなわち、自我は存在するが故に、端的に存在する。また自我は端的に自我があるところのものである。両者は自我にとってある」（FG18）。

2　自我の自己関係と自我と非我との対立関係との関係

このような自我のあり方は、――それは「事行」とか「絶対的自我」とか「主観であると同時に客観」とか「直接的意識」と呼ばれる、――しかし、現実的意識ないし「生」のすべてではなく、その一成分でしかない。それは現実的意識のうち、対象的意識の成分を捨象した限りにおいて考えられるものであり、現実には単独には存在しない。例えば、私が山を見ている場合、同時にそのように見ている「自己」をも自覚しているだろう。そのような山の意識に伴う「自己」の意識を、山の意識から切り離して取り出した部分が、上述のごとき自己の存在と本質の自己認識に他ならない。したがって、現実的意識には自我の自己関係だけでなく、自我によってもたらされるのではない非我との関係も含まれている。しかし、フィヒテは非我をまったく自我との関係抜きに存在するとは認めない。というのはすべての実在性の根源は自我に認められるからである。「およそ存在するところのものは、すべて、自我のうちで定立されているかぎりでのみ存在するのであり、自我の外では無である」(FG19)。

3　理論的関係と実践的関係との関係

現実的意識ないし「生」は、自我の自己関係と自我と非我の対立関係との総合として再構成される。そのうち、自我と非我との関係は、非我が自我を制約する理論的な場合と、自我が非我を制約する実践的な場合とに分けられる。だがこの二つの関係もそれぞれ抽象的成分でしかなく、実際には単独には存在しない。現実的意識は何がしか理論的意識であると同時に実践的意識であるだろう。私が山を見ている場合、その意識のうちには、例えば、「山はとても高い」という私の認識と、しかし「その山の項をめざして登ろう」という私の意欲が同時に含まれているだろう。しかしフィヒテは『基礎』では必ずしも充分にその同時性を捉えたとは言えない。彼は理論的自我の分析から出発し、そこでは解明されなかった理論的認識の対象を実践的自我の努力の立場から説明し、更にその実践的努力を反省によって根拠づけようとした。つまり、理論→実践→理論→実践→…という、理論的関係と実践的関係との循環関係を認めたにすぎない。

4 理論的自我における「因果性の総合」と「実体性の総合」との関係

それでは理論的自我と実践的自我という成分においてそれぞれ、いかに自我の自己関係と自我と非我との対立関係とが総合的に関係づけられうるのだろうか。まず理論的自我の場合を見てみることにしよう。理論的自我は、「自我は自己自身を非我によって制約されたものとして定立する」（FG 47）という命題で表される。この内容は一方で「因果性の総合」にかんする自我と非我との関係と、他方で「実体性の総合」にかんする自我の自己関係とに分析され、最終的にその両関係の相互関係として再構成される。それは、ちょうど、〈私が「山は高い」ことを見る〉という事態が、「高い山によって私が制約されている」という因果的関係と、「私が…を見る」という実体―属性的関係とから、合成されているようなものである。

一方で「因果性の総合」は、「非我はそれ自体において実在性をもたないが、自我が受動的である限りにおいて実在性をもつ」（FG56）というものである。他方で「実体性の総合」は、「自我は自己の実在性の絶対的全体のうちに含まれているすべての領域のもとで、絶対的自発性によって特定の領域へと自己を定立する限りにおいて、規定するものである。［…］自我はこの特定の領域において定立されているものとして考察され、そして定立の自発性が捨象されている限りにおいて、規定されている」（FG298）というものである。まず、「因果性の総合」において「非我の活動」は「自我の受動」によって惹き起こされる。その「自我の受動」は「実体性の総合」において自我の「一層少ない度合いの活動」（FG67）によって生ぜしめられる。しかし自我の「一層少ない活動」の原因は「非我の活動」（同）に帰せられる。だが、この「非我の活動」は「因果性の総合」によって「自我の受動」から生じるのでしかない。そうなると、結局、「因果性の総合」と「実体性の総合」とは循環に陥ってしまう。つまり、理論的自我の成立の根拠を見出せないことになる。

そこで、フィヒテは、次に、自我のうちに受動を定立しない非我の活動の部分と、非我のうちに受動を定立しない自我の活動の部分を認め、それらを「独立的活動」（FG70）と名づけ、自我と非我との間に交互規定が成り立つ「交互的能動受動」（FG71）と区別しようとする。そして「独立的活動」と「交互的能動受動」との交互規定において、「因果性の総合」と「実体性の総合」を捉えなおそうとする。

「因果性の総合」の場合、自我と非我とが自我の「移譲」（FG83）（自我の「非―定立」による非我の「定立」）という独立的活動によって本質的に結ばれているが故に、両者は本質的に対立しつつ相互に廃棄しあう。しかし逆に両者が対立していないと、自我の「移譲」は出てこない。自我は主観であれば客観でなく、客観であれば主観でないという関係のうちに立つものとして自己を定立する限りでのみ、自我であり、その限り自我は、自己の実在性を移譲した非我から制約を受けうる。例えば、「山がとても高い」ことが認識されるのは、私が山の景観に圧倒され、自己を受動的にする限りであるが、それは、私が能動的に活動することを少なくし、自己の実在性を山に移譲して、山の実在性を痛感し、そこで私（主観）が山（客観）との対立関係に身を置くことになるようなものであろう。

「実体性の総合」の場合、自我は構想力の独立的活動によって何かを定立することもしないことも自由である。もしも自己をAとして定立すると、それを介してBを自己のうちで定立しない、すなわち「疎外」（FG85）することになり、Bを客観として立てることになる。だがそれによって、A＋Bという「高次の領域」（FG112）を立てうることになる。他方で、いかなる特定のものをも定立せず、「高次の領域」を定立するとなると、その領域のうちでAを立て、それを介してBを疎外し、Bを客観として立てる可能性をもつことになる。それ故、主観と客観との対立物を総括する自我の活動という条件のもとに、排斥しあう主観と客観との「遭遇」が生じ、またその逆でもある。それは、「高次の領域」を求めようとする自我にとって、その自我と並んで、「障害」（FG129）が存在するという事態に他ならない。私が山の全体を見ようとするとき、私は実際には山の特定の部分しか見ることができず、したがって有限な視界には収まりきれないものとしての高い山と「遭遇する」（FG127）。しかしそのような自己の限界の意識において、同時に限界を乗り越えようとしていること、つまり無限への方向が認められる。そこでは、「無限性がなければ限界づけもなく、限界づけがなければ無限性もない」（FG133）。

5 「生」——構想力による理論的自我の根拠づけ

だがこの無限性と限界づけとの相関関係は固定していない。無限性はそれ自身が限界に転換する。というのは、私が自己を無限な活動として意識するとき、自己に無限な活動という「述語」（FG134）を付けるが、それは自己を「限定する」（同）ことになるからである。そこで自我はそのように有限化された無限性という「限界」を乗り越えて自己の無限性を取り戻すべく、自己の外に出なければならない。その自己超越の働きに再び無限性という「述語」を付けるならば、再び自己をそういうものとして「限定する」ことになり、それ故その自己を越え出ていかねばならない、など等。こうして実体性の総合の根本には、「構想力」（FG135）の自己限定と自己超越の際限のない運動が認められる。その限り、理論的自我の構造は「時間—契機」（FG136）を含むものとみなされる。

しかも自我が自己をAとして限定する局面において、主観（A）と客観（B）との対立が生じると見られている。この主観と客観との対立は、かの「因果性の総合」における自我と非我との対立に他ならない。そうだとすると、先には「因果性の総合」と「実体性の総合」とは循環に陥っていたが、今や構想力の運動によって「因果性の総合」が「実体性の総合」のうちに統合されていると言えよう。あるいは、次のようにも言えよう。「実体性の総合」は、先の場合、時間的次元を考慮に入れずに、言わば同時的な関係として捉えられていた。自我という全体的領域のうちに「見る」とか「触れる」とか「歩く」という特定の営みが同時に並存していると考えられていた。自我がそのうち自己を例えば「見る」として限定する限り、「歩く」などが疎外された。今や、この実体（全体）――諸属性（諸部分）の関係は時間的な次元においても考えられる。私が「高い山を見る」とき、私は自己を山との関係で限定することになり、それ故その限界を越え、一層広い視野を得ようとする。例えば、私は飛行機のうちで空中から山を俯瞰する。しかしその視野も再び限られたものであることに気づき、それを乗り越えようとする。つまり、一方で瞬間ごとに実体と属性（A）の連関からなる同時的構造がある――したがってまた、限定された属性（A）と疎外された属性（B）との間の因果的対立も認められる。しかし、他方でその現在の同時的構造が乗り越えられるべき、言わば、属性として、言わば、実体としての未来における同時的構造との継起的連関においてである。

そうだとすると、結局、4における理論的自我の命題（「自我は自己自身を非我によって制約されたものとして定立する」）は、構想力の自己限定と自己超越の運動の言わば静止画像であったと解されよう。〈私は「山が高い」ことを見る〉は、私の構想力の自発的な運動のなかの特定の瞬間を映し出した状態にすぎない。その状態は、言わば、次の瞬間に《私は、〈私は「山が高い」ことを見る〉状態を越える》へと繋げられる限りにおいて、存在する。そして、自我と非我との連関が構想力の働きによって時間の流れの中で捉えられる限り、それは「生」と呼ばれる。彼は言う。「われわれの意識、われわれの生、自己にとってのわれわれの存在、つまり自我としてのわれわれの存在の可能性は構想力のかの行為に基づいている」（FG369）。この構想力のみが、「生と意識を可能にし、とりわけ意識を継起する時間系列として可能にするものである」(FG124)。

しかし構想力による理論的自我の根拠づけには一つ根本的な問題点が残されていた。自我の限定を乗り越える際に、その限定が「実体性の総合」の場合には、つまり自我の自己限定という意味でならば、容易に考えられるだろう。私が山を見ようとしたとき、実際には山の一部しか見なかったのだとしても、その狭い見方を変えて一層広く見るようにすることは、ただ自分の位置や態度を変えれば済むので、確かに実現できるだろう。しかし、もしも自我の限定が「因果性の総合」の場合のように、本当に私の自由にならない非我によるものだとすると、その状態を乗り越えることは容易ではない。その場合、山から受ける限定を真に克服するには、山を無くすなり、変えるしかないのではないか。だがその点についてフィヒテは次のように考える。——自我にとって障害が事実として存在することは認められるが、その事実が外から発したものか内から発したものかは、理論的自我の分析の段階ではまだ知られず、実践的自我の分析の段階で答えられるだろう。ただ、障害の根拠が外であれ内であれ、障害の事実が構想力によって捉えられるものであることには変わりはなく、その範囲内で自我の限定は構想力によって克服される、と。

結局、ここでは構想力による自我の一元論のモチーフが、なお自我と非我の二元論あるいは不可知論に拘束されていると思われる。それではこの問題点は実践的部門で克服されるだろうか。

6　実践的自我の根拠づけ

確かに実践的部門の冒頭で一元論と二元論との矛盾の問題が、絶対的自我と理論的自我の矛盾として捉えられ、それは、「自我は今まで未知であったかの非我を[…]自己自身によって規定する」(FG168)という仕方で解決されようとする。しかし、自我が非我を完全に規定すると、非我は非我でなくなってしまい、もはや実践的自我そのものが成り立たなくなる。そこで実践的自我が、「無限で無制約な」（FGI73）活動という自我の自己関係と、「有限で制約された」（同）活動という自我と非我との対立関係とに分析され、両者の総合によって根拠づけられようとする。その結果、「理想」への「無限の努力」（FGI79）が導きだされる。それによって、理論的部門では未知に止まっていたかの障害が、自我の「努力」に対する「抵抗ないし対象」（FGI74）として知られるようになる。

だがこの「努力」そのものの根拠が更に問われる。そしてそれは非我にではなく、自我の「反省」（FGI92）に求められる。自我は自己の活動を無自覚的にではなく、自覚的に（「自己自身によって定立したとして」）行なう。フィヒテは言う。「自我は、それが自我であるべきならば、自己自身によって定立したとして、自己を定立することもせねばならない。自我は、根源的な定立に関係するこの新たな定立によって、言わば、外からの影響 Einwirkung von außen に対して身を開く。自我は、ただ定立のこの反復によってのみ、自我自身によっては定立されないものも、自我のうちで存在しうるようになる可能性を定立する」（FGI94）。

自我が自己を定立しつつ、その自我が「反省」の眼差しにおいて「制限されたもの」（同）とされることが、「非我の影響の条件」（FGI94）なのである。そこで自我は次に非我をふたたび自己のうちに取り入れようと努力するだろう。

しかしわれわれはフィヒテにおけるこのような自我の反省による非我からの影響関係の開示に対しては、疑問を禁じえない。というのは、「反省」、すなわち「自我が、自己自身によって定立したとして」自己を定立するという働きは、われわれが1で述べた現象、すなわち自我の存在と本質の自己産出が「自我にとって」ある事態に他ならないと思われるが、そこでは非我はまだまったく問題にならなかったからである。つまり自我が自己を反省したとしても、それが必ずしも同時に非我を認めたり、非我から「影響」を受けることにはならないと思う。しかしそれにも拘わらず、自我の反省が外界の認識と通ずるというのは、ここには明示されていないが、恐らく後の「衝動の演繹」における「感情」の箇所で説明されるのではないかとも思われる。そこで最後にその点を見ておくことにしよう。

7　自己感情と外界の感覚との関係

「感情」（FG206）は、フィヒテによれば、自己を維持しようとする「衝動」（FG204）が障害によって阻止されたときに、「強制 Zwang」ないし「不能 Nicht-Können」（FG206）において、それにも拘らず自己自身の外へ越え出ようとするときに生じる。そのとき、自我は、自己を制限されたものとしての自己の感情をもつことになる。自我はそこに、そのように強いる「物の実在性も感じられるように思われる」（FG217-218）。例えば、私は部屋の外へ出たいという「衝動」に駆られて手でドアを押そうとするが、ドアの重さのために手に痛みを感じる。私は手の痛みという「自己感情」を通して、ドアの実在性を「感じる」。つまり客観の実在性の感覚と呼ばれるものは、実は自我の「自己感情」と共に生じる。そのような意味ならば、確かに、自我の「反省」が同時に非我への通路を開くと言えるかもしれない。そして先に「反省」が根拠になって「努力」が生じると言われた事態は、ここで、「強制の感情」が「憧憬の感情」（FG220）と繋がるということとして、示されていると言えるかもしれない。

既述のように、フィヒテはこの点でヤコービの考え方に与していたと思われる。ヤコービは、自分の身体の感覚と外界の感覚とが同時に成立し、その限り身体と外界が「存在すること」を「信じる」と述べていた。フィヒテも同じように、「自己感情」が「物の実在性」と同時に生じることにかんして、「自我の実在性および非我の実在性において、実在性一般において、信じることが生じている」（FG218）と述べていた。

この自己感情と外界の感覚との密接な関係は注目すべきものと思われる。しかしこの関係の捉え方においてフィヒテはヤコービと相違してもいた。ヤコービにおいては、自分の身体と外界の物との同時的確信は、観念論ではなく実在論の意味で考えられていた。つまり、物はそれ自体において実在的であるが、ただ「われわれ」が「信じる」ことによって、物の実在性の意識が生じる。それに対してフィヒテはこの事態を観念論の観点から説明し、自我の感情にとってのみ物は実在的に感じられるとみなした。一層正確に言えば、この自己感情にして物の感覚という現象、つまり身体的感覚とでも呼べる現象は、フィヒテの場合まだ「主観的なもの」、言わば物の表面の接触感であり、直接触れられていない物の「内面」をも含んだ「客観的なもの」の認識ではない。この主観的感情が客観的認識に転ずるのは、しかし、かの構想力によってである。「客観的なもの」は物に対する主観的感情を核にしながら、それが構想力によって広げられた結果として生じる。だがこの構想力の働きは通常は自覚されない。それ故、人は、構想力の所産があたかも「われわれの外に、われわれの一切の介入なしに」（FG153）存在すると確信することになる。

こうしてフィヒテは、物自体なるものは存在せず、それはただ構想力による仮象として生じるにすぎないと考えた。だがそうだとすると、先に5で見たような構想力の限界の問題——障害がどこから生じたか、無知のままにとどめられる——が再び出てくることになるのではないかと思う。それ故、構想力の一元論的モチーフが自我と非我との二元論ないし不可知論に拘束されている問題は、実践的部門でも結局解決されておらず、ただ先送りされただけであるように思われる。

以上が『基礎』における自我の諸関係による「生」の根拠づけと再構成およびその問題点である。まとめると、次のようになろう。フィヒテはヤコービと同様に非言語的行為ないし「生」を問題にするが、それを知識学という学的言語によって分析し、根拠づけ、再構成しようとした。そこで「生」は自我の自己関係と自我と非我との対立関係との関係（理論的関係と実践的関係）として再構成されるだけでなく、「時間」の相のもとで自我の自己限定と自己超出の運動において根拠づけられた。しかもその運動は実践的態度において「衝動」として現れるのだが、そこから自己感情と外界の感覚、さらには構想力の働きによって外界の客観的認識も生じるとされた。その限り、われわれは知識学によって、外界の認識や自分の運命が結局「人間自身に依存している」ことを自覚した「生」を形成しるということにもなろう。その際、とりわけ、フィヒテが自己感情と外界との相互関係を洞察した点は注目される。それにも拘わらず、フィヒテは、結局、外界を現実に外界として捉えることには成功しなかったと思われる。というのは、外界は、発生源が不可解な「障害」を前提せざるをえないだけでなく、結局、「構想力」の所産でしかないからである。恐らくそのために、フィヒテは『基礎』の後、『自然法の基礎』や『知識学の新しい方法』において「自己意識」の成立条件や理論と実践の関係をめぐって、さらに修正を企てるようになるのであろう。ここではその点について立ち入ることはできない。

第二章　シェリングとヤコービ
——有限者と無限者との連関をめぐって——

若きシェリングは『批判論と独断論の哲学的書簡』において「哲学の主要な仕事」は「世界の現存在Daseinの問題の解決」(SI237)にあると述べたが、このような哲学の問題の定式化において彼は既にヤコービから強く影響を受けていたと思われる。ただし、世界がいかなる根拠によって存立しているか、という形而上学的な問いそのものは、実質的にはそれに先立つ神話論やプラトン研究に由来すると思われるが、[1]「世界の現存在の問題」という表現は、ヤコービによるものであろう。というのは、シェリングは既に『自我論』の序文で「哲学は、ヤコービの表現でもって言えば、現存在をあばき、開示することをめざす」(SI80)と述べており、ヤコービ自身確かに『スピノザ書簡』で「探求者の最大の功績は現存在を暴き、開示することである」(JS42)と述べていたからである。更に言うと、この「世界の現存在の問題」は、有限者と無限者との関連の問題としても表されうると思う。というのは、「世界の現存在の問題」に言及した上述の箇所で、シェリングは、「無からは何ものも生まれない」(JS24)という、まさにヤコービによって明らかにされた「スピノザ主義の精神」と関連して、「無限者から有限者への移行」を問題にし、この移行が「一切の哲学の問題である」(SI237-238)と述べていたからである。こうして、シェリングが哲学形成の出発点において哲学の問題を、「世界の現存在の問題」とか「無限者から有限者への移行」にあると定式化したとき、彼はヤコービの根本的関心事から大いに示唆を得ていた。確かにシェリングは当時フィヒテの自我哲学に与し、ヤコービとは反対にスピノザ主義を擁護していたが、それにも拘わらず、哲学の問題設定の仕方においてヤコービと共通するところが多い。

それだけではない。やがてシェリングは同一哲学以後ヤコービと対立し、両者は互いに批判しあうようになるが、このことは、当初のシェリングのヤコービに対する同調的な態度の裏にひそかに含まれていた両者の相違の面が顕在化したこととして捉えられると思われる。その相違とは、結論を先に言えば、有限者と無限者との内在的連関と超越的連関、あるいは一元論と二元論の相違に帰し、この点で両者の立場は結局平行線をたどることになる。それにも拘わらず、シェリングの哲学は事柄としてはまさにこのようなヤコービとの関連を通して形成されたと見ることができる。まず、同一哲学の時期、一八〇一―〇三年頃の最初の対決にかんして注目されるのは、ヤコービがそれに先立つフィヒテ宛公開書簡において既に、シェリングの同一哲学がフィヒテの知識学から「必然的結果」として出てくることを予見していたことである。これに対して、一八一一―一二年に「無神論」と「有神論」をめぐって行なわれた論争では、逆にヤコービは、既にシェリングが『自由論』で同一哲学をかなり有神論の方向に変更していたにも拘わらず、それを無視し、シェリングの哲学を依然として同一哲学とみなし、批判した。そこで当然その点をシェリングは反論することになった。しかし事柄に即して言うならば、シェリングのそのような変化は、彼がむしろヤコービの立場に接近し、それを自己の一元論的立場に取り込んだというようにも見られうるだろう。そうだとすると、シェリング哲学はその出発点においてのみならず、同一哲学とそれ以後においても、ヤコービ哲学との連関においてこそその特質がよく捉えられると思われる。以下ではこのような観点からシェリングとヤコービの関係を見ることにする。

一　シェリングによるヤコービのスピノザ論の受容

シェリングは自我哲学の時期にいかにヤコービから影響を受けたのだろうか。シェリングはまずヤコービのとりわけ『スピノザ書簡』によって「スピノザ主義の精神」に共鳴するようになり、それをフィヒテ的な自我哲学に当てはめて考えようとする。しかしヤコービ自身はスピノザの汎神論や決定論に反対する立場から、スピノザ哲学に取り組んでいた。そこでシェリングがヤコービからいかなる意味で「スピノザ主義の精神」を汲み取ったかを見る前に、ヤコービ自身スピノザをいかなる態度で扱ったかを分析してみる必要があろう。

ヤコービは『スピノザ書簡』において、①スピノザの『エチカ』の思想を独自に解釈し、再構成するかたわら、②スピノザの汎神論と合理的決定論に反対し、有神論と非合理的な直接知ないし信仰の立場を対置したが、それにも拘わらず、③彼自身の積極的立場のうちに、彼によって解釈されたスピノザの思想を入り込ませた[2]。

① ヤコービはまずスピノザ哲学の原理である「神」について、多様な現実の世界との関係において、「現存在のうちなる存在」「無限」「統一性」という特性を強調した。「スピノザの神は一切の現実的なものの内なる現実性、一切の現存在のうちなる存在という純粋な原理であり、個物ではまったくなく、端的に無限である。この神の統一性は区別されざるものの同一性に基づくが、或る種の多様性を排除しない」(JS61, 398)。神は多様な個物の外にあるのではなく、それらの内にあり、しかもそれらの「全体」をなしている。ただし「全体」とは「諸々の有限者の無意味な集合」(JS173)ではなく、「不可分で、最も厳密な意味で一つのもの」(JS177)である。このような統一的全体の意味で神の「存在」は、「すべての性質、状態、力の根底にあるもの」(JS106)、

「すべてに前提されねばならないもの」（同）である。逆に言えば、有限者はその本質からして初めから神と共に、また神の内に存在し、従って永遠に存在し、或る時以後に初めて存在させられたものではない。

② しかしヤコービはこのような神と有限者の連関から生じる汎神論的な帰結と幾何学的論証を受け入れなかった。スピノザの神は無限なものであり、人間の有限な知性も意志ももっていないのに対して、ヤコービは「世界の悟性的人格的な原因」（JS27）としての人格神を容認した。更に、ヤコービは、神と有限者との関係についてスピノザが「根拠と帰結」の関係を「原因と結果」の関係と混同した点を批判した。ヤコービによれば、スピノザの体系においてすべては幾何学的に論証されているが、これは「根拠と帰結」の依存関係であり、そこには「論理的なもの」（JS415）のみがあり、経験的なものは入り込まないはずである。これに対して「原因と結果」は時間的な要素を含み、「経験的概念」（同）である。しかるにスピノザにおいては神が有限者の「原因」とみなされ、「根拠」が「原因」と混同されている。

したがって、スピノザにおいては有限者の現存在はむしろ単なる妄想でしかなくなる。もしも有限者が神から論理必然的に導出されるのであれば、そこには有限者の現実の存在は示されないことになる。事物の間の根拠と帰結の関係は、事物の現実の存在とは別の次元にあり、むしろ予め事物が現実に存在した後、知性による比較によって初めて認められる派生的なものでしかない。「諸関係を洞察しうる前に、私に事物が与えられていなければならない」(3)。事物が現実に存在するのは、時間のうちで生じるはずだが、時間はスピノザにおいては「永遠の相のもとに」ある事物の真のあり方ではなく、想像力によって捉えられる事物の観念でしかなく、むなしい妄想でしかない。

むしろ、ヤコービの立場からすると、「継時的な世界の現存在の可能性の条件」（JS418-19）は「自然」という「制約された存在者の連関」の「外」(同)に、「超自然的なもの」(同)に求められるべきである。有限的な事物の現存在の「原因」としての「超自然的なもの」とは、かの「世界の悟性的人格的な原因」としての神である。それは帰結に対する根拠として考えられるものではなく、結果に対する原因として、根拠なしに、「説明されないもの、すなわち、分解不可能なもの、直接的なもの、単純なもの」(JS42)として直接的に感じられ、信じられるのみである。

③　それにも拘わらず、このヤコービ自身の直接的確信の立場のうちに、神と有限者の連関にかんする上述のスピノザ解釈が入り込んでもいた。ヤコービは「付録七」で次のように言う。「制約者と無制約者とは互いに不可分に結び付けられているが、それは、すなわち、制約者の観念は無制約者の観念を前提し、無制約者の観念のうちにのみ与えられうるということである。したがってわれわれは無制約者をあらためて探求するには及ばず、無制約者の存在について、われわれ自身の制約された存在についてもつのと同様な確信、いやそれどころか、それ以上の大いなる確信をもっている」(JS423-24)。つまり制約者の前提としての無制約者の存在は、不可解な原因として、人間自身の存在と並んで確信されるものである。

そうだとすると、ヤコービにとってスピノザにおける「世界の現存在のうちなる存在」、換言すれば「制約者」「有限者」の「前提」としての「無制約者」「無限者」という「神」の規定は、それ自体はいわば中立的なものであり、いかようにも解釈できるものであろう。それを「根拠と帰結」の内在的関係で捉えると、汎神論と合理的決定論の考え方になり、「原因と結果」の超越的関係で捉えると、有神論と非合理的直接的確信の立場になるということであろう。

それではシェリングはこのようなヤコービのスピノザ論をどのように受け止めたのであろうか。シェリングは、結局、①のヤコービのスピノザ解釈およびそれとヤコービ自身の立場と共通する③の部分を「スピノザ主義の精神」として受け入れつつ、②の汎神論や決定論に対するヤコービの批判とヤコービ自身の有神論は無視したように思われる。そしてヤコービとは異なり、「スピノザ主義の精神」をフィヒテの「絶対的自我」のうちに認めようとした。

実際、シェリングは『自我論』においてヤコービのスピノザ解釈（「現存在のうちなる存在」としての「神」）を受け入れた上で、それを「自我」として解釈すべきことを説いた。彼は言う。「スピノザは、根源的には一切の現存在の根底に純粋で不変な根源的存在があるにちがいなく、一切の生成消滅の根底には自己自身によって存在するものがあるにちがいなく、またこの根源的存在の内でまたそれによって初めて、すべての現実に存在するものが統一性をもつようになったことを認識した。だが人は彼に、一切の存在のこの無制約的で不変なる原形式が自我のうちでのみ考えられることを、証明しなかった」（SI118）。そこでシェリングは『自我論』において「無制約者」を「主観」でも「客観」でもない「絶対的自我」（SI91）のうちに認めると共に、その「絶対的自我」のうちに「存在」「無限」「統一性」「実体」「内在的原因」などのスピノザ的特性を認めた。(4)

この絶対的自我はフィヒテにおいては自我自身によってのみ認識されるものであったが、この自我の自己認識というあり方を、シェリングはさらにヤコービの没概念的な直接的確信と通ずるものと解し、「自己自身にとってのみ現前するもの」に対する「直観」である「知的直観」を主張した。「哲学の最高の対象は諸概念によって伝えられ、諸概念において無理に総合されるものではなく、人間のうちで直接的に自己自身にとってのみ現前するものでなければならない」（SI80）。「自我は単なる概念によって与えることはできない。なぜなら概念は制約者の領域においてのみ、ただ客観にかんしてのみ可能であるにすぎないからである。［…］したがって自我はただ直観においてのみ規定されうる。実際、自我はけっして客観になりえないことによってのみ自我である。したがって、自我はいかなる感性的直観においても規定されえず、つまり、まったく客観を見るのではなく、まったく感覚的ではないような直観において、すなわち知的直観においてのみ規定されうる」(SI105)。

更に、『独断論と批判論の哲学的書簡』では、この知的直観への「接近」を可能にするものとして、ヤコービによって記述された「或る深いセンス」を挙げている。彼は言う。「だがこの自己直観の自由をもっていない人々においても、少なくともそれへの接近、つまりそれを介して自己直観の存在が予感せしめられるような、間接的な経験が存在する。人が自ら意識せず、展開しようとしてもうまくいかないような、或る深いセンスというものが存在する。それをヤコービは記述した」(SI242)。

しかしここでシェリングがヤコービの「或る深いセンス」を自我の知的直観そのものと解さず、知的直観への「接近」にすぎないと見ていた点には、シェリングとヤコービの微妙な違いも認められるように思う。というのは、ヤコービの場合、既述のように、人間の自己自身の直接的確信は「超自然的なもの」としての神の直接的確信と不可分に結びつけられており、したがって、神は人間にとって超越的な面をもつのに対して、シェリングの場合、神は「絶対的自我」に他ならず、人間にとってまったく内在的なものであるからである。このように神が超越的か内在的かという点は、同時に、シェリングのスピノザ評価とヤコービのそれとの違いとして現れてくる。シェリングはスピノザの神が有限的世界に対して内在的であること、そのことに対してはまったく反対せず、逆に正統派神学による超越的な存在者としての神の想定を拒否する。彼は一七九五年二月四日のヘーゲルへの手紙のなかで、「われわれにとっても神にかんする正統的な概念はもはや存在しない」(5)と述べた。この文章は、『スピノザ書簡』の中で紹介されたレッシングのスピノザ主義の文章、――「私にとって神性にかんする正統的な概念はもはや存在しない。私はそれを受け入れることはできない。一にして全！　私はそれ以外のものを知らない」（JS22）――を受け入れたものであろう。その限り、シェリングはヤコービの有神論を容認できないだろう。

したがって彼は、ヤコービのように有限者と無限者との断絶の故に「一方から他方への移行」（JS45）を一切認めないのではない。ただしスピノザと同様に「無限者から有限者へ移行する」（SI238）ことは認めず、「有限者から無限者へ移行する」（同）ことのみを、有限者が「無限者のうちで自分を失おうとする」（SI239）努力のうちに認める。けれどもそのような有限者の自己否定の傾向がスピノザにおいては「絶対的客観」の観点から解釈された限り、それは「独断論」として退けられる。ちなみにシェリングは『独断論と批判論の哲学書簡』の第五書簡において、カントの『純粋理性批判』の「精神」が「批判論の体系にも独断論の体系にも妥当する」（SI227）と述べるようになる。それは、つまり、有限者の無限者への一体化の努力というカント的「精神」が、フィヒテ、シェリング的「批判論」の体系とスピノザ的「独断論」の体系において――異なった意味においてであれ――共に表されていることを言わんとしていたと思う。

結局、ヤコービ、スピノザ、シェリングにおける有限者と無限者との連関の捉え方は、次のような布置のうちで捉えられるだろう。「現存在のうちなる存在」、換言すれば「制約者」「有限者」の「前提」としての「無制約者」「無限者」という「スピノザ主義の精神」が一方で超越的二元論的に解釈される限り、ヤコービの有神論と直接的確信の立場になる。他方でその「スピノザ主義の精神」が内在的一元論的に解釈される場合、「有限者の無限者への移行」が認められる、――その際、無限者が客観的意味（「神即自然」）で受け取られる限り、スピノザの汎神論と合理論になり、無限者が主観的意味（「絶対的自我」）で受け取られる限り、シェリングの自我哲学と知的直観の立場になる。

二　同一哲学をめぐるシェリングとヤコービの対立

　このように、シェリングはヤコービに対して当初、部分的な相違を含んでいたとはいえ、全体として同調する態度を示していた。ところが一八〇一年の同一哲学の頃から、両者は互いに対立しあうようになる。そのきっかけは恐らく、ヤコービが一八〇〇年頃にシェリングの『超越論的観念論の体系』に対して『一般文芸新聞』で批判的な書評を書いたあたりにある。[6] さらに一八〇一年秋にヤコービが『理性を悟性にもたらす批判論の企てについて』というカント批判の論文を書いたが、それがシェリングの不興をかったものと思われる。ただし、シェリングの方は当初自ら直接ヤコービを論難することは避け、友人を介して反論しようとした。彼はまずはシュレーゲルを通してシュライエルマッハーに、ヤコービのこの論文を批判する文章を『哲学批判雑誌』（シェリングとヘーゲルの編集）に寄稿してもらうように依頼した。しかしそれが実現しなかったため、その代わりにヘーゲルが『信仰と知』（一八〇二年七月）を書くことになり、その中のヤコービ章で徹底的なヤコービ批判を行なった。シェリングはこの批判に、特にヤコービの「有限者の無化への恐れ」[7]に対する批判にいたく満足したようである。他方、ヤコービの方もそのようなヘーゲルの批判に対して当初直接反論せず、まずは彼の友人ケッペンが一八〇三年に『シェリングの学説――絶対無の哲学の全体』を書いた。だがやがてヤコービ自身もそれに寄せて同年春にケッペン宛に三つの手紙を書き、そこでシェリングとヘーゲルを批判した。彼はそこで、シェリングの『我が哲学体系の叙述』における絶対的同一性の公式（$A=A$が$A^{+}=B$と$A=B^{+}$に二重化する）を取り上げ、それによっては「物（自然、宇宙）の起源や存立の謎」が「単に言葉において解かれているのでしかない」（WJ248）といって、絶対的同一性の「実在性」の空しさを批判した。だがシェリングは更にこのケッペン宛書簡に対する反論を行なうにはいたらず、結局、一八一一年にヤコービの再度のシェリング批判が登場するまで、そのままに放置した。

こうしてシェリングはヤコービにおける「有限者の無化への恐れ」を批判するのに対して、ヤコービはシェリングが主客の同一性にかんする「言葉」の遊戯に堕し真の「実在性」に至らない点を批判するようになる。このような「実在性」と「無」をめぐる両者の対立は、実はその伏線が、近代哲学における「知」の「ニヒリズム」について指摘したヤコービのフィヒテ宛公開書簡に認められるように思われる。しかも、そこで注目されるのは、当時まだシェリングの同一哲学が登場していなかったにも拘わらず、ヤコービが「主観と客観との絶対的同一性」の体系をカントやフィヒテの観念論の「必然的帰結」として予見していたことである。しかも、この予見は、ヤコービがフィヒテの知識学を「転倒されたスピノザ主義」と解し、一般に「観念論」と「唯物論」とが相互に転換しあうという事を洞察する中で、行なわれた。しかも「観念論」と「唯物論」に対してヤコービは自己の直接的確信の立場を対置していた。

ヤコービによれば、「知」に先立つ「自然な人間」の立場においては、「私は存在するという命題と、私の外に物が存在するという命題は、等しい確実性をもっている」（WJ6）。換言すれば、「自己と外的なもの、受動性と能動性、内なるものと外なるもの、自分と他者、必然的なものと偶然的なもの、無制約的なものと制約的なもの、時間的なものと永遠なもの」が「不可分な合一にある」（WJ26–27）。この「合一」は、しかし、「反省」にとっては「不可能」（WJ27）なものと考えられ、ただ「奇跡や神秘」（同）と解されるしかない。そこで「思弁的哲学」は、合一されている両項を「等しくないものにしようとし」（WJ6）、どちらか一方のみを認め、他方をそれに従属させようとする。その結果、私の存在のみに基づき、それに外的な物を帰着させようとする「観念論」

（同）と、反対に外的な物のみに基づき、それに私の存在を従属させようとする「唯物論」（同）の体系が生じる。だが両体系は互いに「接近する」（同）ようにもなる。スピノザは延長と思考の根源的同一性を示すことによって、「唯物論」の「観念論」への変容をもたらし、フィヒテの知識学はそれと逆のことを行なう「物質なき唯物論の叙述」として、「転倒されたスピノザ主義」（WJ7）に他ならない。

ここでヤコービはスピノザの「実体」について、「直観されず、もっぱら推論においてのみ確証される、主観と客観との絶対的同一性」（WJ6）と規定している。その点にかんして、後にケッペンへの手紙で、「私のフィヒテ宛書簡において、同一性の体系が超越論主義の必然的帰結として、既に予め論証されていた」（WJ255）と述べて、フィヒテの知識学からの「必然的帰結」（同）としてシェリングの同一哲学を予見していたと言うようになる。それだけではない。ヤコービは既に『超越論的観念論について』（一七八七年）において有名なカント批判（「かの前提なしには体系に入り込みえず、かの前提でもってはその体系のうちにはとどまりえなかった」）を行なっていた。そこで、ヤコービは「カント的な批判からシェリング哲学を」暗に「引き出していた」（WJ253）とも言う。ヤコービによれば、カントは真に客観的なものを認めず、主観によって構成された客観的なもの、主観と客観との「同一性」そのもの、「コプラのみ」を「真の自体、自立的な実在性」（同）とみなした。この主客の同一性のみに実在性を認める考え方――ヤコービからすれば、真の存在を消滅させる「ニヒリズム」――が、フィヒテを通してシェリングにまで展開されたというわけである。

こうしてヤコービにおいては、一方で自我の存在の確信と外界や無制約者の存在の確信とが不可分に結びついている「自然な人間」の「非知」の立場がある。他方で、自我と外界をいったん分離させた上で、両者の人為的な同一性を求める「哲学」の「知」において、「主観と客観との同一性」を客観の原理で表したスピノザの体系と、主観の原理で表したカント、フィヒテの体系がある。シェリングも後者の必然的帰結と考えられる。だがこのような布置は、まさに上で見た、有限者と無限者の連関にかんする三つの立場のそれに他ならないように思う。つまりこうである。上記の布置の中で、一方でスピノザの「神即自然」とシェリング（およびフィヒテ）の「絶対的自我」とが内在的一元論の故に共通する点が、今や「主観と客観との絶対的同一性」と呼ばれるようになる。他方でヤコービ的な超越的二元論とスピノザとシェリングの内在的一元論との相違の契機（これは当時シェリングによってまだ充分明確には認識されていなかった）が、「非知」と「知」の立場の相違においてヤコービの側から強調されるようになる。

だが注目すべきことに、このヤコービにおける「非知」—「知」（観念論—唯物論）という布置が、やがてシェリングの『超越論的観念論の体系』に影響を及ぼすことになる。なぜならシェリングはそこで自らの体系構想を正当化するべく、「常識」—「哲学」（超越論的観念論—自然哲学）という連関を示しているからである。換言すれば、シェリングがフィヒテの自我哲学を受け入れた後に、それから離れ、自然哲学を含む独自の哲学体系を構想するようになったのも、ヤコービによって促されたとも言えよう。

それと同時に、しかし何故にやがてシェリングとヘーゲルがヤコービにおける「有限者の無化への恐れ」を批判したかという点も、このような事情から理解可能になる。というのは、上述のように、シェリングはカントの精神は有限者の自己否定による「有限者から無限者への移行」にあると見て、それが「独断論」と「批判論」に共通していることを指摘していたからである。したがって、ヤコービがカントとそれ以後の観念論を「ニヒリズム」として非難することは、シェリングとヘーゲルから見れば、ヤコービがカントなどにおける有限者の自己否定を容認しないということである。したがって、ヤコービは有限者の個人的主観的立場に固執して無限者への移行を恐れていることになろう。こうしてヘーゲルは次のようにヤコービを批判する。「有限者の否定への嫌悪は、それと照応する有限者の絶対的確信と同様に固定化されており、ヤコービ哲学の根本的性格として徹底的に示されるものである。」「ヤコービによれば、［…］人間に与えられるものは、真なるものについて自分は無知だという感情や意識のみであり、理性における真なるものの予感のみであり、理性は一般に主観的なものや本能にすぎないものである(8)」。

しかし、ヤコービ自身は、「理性は一般に主観的なものだ」（WJ256）という、ヘーゲルのこのヤコービ理解に反論する。「まさに反対のことが私のすべての著書に見出される」（同）。というのは、彼は『スピノザ書簡』の「付録七」などにおいて、「人間が理性をもつ」のではなく、「理性が人間をもつ」（JS422）と述べていたからである。一方で「人間が理性をもつ」というのは、「理性」を「人間の魂」「人間の一つの性状、［…］一つの道具」（JS423）と解するものでしかない。他方、「理性が人間をもつ」というのは、「理性」を、そこから「人間の生きた本性がもたらされ」（同）、それによって「人間が存立する」（同）ところの「認識一般の原理、根源」（同）、すなわち「実体的理性」（WJ26）とみなすものである。そうだとすると、シェリングが『我が哲学体系の叙述』において「理性」を人間の能力としてではなく、「絶対者」と同一視するようになったのも(9)、彼がヤコービの「実体的理性」に同調したからだと言えなくもない。

三　神と世界の関係をめぐるシェリングとヤコービの論争

やがてシェリングは一八〇六年にミュンヘンで初めてヤコービと個人的に知り合うようになる。両者の関係は、当初は、驚くべきことに、友好的であったようである。彼らは一緒に散歩をしたり、議論をしたりしていた。[10] そのような外面的には良好な関係を保っていたにも拘わらず、しかし、哲学上の立場の相違は根本的には解消されなかったと思われる。一八〇六年一〇月にシェリングは、当時ヤコービが主宰していたミュンヘンのアカデミーに招かれ、そこで、「造形芸術と自然との関係について」という題の講演を行なったが、ヤコービはこの講演内容に不満を抱いていたようである。その不満は、やがて、ヤコービの著書『神的な事物とその啓示について』（一八一一年）において公然と表明されるようになる。それに対してシェリングも『ヤコービ氏の著書「神的な事物と［…］」およびその中でシェリングに対してなされた無神論の非難、すなわち意図的に欺瞞し、虚言を語る無神論の非難の記念碑』（一八一二年）において、ヤコービの批判に全面的に対決するようになる。以後、両者の対立関係は解消されないままになる。そこで一八一一－一二年におけるこの両者の論争を取り上げることにしよう。

まず、ヤコービのシェリング批判から見てみることにしよう。ヤコービのシェリング批判は、前節で見た同一哲学批判と基本的には変わらない。ただし、ここではシェリングが「自然主義」と同様な一元論である、つまり無神論であるにも拘わらず、同時にそれを偽り、「有神論から借用した表現」（JIII96）を用い、「嘘をついている」（JIII97）点が強調されている。

ヤコービによれば、シェリング哲学は、予め思考によって生ぜしめた対象のみを把握しうるという、カントの観念論的原理の必然的展開の結果、すなわち「批判哲学の第二の娘」（JIII76）と見られる。それと同時に、カントにおける二元論的残滓を払拭した「全一性論」「同一性の体系」「観念－唯物論」（JIII80）でもある。「ただ一者のみがあり、この一者の外には何もない」（JIII77）。この点でシェリング哲学は古代以来の「自然主義」と軌を一にするが、しかし「純粋な自然主義」と同じではない。「純粋な自然主義」は、「自然は自立的であり、自己充足しており、一にして全であり、自然の外には何もない」（JIII98）と主張するのみであり、「神、神的なもの、自由、道徳的善悪、本来の道徳性」（JIII97）については「けっして語ろうとしないにちがいない」（同）。その限り、有神論者（ヤコービ）もそのような「自然主義」を許容することができる。しかし、自然主義者が「有神論から借用した表現」を用いて「神」について語るようになると、「嘘をついている」ことになり、それがシェリングの場合である。

ところで「純粋な自然主義」が「神」についても語るようになるのは、ヤコービによれば、「純粋な自然主義」の主張だけでは、「自然概念が何を含み、何を排除するか」を特定しておらず、「対象の類と種差」（JIII98）を与えていないからである。そこで、自然の「類」として、「一切の物を自己自身から産出する、世界の神聖で永遠に創造的な根源力」としての「絶対的な産出性」（同）が「真の存在」「唯一真の神」（同）とみなされる。しかし、ここで「絶対的な産出性」とそれによって産出されたもの、「能産的自然」と「所産的自然」との関係が問題である。もしも「所産的自然」が「能産的自然」の「内に」あるというようになお一元論的に解されるならば、ふたたび困難が生じてくる。というのは、「能産的自然」は永遠に存在し、変化しないのに対して、「所産的自然」は変化するもの、したがって「無」（JIII100）を含むものであるが、永遠な「存在」がいかにして変化と「無」を産み出すかを、理解することは困難だからである。もしも自然のうちに「無」が生じてくるとすると、それを産み出す原因も「無である」（同）ことになる。つまり、「無である」ものを「真の存在」と解することになってしまう。

だがこの困難の原因について、ヤコービは更に、われわれが第一節で「スピノザ主義の精神」にかんして見たのと本質的に変わりない布置を述べて、次のように捉える。かの困難は、「すべての制約者は無制約な絶対者を必然的に前提する」（JIIII105、傍点筆者）という、それ自身は自然主義者と有神論者に共通の「同一の原則」（同）を、原因と結果ではなく、根拠と帰結の関係で捉えることから生じる、と。ヤコービによれば、「根拠」とは、「対象の諸規定性の総括、全体」（JIIII31）、「一にして全なるもの」（JIIII32）に他ならない。したがって、或るものを「根拠」によって「証明する」ことは、「特定の部分が特定の全体のうちに占めるにちがいない位置を示す」（同）ことに帰着する。その際、すべての「部分」は「全体と同時に存在するもの」（同）である。それゆえ、「根拠」と「帰結」の間に「時間」が入り込む余地はない。こうして、自然の所産が絶対的産出性の「内に」あるという、上述のシェリング的な見方では、「能産的自然」と「所産的自然」との関係が非時間的な根拠と帰結の関係とみなされてしまうことになる。そうだとすると、多様な自然の時間的変化を説明できなくなる。そのような「根拠」としての「神」はいわば「空虚な時間、すなわちまったく実りのない変化」を「ただ自己の内で創造する」（JIIII107）のでしかなく、その意味で「無の創造」（同）を行なうのでしかない。

こうしてシェリング哲学は、ヤコービの見るところ、本質的に自然主義的一元論であるにも拘わらず、それを偽って「有神論の表現」を借用したが、結局、神による自然の創造を捉えられないことになる。神の創造を真に捉えるには、無制約者と制約者を原因と結果の関係とみなし、（プラトンにおけるように）「一者」と「多者」（JIIII34）の関係と解するしかない。そのような「二元論的にして有神論的」（JIII. 136）な関係においては、しかし論理的必然性は認められない。「神」はただ「不可解な」「神秘的な」（JIIII24）ものである。われわれはそれを「予感し」「信じる」（同）しかない。

それではこのようなヤコービの批判に対してシェリングはいかに反論したのだろうか。まず、シェリング哲学が自然主義的一元論だという点については、それは事実に反すると言う。シェリングは既に一八〇一年の論文で、

「自然」は「存在するものとしてではなく、絶対的同一性の本来の存在の根拠 Grund としての絶対的同一性」(SIV401) でしかないと見ていたという。確かに彼は当初はその努力の大半を「体系の自然哲学的部分に向けてきた」(SIV411)。そのため、或る「不確実性ないし曖昧さ」(SIV412) が生じたかもしれない。しかしその点は既に『自由論』で克服しており、そこでは「道徳的自由や最高存在者の人格性」(SIV412) を説き、むしろ「二元論を道徳的世界の原則として承認」(SIV403、傍点筆者) したという。その点をヤコービは「無視している」(SIV412) ことになる。

さらに、シェリングが自然主義的一元論にも拘わらず神についても語ったものの、神と自然との関係を根拠と帰結の関係で捉えたため、真の有神論に到らなかったという点については、主に「根拠」をめぐる方法的問題にかんして反論する。すなわち、「根拠」か「原因」かの二者択一ではなく、言わば第三の「発展的方法 evolvirende Methode」(JIV435) を提示する。

シェリングによれば、ヤコービの場合、神による自然の創造のみならず、そもそも神の存在を「証明する」ことすらできない。けだし、証明は一般に同一律による普遍的なものから特殊的なものへの下降でしかなく、その限り、証明の「根拠」は証明されるべき対象よりも「前に、また上に」(JIV437) あるはずである。ところが、神が証明されるべき対象の場合、その根拠として神より「前に、また上に」あるものは考えられないからである。それに対してシェリングは、神の「前に、また下に」(同) ある「根拠」から「自己自身を展開する」(同) 結果として、神が生じる、と解する。彼はそれを「上昇的」(SIV435) な「発展的方法」と呼ぶ。換言すれば、ヤコービの場合、「部分として全体に属しないものは論証も演繹もされない」(同) が、しかし、「部分が潜在的に全体と同時にありうる」(SIV436) 場合が見逃されている。つまり、「潜在的で未展開の全体」から「顕在的で個別的諸部分に分節された全体」（SIV437）への展開が認められるべきである。

一方で「潜在的な全体」とは「神のうちの自然」（SIV445）であり、それが神の存在の「根拠」をなす。他方で「顕在的な全体」とは「道徳的存在者」（SIV447）としての神、「人格神」（SIV458）に他ならない。したがって、シェリングの場合、神はヤコービにおけるように自然の時間的「原因」ではなく、「原因にして根拠」（SIV447、傍点筆者）なのである。神が自然を創造するということは、神がまずは自己を「低めること」（同）であり、「自己の一つの部分（ポテンツ）［自然――筆者］を根拠にすること」（同）である。しかしそれはしかる後、「神が自己の存在のこの部分（非知性的な部分）を一層高いものに従属させ、それでもって世界から自由に、世界を越えて、［…］道徳的存在者に変容させる限り」（SIV447-48）においてである。したがってシェリングがここで神における自己展開を説くとはいっても、かつての同一哲学におけるそれと同じものではない。彼は、自然と道徳的なものとの間に、もはや主観と客観との同一性における主観の要素ないし客観の要素の単に量的な差異を認めるのではなく、『自由論』における上記のような思想転換を経て、言わば質的対立ないし相関関係を認めているように思われる。そのような相関関係あるいは弁証法的な論法は、例えば、神が「善」であるのは、「善でないものを自ら変え、高貴にし、善いものにすることによってのみ」（SIV451）であり、そのために、「善でないものが既に存在している」（同）ことを不可欠の前提とするという言い方に認められよう。

こうして、シェリングは「自然主義」を土台にしながらそれに有神論を弁証法的に結合している。その限り、彼は有限者と無限者の連関にかんする内在的一元論のうちに、むしろヤコービの超越的二元論の要素を取り込んだとも言えよう。(11) 実際、シェリングは『自由論』以後、同一哲学から離れ、次第に「理性からはけっして現実の経験には接近しえない」ことを認め、「自然」より「自由」に重きを置くようになる。(12) このことは、シェリングが「哲学」の一線を保持しつつも、「真なるもの」や「自由」（WJ28）を「知の前および外に」（WJ15）求めたヤコービの考え方に次第に接近するようになったことを意味するのではないかと思われる。

（1）この点については、拙著『ドイツ観念論への招待』（放送大学教育振興会、二〇〇三年）、一九四―一九九頁参照。
（2）これら①②③については、Dieter Henrich, *Der Grund im Bewußtsein. Untersuchungen zu Hölderlins Denken (1794-1795)*, Stuttgart 1992, S. 48-86、上掲拙著、一一九―一二六頁参照。
（3）Vgl. JHVI.
（4）Vgl. Ulrich Schlösser, *Das Erfassen des Erleuchtens. Fichtes Wissenschaftslehre von 1804*, Berlin 2001, S. 43-46, Christoph Jamme und Frank Völkel (Hg.), *Hölderlin und der deutsche Idealismus*. Bd. 2, Stuttgart-Bad Cannstadt 2003, S. 324ff.
（5）Vgl. Br1. 22.
（6）Vgl. Michael Brüggen, Jacobi. Schelling und Hegel, in: *F. H. Jacobi. Philosophie und Literatur der Goethezeit.* Hrsg. v. Hamacher, Frankfurt a. M. 1971, S. 210-211.
（7）Vgl. Plitt, *Aus Schellings Leben*, Bd. 1, Leipzig 1869, S. 374.
（8）Vgl. GW4, 351, 316.
（9）Vgl. SA. 10.
（10）Vgl. Michael Brüggen, op. cit., S. 212.
（11）この点についてブーフハイムも彼が編集した『自由論』の「緒言」で次のように指摘していた。「シェリングは確かにヤコービの『スピノザ書簡』から、まさにそこで［ヤコービによって］批判されたスピノザ主義的な現実の統一性の考え方を受け入れたが、しかし彼は（少なくとも、『自由論』の構想の時期以来）同時に、ヤコービがそこかしこで全一性に対して示していた思想の目標、すなわち、神がまぎれもなく自然から区別される創造者であることを人間の自由の現実存在と感情において開示するという点を、受け入れもした。つまり、シェリングは明らかにヤコービによって非難された手段でもって、ヤコービによってめざされた最高の目標を、――しかしその目標を理性は、ヤコービによれば、ただ「予感」、「感情」、「信仰」においてしか確信しえないのだが、――諸概念においてたどることができる仕方で実現しようとした。」このようなブーフハイムの指摘を、渡邊氏は『自由論』の歴史的背景の説明としては評価しつつも、その結果、「シェリング哲学そのものが、当代の諸思想から合成されたたんなる相対的一産物にすぎないかのごとき外見が生じ、その独自性が希薄化される帰結を招いた」点を批判し、シェリングの思索の「現代に訴えかける普遍的な意義」を明らかにすべきだと言われる。確かに『自由論』には様々な面が含まれ、その中には現代人に訴えかける卓越した洞察もあるだろう。ただ、シェリングの思索が現代的観点から評価されるとしても、それは、――かつてシェリング固有の思想と思われたものが、実は他者との共有物であったことが明らかになる場合に、問題となるように、――真に「独自性」を有するものかどうかについて、発展史や哲学的布置にかんする研究の進展とともにたえず吟味しなおされるのではないだろうか。Vgl. F. W. J. Schelling. *Über das Wesen der menschlichen Freiheit*, Hrsg. v. T. Buchheim, Hamburg 1997, S. XIX, XLVIII、渡邊二郎「『自由論』によって拓かれた地平」（渡邊二郎・山口和子編『モデルネの翳り――シェリング『自由論』の現在』晃洋書房、一九九九年）二三八頁。

(12) Vgl. Elke Hahn, *Identität und Natur-Die Wandlung in Schellings Naturphilosophie*, Ms. 9.［エルケ・ハーン「同一性と自然――シェリングの自然哲学における変転」、滝沢正之訳、『駒沢大学「文化」』第23号、二〇〇五年、六六―六八頁］

第三章　ラインホルトとフィヒテ
――ラインホルトにおける超越論的観念論から合理的実在論への展開をめぐって――

ラインホルトは、周知のように、当初カント哲学を補足し完成させる根元哲学を構想し、やがてその不十分さをみずから認めて、フィヒテの知識学に与するようになった。しかし、『一九世紀初頭における哲学の状況を容易に概観することへの寄与』第一分冊（一八〇一年）（以下『寄与』と略記）の「序文」（一八〇〇年一一月）において、彼は「カントの批判主義、根元哲学、知識学」へと展開した「超越論的革命」の「終焉」を宣言し、それに代わってバルディリの「合理的実在論」に「真の学的哲学」を見出すようになる。ラインホルトのこの立場の転換は、しかし、たんにラインホルト自身の思想展開の一段階として注目されるだけでなく、むしろドイツ観念論の諸哲学者が一八〇〇―〇一年にこぞって自我の哲学から絶対者の哲学へと大きく舵を切った、その趨勢の中の一つの動きとしても注目に値するように思う。けだし、ラインホルト＝バルディリの合理的実在論は、「根源的に真なるもの」を自我にではなく、超主観的な「一者」ないし「絶対者」の「思考としての思考」に見出す立場であるが、シェリングも、――『超越論的観念論の体系』（一八〇〇年）ではまだ「自己意識」の立場に基づく超越論的観念論を主張していたものの、――『わが哲学体系の叙述』（一八〇一年）において「主観的」な「観念論」を批判し、「絶対者」の立場に基づく同一哲学に転換した。ヘーゲルも『差異論文』（一八〇一年）で「絶対者を意識において構成する」ことを企てるようになる。フィヒテ自身も『一八〇一／〇二年の知識学の叙述』に

おいて絶対的自我ないし絶対知の外に「絶対者」ないし「神」を認めるようになる。(1)

このような自我ないし自己意識から絶対者への転換は何ゆえに、またいかにして生じたのだろうか。それは、もちろん、それぞれの哲学者の或る内発的な動機の展開として生じたという面はあるが、むしろ、彼らが手紙などにおいて互いに意見を交わし、論文や著書を公刊することを通して、相互に刺激しあい、影響しあう中で引き起こされた面もかなり大きかったと思われる。この思想交換の連関の中では、とりわけヤコービが決定的な影響を与えたように思う。ヤコービは一七九九年三月の『フィヒテ宛公開書簡』でカントやフィヒテなどの観念論を「ニヒリズム」として退け、それに対して「自然な人間」の観点から「知の外または前」にある「真なるもの」を直観的に捉え、信じる「非哲学」を主張した。このように自我に基づく哲学的立場そのものを否認する挑戦を受けて、超越論的観念論の哲学者たちの間でヤコービに対する傾倒と反発が生じ、そこから、上述のように自我の哲学から絶対者の哲学への転換が促されたと思われる。あるいは、こうも言えよう。もともと超越論的観念論は、知の実在性を自我や自己意識から根拠づける営みであったが、この知の実在性の根拠づけのモチーフそのものはヤコービの挑戦を受けて、断念されたというより、むしろ絶対者という新たな根拠のもとで継承され、様々に展開されたのではないか。

以下では、ラインホルトがいかにこの超越論的観念論的モチーフの新たな展開の一つの仕方を合理的実在論という形で提示したかを、見極めることにする。(2) ところでラインホルトはヤコービの『フィヒテ宛公開書簡』によって、それまで信奉していたフィヒテの知識学からヤコービの信仰哲学の方に大きく傾き、「生」と「思弁」の関係をめぐり「ヤコービとフィヒテの立場の中間」の立場を取るようになる。しかし、まもなくバルディリの『第一論理学の要綱』(一七九九年八月、以下『要綱』と略記)が登場するや、ただちにバルディリの合理的実在論に転向し、バルディリの評価をめぐってフィヒテと対立するようになる。その結果、彼は『寄与』の序文において上述のようにフィヒテの知識学また超越論的観念論一般と決別するようになる。以下では、まず一七九九年春にいかにラインホルトがヤコービを介してフィヒテと「生」と「思弁」をめぐって意見を交わし、それぞれがいかなる立場を取ったかを見ることにする（一）。次に、ラインホルト＝バルディリの合理的実在論がいかなるものであり、それをめぐってラインホルトとフィヒテがいかに論争したかを見ることにする（二）。

一　「生」と「思弁」をめぐるヤコービとフィヒテとラインホルトの立場

ラインホルトとフィヒテは一七九九年の三月から五月にかけて往復書簡において主に「生」と「思弁」の関係を問題にしたが、このテーマは、ヤコービが既に『フィヒテ宛公開書簡』（一七九九年三月三日―二一日）で述べた問題であった。そこでまずこの公開書簡におけるヤコービの考え方を見ておくことにしよう。

（1）　ヤコービによれば、「自然な人間」ないし「現実的人間」の立場では、「私は存在する」という命題と「私の外に物が存在する」という命題は「等しい確実性」をもっている。つまり、「知」の「外または前」に「真なるもの das Wahre」が存在し、そこでは、「自己と外的なもの、受動性と能動性、内なるものと外なるもの、自分と他者、必然的なものと偶然的なもの、無制約的なものと制約的なもの、時間的なものと永遠なもの」とが「不可分な合一 Vereinigung」をなしている。しかしこの「合一」は「反省」においては「必然的であると同時に不可能なもの」であって、「奇跡や神秘」としか考えられない。そこで「思弁的哲学」は「私は存在する」ことと「私の外に物が存在する」こととを切り離し、どちらか一方のみを認め、それに他方を従属させようとする。その結果、「観念論」の体系もしくは「唯物論」の体系が生じることになる。そうだとすると、カントやフィヒテの「観念論」は「私」によって構成された限りでの「客観的なもの」、すなわち「主観と客観との同一性」あるいは「構想力の所産」を「自立的な実在性」と誤解し、真に実在的なものを見失っている。それはむしろ「それ自体においては無」であるものにしか行き着かず、その意味で「ニヒリズム」である。ヤコービ自身は「真なるもの」の哲学的な把握を拒み、「真なるもの」を直接に「愛によって信じる」のみである。「知」による体系的な自己産出の営みは「真理性 Wahrheit」をもたらすにすぎないが、「知」はむしろ「真なるもの」によって初めて「価値が与えられる」のである。(3)

しかし、カントにおいては感性と悟性によって構成される「現象」の外に「物自体」が考えられ、フィヒテにおいては自我の働きと共に非我の「衝撃」が事実として認められ、「強制の感情」が「すべての実在性の基礎」とみなされた限り、(4)このようなヤコービの観念論批判は、カントやフィヒテの所説を十分に踏まえた議論であるかどうか、問題が残るだろう。また、そもそもヤコービの立場は「真なるもの」を「非知」という形であれ、実は「知って」いる以上、「初めから悖理を背負い込んでいた」(5)とも言えよう。とはいえ、ヤコービが超越論的観念論のめざす方向の本質的な問題点を突いたことは否めない。

(2) それでは、フィヒテ自身は当時この批判にどのように反応したのだろうか。フィヒテは四月二二日のヤコービへの返書において、一方でヤコービが「思弁」と「生」の区別を認める限り、彼は「ヤコービの立場に全面的に賛成である」と述べた。しかし他方で、ヤコービが「生と思弁の両者を乗り越えて、両者を互いに支えあうようにすることができない」点に不満を表明した。(6)つまり、フィヒテはヤコービの知識学批判に直接反論するというよりも、「知」と「非知」にかんするヤコービの立場に対して賛否半ばの態度を示した。それは、「思弁」

が「生」へと自己を乗り越えるだけでなく、「生」が「思弁」へと自己を乗り越えるべきなのに、ヤコービは後者の面を認めていないというのである。それはどういうことだろうか。

この点については、実はフィヒテがヤコービの書簡を受け取る直前に、一七九九年四月頃に書いた草稿『回想・応答・問題』[7]において述べていた考え方が、注目される（上述の四月二二日のヤコービへの返書で、フィヒテはこの草稿の一部を挿入して送った）。そこでフィヒテは「生」と「思弁」との関係について次のように述べていた。「生」は「じかに客観を考える」「自然な日常的立場」であるのに対して、「思弁」は「自分の思考を考える」「人為的な立場」であり、この「思弁」において「私が知識学と名づけたところの超越論的哲学」も成り立つ。その際、フィヒテはまるでヤコービのニヒリズム批判に与するかのように、「哲学しないことによって」「すべての実在性がわれわれにとって生じ」、「思弁に上昇するや、この実在性がまったく消滅する」ことを認めた。しかし、フィヒテはヤコービと異なり、哲学を擁護し、「思弁」に「生を認識する手段」としての意味を容認した。フィヒテによれば、人間は確かに「思弁」なしにも生きていけるが、「生」のなかにとどまる限り、「自分が何に囚われているのか、自分自身が何であるのか」を「認識できない」。人間は「思弁」によって「自分自身から抜け出し、自分自身であることを止め、自分の外の立場に身をおく」ことによって初めて、自分を「認識できる」ようになる[8]。

つまり、ヤコービの言うように「生」と「思弁」とを混同すべきではないが、しかし「生」は「思弁」によって「自分自身から抜け出す」ことによって初めて自己を「認識する」ことができるのであって、この後者の面をヤコービは見逃していることになる。その意味で、知識学ないし超越論的観念論は「生」の真相を認識した、あるいは「生」を認識の様式で再構成した「生」の一形態であると言えよう。

（3）　他方、ラインホルトは当初このフィヒテの草稿を知らなかったが、ヤコービの『フィヒテ宛公開書簡』を読み、また三月下旬にキールで直接ヤコービと面談し、その結果、ヤコービとフィヒテとの「中間の立場」を取る必要があると考えるようになる。その点を彼はフィヒテに対し三月二七日の手紙でこう伝えた。「ヤコービの非知と呼ぶものを理解することによって」、哲学を捨てるように促がされたのではなく、むしろ「あなた［フィヒテ］の哲学の精神を［…］一層学び知るようになり」、「あなたによって開かれた思弁的な知の軌道を一層自由に一層確固として歩むことを期待する」ようになった。何故かといえば、ラインホルトは、フィヒテが無神論論争において「信仰」という言葉のもとで既にヤコービの「非知」と同じ立場を主張していたこと、フィヒテの「純粋知の体系」がこの「非知」を「指し示している」ことを、見て取ったからである[9]。

それではラインホルト自身は哲学と信仰との関係をどのように捉えていたのだろうか。彼は三月二七日さらに四月六日のフィヒテへの手紙の中で次のような点を指摘していた。第一に、哲学は「一切の現実的信仰」を「捨象」して、「自立性」をもつのでなければならない。哲学は「自分自身に依存する信念のみ」をめざし、「自分自身によって確実で真なるもの、自分自身によって真にして確実なもの」を実現する。しかし第二に、哲学は「かの信仰をもたらすことはできない」ので、哲学は「哲学知から端的に独立な信仰」を欠くことができない。第三に、私が哲学を「用いる」よう「意志」をもつことによって、哲学は「思弁」という性格を越えて、「本当の実在性」をもつようになる。反対に哲学は信仰との関係がなければ、「作り話」でしかない。第四に、哲学は「信仰を説明する」、換言すれば、「有限者と無限者との根源的合一」を「反省によってまた反省に対して」「再興する」としても、すべてを「汲みつくすことはできず」、かの根源的合一を「無限に進行していく自己規定によって」実現しようと「努力する」にすぎない。哲学はかの「根源的な不可解な実在的に真なるもの」の「模倣」でしかない。それに対して、信仰は、同じ「有限者と無限者の根源的合一」が「良心」にとって、あるいは「不可解な無限者の無比な感情」において、「既に実現されている」あるいは「告知されている」のを見出す。こうして「神」は、「私がそれを不可解なものとして受け取る限り」「端的に存在する」が、「私がそれを把握し、概念的なものにする」ことによって、「それを無くしてしまわざるをえない」[10]。

このようなラインホルトの指摘は、フィヒテの知識学の立場をヤコービの「非知」と「知」の連関によって言わば補足すると共に、フィヒテ自身のうちに既にあった信仰と哲学の連関を一層明確化したと思われる。彼がヤコービとフィヒテの「中間の立場」に立つと言ったのも、この意味においてであろう。

（4）ところが、フィヒテはラインホルトのこのような見方に不満をいだき、四月二二日のラインホルトへの手紙では、「ヤコービと私の立場の中間の哲学的立場なるものはまったく存在しない」と述べた。フィヒテは「生」と「思弁」の峻別を再度強調すると共に、ラインホルトが以前から「哲学によって人間をより良くする」ことを望む傾向があった点を咎めた[11]。ただしフィヒテは五月三日のラインホルトへの手紙では、批判のトーンを少し和らげる。「事柄そのものについては、われわれはまったく一致している」が、ただ強調点が異なり、ラインホルトは「思弁」と「生」の「連関」を強調したのに対して、フィヒテは両者の「対立」を際立たせたに過ぎない、と言い直すようになる[12]。

二　合理的実在論をめぐるフィヒテとラインホルトの論争

これに対してラインホルトは一八〇〇年一一月二三日のフィヒテ宛公開書簡（『寄与』第一分冊にも所収）にお

いて、かの「中間の立場」を、むしろフィヒテ自身の『人間の使命』第三巻における「良心」の立場と同じものだと指摘する。その際、「良心」で捉えられる「神の存在」は、「自分自身を産出する自我の単なる所産でないもの」だと述べて、「独断的な観念論」を乗り越えて、バルディリにおける「主観的なものと客観的なものを越えた、端的に崇高な絶対者」を認めようとする。(13) けれども、当初、ラインホルトはバルディリの合理的実在論のうちにむしろフィヒテの超越論的観念論の新たなヴァージョンを見出しうると思っていた。やがてバルディリとの手紙のやりとりを通して、またフィヒテの厳しいバルディリ批判に直面し、彼はその見方を撤回し、超越論的観念論を全面的に放棄し、批判するようになる。そこで、まず、ラインホルトによって理解された合理的実在論がいかなるものかを見て、次にその評価をめぐるフィヒテとラインホルトの論争を辿ってみることにしよう。

1 合理的実在論

ラインホルトによれば、バルディリの立場は、従来のほとんどの哲学が自明の前提としていた「論理学」と「哲学」(「形而上学」)の区別を解消し、「論理学的確信と形而上学的確信と数学的確信」とを「同一の実在的確信」のうちに融合したものである。というのは、「哲学」は一般に「認識を根拠づけ、認識の実在性を確証せんとする」営みであるが、バルディリの場合、その根拠が「思考としての思考」に求められ、それは通常の論理学の内容(概念、判断、推理)の「プリウス」をなす(それをバルディリは「理性論 Vernunft=Lehre」と呼ぶ)と共に、「思考としての思考」は同一なものを自己において無限に「反復する」営みであって、それは「数える」ことと本質的に同じだからである。(14)

それでは、いかにして「思考としての思考」が「認識の実在性」を確証しうるのだろうか。それは、通常の人間による客観の認識（これが事実上の出発点をなす）を「思考としての思考」Aと「素材」Cという二つの成分に分析し、両成分の総合、すなわち〈A（これが事柄上の出発点をなす）のCへの「適用」〉として、通常の客観の認識を説明するというものである。その説明によって、通常の客観にかんする当初の「暫定的」な認識が、「確証された認識」になる。したがって、「思考としての思考」は、特定の客観について行なう思考ではなく、一切の素材的内容を捨象した思考、あるいはむしろ、一切の可能的な客観（—B）において「私の思考以外のなにものも思考しない」、思考の自己関係的な形式に他ならない。それは、「一者における一者による一者としての同一物の無限の反復可能性」（WJ176）という特性をもつ。典型的には、異質な多くの対象を一つの同質なものに還元した上で、それを繰り返す「数える」営みに認められる。

他方、「素材」はこの自己同一的思考によって廃棄され、思考の圏内に取り込まれることになるが、それにも拘わらず思考によって「抹消されない」形式も含んでいる。その形式とは「自己の外にある」ことであり、一層詳しくは「自己の後にある」ことと「自己と並んである」ことである。つまり、「素材」においては「多くのもの」が時間的空間的に存在している。「思考としての思考」がこの「素材」に「適用」されること（A＋C）によって、初めて「客観としての客観」ないし「客観性」が「人間」によって認識されたものとして成立する。ただしこの「客観性」は、さしあたり「多くのもの」が「一つのもの」にまとめられた対象一般あるいは自然全体の地平とでも呼ぶべきものであり、例えば目の前にあるこの机という特定の客観ではない。「客観性」はB—Bと表される（Bは「考えられた或るもの」「現実性」を、—Bは「考えられたもの」「可能性」を意味する）。さらに、「客観性」B—Bの地平の中で再びCが取り戻されると、「このものとして存在する客観」b、例えばこの机が認められる。ただし、そこではもはや思考の適用以前の「素材」ではなく、思考が「素材」に適用された「客観性」のもとで、「素材」の根源的形式が「指ししめ」(WJ149)されているものに他ならない。[15]

以上のバルディリ哲学の説明において二つの点が注目される。一つは、ラインホルトが哲学の課題を「認識を根拠づけ、認識の実在性を確証する」というように、カントやフィヒテの超越論的観念論の課題と同じものを認めたことである。[16] その意味では彼は合理的実在論のうちでなお超越論的観念論的なモチーフを継承しようとしている。ただしそれをフィヒテのように「自我」という根拠からでなく、「一者」ないし「絶対者」という新たな根拠から展開しようとしたと思われる。第二は、彼がその「思考としての思考」を「根源的に真なるもの Urwahres」とか「端的に真なるもの」と呼び、他方「思考としての思考」が「素材」に「適用」された人間的認識をただ「真なるもの Wahres」と呼び、その際、後者に「おいて an」前者が「告知される」と共に、前者に「よって durch」後者が「確証され」、そしてこの確証によって「仮定的蓋然的原理」に出発する哲学の「努力」が「学としての哲学の定言的確然的な原理」に移行すると述べていることである。[17] このような「根源的に真なるもの」と「真なるもの」の連関は、上述の「ヤコービとフィヒテの中間」にいた当時のラインホルトにおける「真なるもの」と「真理性」、信仰と哲学知の連関と似ていると思われる。換言すれば、ラインホルトはバルディリのうちにヤコービないしヤコービ的に解釈されたフィヒテの立場を見て取ったのであろう。この点はフィヒテ自身もバルディリ書評で認めており、「ヤコービの純粋に客観的な存在、しかも神の存在が恐らくかの中間的立場のうちに入ってきていたが、それがバルディリのうちに見出されている」(WJ115)と説明した。

2　フィヒテとラインホルトの論争

(1)　けれども、この移行はフィヒテの立場からするとまったく受け入れがたいものであった。ラインホルトは、バルディリの「思考としての思考」における無限の反復可能性のうちにフィヒテの「純粋な自我」の自己還帰行為を見出しうるのではないかとフィヒテに伝えたが[18]、それに対してフィヒテはバルディリ書評でこう反論する。確かに、知識学も同一律「AはAである」に基づいていたが、そこで繋辞「である」は、「Aの単なる反復」を表しているのではなく、「最初のAが意識において定立されていることへの反省」、つまり「自己自身に戻る意識、自己意識」を表したものである。そもそも「思考としての思考」は「すべての意識の根拠」ではなく、むしろ「直観」などと並ぶ、「自我」の一つの種類でしかない。バルディリは「自我」の中で不可分に結ばれている種々の種類の中から恣意的に「純粋な思考」のみを取り出したにすぎない。まさにそれ故に、「思考としての思考」に対して「プラスの欲求」が生じたものの、それは「他者に対するプラス」ではなく、同一物の反復にとどまったという[19]。

むしろ、フィヒテはバルディリの合理的実在論のうちにかつてのラインホルトの根元哲学の「焼き直し」(WJ115)を見出す。というのは、バルディリのうちに根元哲学の場合と同様な、「形式と素材」「表象と単なる表象」「表象と表象されたもの」という二元論的な問題設定、また「恣意的なテーゼにおいて置きいれられたものを分析においてふたたび幸運にも見出す」(WJ116)という論証の仕方が認められるからである[20]。

(2)　これに対してラインホルトは一八〇〇年一一月二三日のフィヒテ宛公開書簡でこう反論した。バルディリは「表象、表象されたもの、単なる表象などという言葉」を、根元哲学で用いられたのとは「まったく対立した」(WJ132)意味で用いたのであり[21]、フィヒテはその点を誤解している。それどころか、フィヒテは「思考としての思考によってのみ顕示されうるもの」を「直接的な意識」によって知覚し、「自我」すなわち「個人」によって直観しようとし、そのために「知的直観」を求めるが、それは「構想力によってのみ生じる」のでしかない（WJ144-145）。しかるに「構想する」ことは「表象する」ことであり、「表象する者」は「経験的自我」（WJ146）でしかない。

こうしてラインホルトは『寄与』第一分冊ではフィヒテの知識学の立場をもはや「思考としての思考」にではなく、むしろ「思考としての思考」が「素材」に「適用」された人間的認識の立場に定位させる。しかもこの立場は本来「暫定的な原理」でしかないはずなのに、フィヒテはそれを「確然的な原理」として絶対化する「独断論」に陥っているという。(22)

（3）それに対してフィヒテは、『寄与』を受け取った直後に書いた、一八〇一年四月三日のラインホルトへの手紙では、意外なことに（1）よりも穏やかな調子で応答し、「思考としての思考」をフィヒテなりに理解しようとする。すなわち、「思考としての思考」は自我のあり方の一つの抽象として退けられるのではなく、幾何学的図形にかんする例証の場合のように「個別的なものにおいて無限に繰り返される絶対的全体性」（WJ151）を定立する限り、むしろ「知的直観」（WJ150）の働きに相当する。他方、ラインホルトがフィヒテの立場を「個人」としての「自我」とみなしたのは誤解であり、「自我」は本来超個人的である。逆に「思考としての思考」にはこの超個人的自我の観点、すなわち「すべての者にとって」という契機が「見過ごされている」（WJ156）と反論する。

（4）これに対してラインホルトは『私の公開書簡に対するフィヒテの返書について』で再度反論を行なう。「思考としての思考」は「個別的なものにおいて無限に繰り返される絶対的全体性」というものではなく、「絶対者」（WJ174）ないし「一者」（WJ176）における無限反復可能性である。その限り、「思考としての思考」は「主観性と客観性との同一性」と言われるべきでもなく、むしろ「主観性と客観性とを同時に捨象した」という意味において「絶対的同一性」（WJ178）と言われるべきである。

ここで両者の論争は一応打ち切りとなる。それでは、結局、合理的実在論と知識学の関係はどういうことになったのだろうか。少なくとも一つ確認されることは、一八〇一年四月頃において両者は共に、同一なものを反復する「思考としての思考」を、「知」の「根拠」と認めたことである。ラインホルトは知識学の立場を主観的なものとして批判するが、彼自身は「認識の実在性を根拠づける」意図をもっており、その限り、上述のように、合理的実在論は超越論的観念論のモチーフを継承していたと思われる。他方、フィヒテは確かに先のバルディリ書評では、「思考としての思考」と「絶対的自我」との類似性を拒否したが、しかし四月三日の手紙ではその点を修正し、「思考としての思考」と「知的直観」との類似性を認めるようになる。

つまり、こうである。合理的実在論においては、客観一般の中で「このもの」として存在する客観に対する主観の認識という事態を、成立せしめる「根拠」として、同一なものを反復する「思考としての思考」が認められた。この点は、フィヒテによれば、特定の三角形における或る性質の発見が、同時に、それが暗黙裡に他のすべての可能的な三角形においてまた他のすべての者にとって妥当することとして想定されているのと同じ機制である。つまり「個別的なもの」は「絶対的全体性の絶対的定立」（WJ150）という条件のもとで成立する。[23]フィヒテは言う。「絶対的全体性の絶対的定立なしには［…］われわれは机やベッドに行き着くことすらできない」（同）。その限り「思考としての思考」は「知的直観」（同）と同じ働きをするものであり、それ故、「一切の学的明証や日常的知や信念の根拠」（同）に他ならない。

ただ、問題は、この知の根拠としての「思考としての思考」がいかなる性格のものなのかである。それが、

（a）通常の人間の思考、すなわち「主観的なもの」または（b）「客観的なもの」と解してはならない点では、両者は一致する。それが（c）「主観性と客観性との絶対的同一性」ないし「無限者」（WJ150）であり、「知的直観」において捉えられるものならば、ラインホルトは受け入れられない。なぜなら、「知的直観」はラインホルトにとっては（ヤコービにとってと同様に）「構想力」の働きでしかなく、主観的なものでしかないからである。それが（d）「主観性と客観性を同時に捨象した絶対的同一性」（WJ178）であり、「一者」（WJ176）ならば、フィヒテは受け入れられない。なぜなら、その場合、「人間」による「一者」の認識、「そもそもどのようにして人間はこの無限な反復可能性について知るのか」（WJ155）が、不明だからである。更に、それが「素材」を前提するかぎり、二元論的な問題設定に陥っていると見られよう。

こうして超越論的観念論は、いかに「知の実在性」を、主観的なものでも客観的なものでもない「無限者」ないし「絶対者」から根拠づけつつ、その根拠を同時に「人間」がいかに「知る」かという、課題に直面することになったのだと思う。

（1）ジャン・パウルのヤコービに宛てた手紙（ヤコービのラインホルト宛、一八〇一年四月二八日付けの手紙の中で引用されている）によると、「フィヒテは、私［パウル―筆者］に対して、彼が最近の［知識学の―筆者］叙述において絶対的自我（そこに私はこれまで彼の神を見出していたが）の上にまた外にさらに或るもの、神を想定していると言った」（WJ168）。

（2）本章の内容にかんしてはシュラーダーの論文から示唆されたところが多い。ただしシュラーダーには「合理的実在論」を「超越論的観念論」の展開と捉える見方がない。Vgl. W. H. Shrader, C. L. Reinholds 'Systemwechsel' von der Wissenschaftslehre zum rationalen Realismus Bardilis in der Auseinandersetzung mit J. G. Fichte, in: WJ85–104.

（3）Vgl. WJ5–7, 26–27.

（４）本書第Ⅰ部第二章参照。

（５）渡邊二郎「ヤコービのフィヒテ宛公開書翰」（『実存主義』第八〇号、一九七七年）一三頁参照。渡邊氏によれば、ヤコービは「結局、「真なるもの」を彼岸や予感の中にとどめてしまう不徹底な思惟」（同）にとどまり、その点でヘーゲルのヤコービ批判の意義が認められる。

（６）Vgl. WJ57-58.

（７）フィヒテはヤコービのフィヒテ宛書簡への謝辞を四月二二日に書いているが、同日にラインホルトに宛てた手紙において、「私はヤコービの書簡を受け取る前に、或る小さな論文［…］のために、ここに添付するものを起草していた」（WJ57—傍点筆者）と述べている。ただし、このフィヒテの草稿『回想・応答・問題』自身は、ヤコービを意識してというよりも、エーベルハルトの『フィヒテ教授の神とその敵対者たちの偶像について』（一七九九年三月）や『常識への訴え』（匿名、一七九九年）が「生」と「哲学」を混同した見地から、フィヒテを批判したのに対抗して、書かれたものと思われる。

（８）Vgl. GA. Nachlaßband 5, 111, 114, 117–119.

（９）Vgl. WJ47. ラインホルトの一八〇二年九月九日、一一日のヤコービへの手紙によれば、この点をむしろヤコービ自身がフィヒテ宛の公開書簡で評価した。ラインホルトによれば、フィヒテは、一方で「有限者と無限者との絶対的同一性」を「知」の領域にのみ「知的直観」によって、限定した。それが故に他方で「有限者と無限者との区別」ないし「自然と神の区別」を「信仰」つまり「非知」のために確保し、その点でヤコービはフィヒテを賞讃した。Vgl. WJ316, 320.

（10）Vgl. WJ48–55.

（11）Vgl. GAIII-3, 327.

（12）Vgl. GAIII-3. 342.

（13）Vgl. WJ127–131.

（14）Vgl. C. L. Reinhold, *Beyträge zur leichten Übersicht des Zustandes der Philosophie beim Anfang des 19. Jahrhunderts. Erstes Beiheft*, Hamburg 1801, S. IX–X, 103, G. Bardili, *Grundriß der ersten Logik. gereinigt von den Irrtümmern bisheriger Logiken überhaupt, der Kantischen ins besondere; Keine Kritik sondern eine Medicina mentis, brauchbar hauptsächlich für Deutschlands kritische Philosophie*. Stuttgart 1800, S. 5.

(15) Vgl. Reinhold, op. cit., ebd. S. 74, 106ff., 180ff., Bardili, op. cit., S. 1–149.

(16) ハルトマンによれば、バルディリの「思考としての思考」は、「一切の現実の原根拠」を意味する限り、カントの「最高原則」（「経験一般の可能性の諸条件が経験の諸対象の諸条件である」）に似ている。Vgl. N. Hartmann, *Die Philosophie des deutschen Idealismus, 1. Teil*, Berlin 1923, S. 36.

(17) Vgl. Reinhold, op. cit., S. 72–74.

(18) Vgl. WJ70.

(19) Vgl. WJ121–122.

(20) ヘーゲルも『差異論文』でこのようなフィヒテの指摘に従っている。ヘーゲルによれば、ラインホルトは『人間の表象能力にかんする新理論の試み』において「表象の形式」を「統一性」として、「表象の素材の形式」を「多様性」として捉えていたが、その点がバルディリの「思考」の「統一性」および「素材」の「多様性」において蒸し返されており、また客観の二元論的把握（「物自体」と「表象されうる対象」）にかんしても同様である。この点についてはハルトマンも「素材の起源が謎のままだ」と批判している。なお、ラインホルトによるヤコービの立場の言わば「哲学的」受容は、ヤコービの側からしても受け入れがたいと思われる。第一に、「知の外もしくは前」にあるべき絶対者を、「知」の形式に取り込んだこと、第二に、絶対者の特徴を自己と外なるもの、有限なものと無限なものとの「合一」としてではなく、単なる同一なものの無限な「反復可能性」と捉えた点で、合理的実在論はヤコービの考え方と異なるだろう。Vgl. Sk2, 126, 133ff. Hartmann, op. cit., S. 33. 実際、ヤコービは合理的実在論に与しない。しかしラインホルトは一八〇二年九月九日、一一日のヤコービへの手紙で、この点に対するヤコービの疑問を退ける。バルディリ＝ラインホルトの「思考」は「わたしの心の振る舞い以上のもの」、「神そのものの思考」であるから、むしろヤコービの「信仰」の立場と共通するという。けだし、「思考としての思考」と「素材」の連関は、「神的なものと自然との区別と連関」において生じると見られる。Vgl. WJ315, 322, 327, 331.

(21) バルディリにおいて「表象」「単なる表象」「表象される」という言葉は、「思考」によっても根絶されえない「素材」のあり方、つまり「相互の外に」あるという「素材」のあり方を指す場合に用いられている。Vgl. Bardili, op. cit., S. 71–72.

(22) Vgl. Reinhold, op. cit., S. 84ff.

(23) そこからフィヒテは、一般に「有限者の本質」を、一方で「主観性と客観性との絶対的同一性」による「絶対的に無時間的な無限者の直接的直観」と、他方で「主観性と客観性との分裂と、無限者を無限に分析し続けること」とから「合成されている」ものと捉える。これと同様な見方は、フィヒテが一八〇一年五月三一日にシェリングに宛てた手紙にも見られる。さらに、この幾何学の例証と似た叙述が、『一八〇一／〇二年の知識学の叙述』の§1にも見出される。恐らくヤコービの影響やシェリングのフィヒテ批判との対決のみならず、本章で取り上げたラインホルトとの論争も、この知識学の構想の動機となったと思われる。ちなみに、フィヒテは一八〇一年五月三一日のシェリングへの手紙で、「この一年間ほとんどこの研究を様々な面から突っついてきた」と述べており、一八〇一／〇二年知識学の成立の時期は、一八〇〇年から一八〇一年春にかけてのラインホルトとの論争の時期と重なる。Vgl. WJ150, FS127, 131. Fichte, *Darstellung der Wissenschaftslehre. Aus den Jahren 1801/02.* Hrsg. v. R. Lauth, XXIV, S. 9ff.

第Ⅲ部　生と認識——ヘルダーリンにおける哲学的思索

ヘルダーリンは当初カントとプラトンの美の哲学から影響を受けていたが、やがてヤコービの『スピノザ書簡』からも示唆を受けるようになる。その際彼は、「現存在のうちな存在」というスピノザの絶対者の規定をシェリングのようにフィヒテの「絶対的自我」に見出すのではなく、むしろ、フィヒテの自我を越え、主観と客観とが合一されている実体的構造のうちに認めるようになる。それは当初「存在」や「美」と呼ばれていたが、やがて分裂の局面を含む「生」という思想に展開する。さらに、彼はホンブルク時代の詩論のうちで、「生」を「感じる」だけでなく「認識する」必要性を説くようになる。このようなヘルダーリンの哲学的思索は、フィヒテの自我哲学に対する最初の批判として注目されるだけでなく、初期ヘーゲルにおける「生」の思想への影響の点でも注目される。

第一章　私にとっての存在
――ヘルダーリンのフィヒテ批判について――

ヘルダーリンは一七九四年の秋にイェーナに移住し、そこでフィヒテ哲学から多くの示唆を受けつつも、他方でフィヒテの自我哲学の立場に根本的な疑問を抱いていた。そこで本章ではこの時期のヘルダーリンのフィヒテとの関係について次のような点について問うことにする。第一に、フィヒテ批判の最初の記録であるヴァルタースハウゼンにおけるメモにおいていったい何が問題とされていたのか。第二に、小説『ヒュペリオーン』の構想の中でいかにフィヒテ哲学が摂取されたのか。第三に、更にイェーナでのフィヒテ研究などを通して当初のフィヒテ批判が深化され、『判断と存在』において意識の立場が「存在」によって根拠づけられるが、それはいかなる意味をもっていたのか。

一　ヴァルタースハウゼンメモにおけるフィヒテ批判

彼は一七九四年夏頃にヴァルタースハウゼンにおいてフィヒテの『全知識学の基礎』の恐らく最初の三節と『学者の使命』を読み、フィヒテの「絶対的自我」の立場を批判するメモを記していた(1)。これを以下ヴァルタースハウゼンメモと呼ぶことにするが、その内容はほぼ次のようなものであった。フィヒテは「理論」において

「意識の事実を越えよう」としているが、「絶対的自我」はスピノザの実体と同様「一切の実在性」を含み、自分の外にあるような「客観」をもたない。しかし「客観をもたない意識」は「考えられない」。「私自身がこの客観である」場合、つまり自己意識における私は制約されているはずだが、「絶対的自我としての私はいかなる意識ももっていない」。その限り「私は（私にとって）無である」。したがって、「絶対的自我は（私にとって）無である」（StA. 6-1, 155）。

ここで「絶対的自我」は意識の「客観」とならず「私にとって無」であるから、フィヒテは従来の形而上学以上に「独断論」に陥っている、というヘルダーリンの非難は一見奇妙である。ヘルダーリンはここであたかも、超越論的統覚によって表象が「対象」とならなければおよそ表象は「私にとって無」でしかないと言ったカントの議論[2]と彼の形而上学批判を踏まえ、更にラインホルトの「意識の事実」の原理に与して、フィヒテを批判しているかのように見える。しかしフィヒテはそもそも、シュルツェなど懐疑論者がカントやラインホルトにおいてなお独断論的要素が残っていると批判したのに対抗して、そのような批判の余地を残さないような仕方でラインホルトの根元哲学を改善しようとし、しかもそのことをラインホルトの「意識の事実」を「自我の事行」の原理でまさに「越える」ことによって成し遂げたと確信していた。[3] それは一種の「形而上学」と言えるものの、けっして自我にとって「超越的」なものを認める独断論ではなく、むしろカントの批判的観念論の精神を継承するものである。恐らくフィヒテならば、そのように反論するだろう。

しかしここでヘルダーリンにとって直接の問題は、むしろスピノザ主義への評価の問題であったと思われる。そもそもヘルダーリンはこのメモを、彼が「スピノザを読んだ直後に」（StA. 6-1, 156）フィヒテの『全知識学の基礎』などを読んで、書きつけたと述べている。実際、上述のフィヒテ批判の議論は、おそらく『全知識学の基礎』のとりわけ第一節と第三節のそれぞれ最後の箇所で示されていたスピノザ主義批判を踏まえ、フィヒテのスピノザ主義批判をそのままフィヒテに投げ返したものと思われる(4)。

その第一節でフィヒテはスピノザにおける「神」をフィヒテの「純粋意識」に相当すると解釈し、それが「経験的意識」と切り離されている点を批判して、次のように述べていた。「彼［スピノザ―筆者］は純粋意識と経験的意識を切り離す。彼は純粋意識を神のうちに置く。神はけっして自己を意識しない。というのは純粋意識はけっして意識に到達しないからである。そして経験的意識を神の特殊な変様に置く」、（FG20）。これに対しフィヒテにおいては、「純粋意識」が「経験的な意識」から切り離されておらず、「経験的意識において与えられている」（FG21）と言う。そうだとすると、ヘルダーリンが上述のように、「絶対的自我」としての「私」は「意識をもっていない」、「私にとって無である」と述べたとき、ここでフィヒテがスピノザに対し「神は自己を意識しない」「純粋意識はけっして意識に到達しない」と述べた言葉を、そのままフィヒテに投げ返したものと思われる。

それだけではない。フィヒテはこれに続けてスピノザ哲学の秘かな動機を「実践的な欲求」に見出して、次のように述べていた。「彼は理論的な理性根拠に基づいて推理していると信じていたが、そこでは単に実践的な欲求によって駆り立てられていたにすぎない。［…］彼の最高の統一をわれわれは知識学において再び見出すだろう」（同）。同じ趣旨のことが第三節でも言われる。しかもそこで「独断論はせいぜいわれわれの第二根本命題と第三根本命題に行き着く」（FG42）にすぎないが、第一根本命題には達せず、その点で「知識学の理論的部門」（同）との共通性が認められるとも言う。それ故、フィヒテは自らの理論的知識学を「体系的スピノザ主義」（同）と呼んでいた。ただしその場合「実体」は神でなく「各人の自我」（同）であるが。ここでフィヒテが自己の立場とスピノザの立場との共通性を認めていたのは、興味深く、後のヘルダーリンにとっては積極的に依拠できる事柄になるはずである。しかしここではヘルダーリンはむしろ逆にこの箇所をあげつらって、フィヒテのスピノザ批評をそのままフィヒテに投げ返し、フィヒテを「理論」においては「意識の事実を越えよう」とする「独断論」に陥っていると批判できると思ったのだろう。

したがって、そこからむしろ或る意味でフィヒテへの積極的評価の可能性も出てくると考えられる。それは、ちょうどフィヒテがスピノザを理論哲学としてではなく、実践哲学的含意の故に評価しうるとみなしたように、ヘルダーリンもフィヒテを理論哲学としてではなく、実践哲学的含意の故に、あるいは実践的知識学では評価しうるということである。ヘルダーリンがこのメモを書いていた一七九四年の夏頃には、彼はまだ実践的知識学を知っていなかったと思われる。だが実際にヘーゲルに宛てて手紙を書いた九五年一月末の時点では、それを知りつつあったろう。こうして彼は「フィヒテは岐路に立っていた、あるいは今でも岐路にたっているように思える」(StA. 6-1, 155) と述べて、フィヒテが理論以外の領域では独断論を免れる可能性を認めようとしていたと思われる。

ヴァルタースハウゼンメモでのフィヒテ批判がこのようにフィヒテのスピノザ批判をフィヒテに投げ返したものだとしても、そのこと自身をわれわれはどのように評価すべきだろうか。ヘルダーリンはやはりフィヒテをかなり誤解していたのではないだろうか。第一に、「理論」において「独断論」だという点について言うと、たとえヘルダーリンの言うように「絶対的自我」がすべての実在性を含むことの故に独断的概念だとしても、理論的知識学ではむしろ「絶対的自我」を表した「第一根本命題」は「統整的妥当性しかもたない」(FG42) と言われていたのではないか。実際、理論的部門では非我の実在性の可能性、したがって自我がすべての実在性をもつとは限らない可能性が最後まで容認されていた。第二に、「絶対的自我」が「私にとって」存在しないというのは、或る意味で的外れであるが、別の意味では当然であり、いずれにせよ有効な批判ではないように見える。フィヒテによれば、「自我はあるが故に端的にあり、また自我は端的に自らあるところのものである。しかもこの両者は自我にとってある」（FG18）。自我が存在すること、また自我が何であるかは、自我自身によってもたらされるのみならず、自我自身によって知られる。それに対しヘルダーリンの批判は、自我の実存と本質が自我自身によって「知られる」という契機を見損なっており、その限り的外れであるように見える。(5) またこのように「絶対的自我」が自己関係的な知である限り、他者との関係で規定され知られるものではない。つまり「絶対的自我」は有限的な自我や非我のような「或るもの」（FG30）ではなく、他者との関係で規定されるような「いかなる述語をもたない」（同）。しかるにヘルダーリンの言う「私にとって」の「私」は、「客観」と対峙している者であるから、そのような有限的な「私」の観点からすると、「絶対的自我」は確かにいかようにも規定され述語づけられえないもの、その意味で「無」であるだろう。そうだとすると、ヘルダーリンの批判は的外れというより、むしろフィヒテの立場を裏づけたものとさえ言われよう。

このように見ると、ヘルダーリンのフィヒテ批判はまったく問題とするに値しないように見える。しかし果たしてそうだろうか。彼の言葉をもう一度見てみることにしよう。彼は言う。「絶対的自我にとって客観は存在しない。［…］しかし客観なしの意識は考えられない」（StA. 6-1, 155）。つまり、ここではまず自我の存在というより「客観」の存在が問題になっており、それとの関連で「意識」「私」の有限性が問題にされている。確かに自我の存在は、フィヒテの言うように、「自我にとって」すなわち「自己を意識する限り」（FG17）確実であろう。しかし「客観」は、第二節で問題にされたように、質料的には「非我」として自我と関連づけられるが、その反定立の形式は自我の定立の形式からは導きだされえない。それにも拘わらず絶対的自我が一切の実在性を含むと主張するならば、それはやはり独断になるのではないか。また客観の存在が形式的に確証されないのならば、客観と関わる「意識」も成立しないことになろう。しかしそのようなことはまさに「意識の事実」に反する。確かにフィヒテは非我が存在することを「経験的意識の事実」(FG24) として認めようとするが、この事実は「端的に」(同)、それ以上の根拠なしに成立するのであって、絶対確実な自我からの根拠づけという関連においてではない。自我の存在は根拠づけられたが、非我の存在は根拠づけられていない。実際それは理論的部門の最後まで答えられない問題である。ヘルダーリンが問うた問題は、本当はこのようなフィヒテ知識学のとりわけ理論的部門における根本的アポリアであったのではないだろうか。その限り彼は、フィヒテが「理論」において「独断論」に陥っていると疑いをかけたのではないか。したがってヘルダーリンは有限的自我の見地から絶対的自我を否認したとか、対象意識のみを認め自己意識一般を否認したというのではない。彼が求めていたものは、自我と客観とが共に存在し、両者が関係しているという事態、むしろ真の自己意識は客観との関係でのみ成立することを根拠づけることであったろう(この点は、後に第四章で見るように、第一次ホンブルク時代の詩論で「生の認識」として主題化されるだろう)。更に言えば、恐らくそれが実践的知識学で示されることを期待していたのだろう。したがって彼がフィヒテのスピノザ主義評価をフィヒテ自身に投げ返したことには、そのような理論的知識学の問題点の指摘とその克服への期待が籠められていたと考えられよう。そして自我と客観とが共に存在するような事態が真に考えられるならば、そのような包括的事態は恐らく「一にして全」であるようなスピノザ的な絶対者の概念によって一層適切に表現され根拠づけられるだろう。またそのような絶対者ならば、それは「私にとって存在する」ことになると考えられよう。

二　『ヒュペリオーン』構想における人性論とフィヒテ受容

ヴァルタースハウゼンメモをこのように解釈することは、当時彼が取り組んでいた小説『ヒュペリオーン』、いわゆる『ターリア断片』からも確証できるように思われる。というのはそこで彼は「私にとって mir 一切でないもの、永遠にわたって一切でないものは、私にとって mir 無である」(StA. 3, 164) と述べて、かの「私にとって無」というフィヒテ批判を、幼児に体験しえた「一にして全」に照らして行なっているからである。そうだとすると、かのメモにおけるフィヒテ批判の内容はとりわけ『ヒュペリオーン』構想、更にそれに遡るテュービンゲン時代以来の詩や美学的思索との関連で一層よく捉えられることになろう。そこで次にそのような事情を顧みるべく、まずテュービンゲン時代の詩のモチーフを振り返ってみることにしよう。

テュービンゲン時代の詩の多くは讃歌であり、そこで種々の徳や自然現象が賛美されたが、それらは主に次の三つの哲学的モチーフに基づいていたと思われる。第一は、『美によせて』や『友情によせて』に見られるような、カントの『判断力批判』第四二節での「自然美」への「知性的関心」における人間の道徳的自由と自然への依存との調和のモチーフである[6]。それは、美しい自然を体験したときに惹き起こされる喜悦が道徳的感情と類似していることから、人間が道徳的に自由になるのは、自然を支配することによってでなく、むしろ自然からの援助に期待するという仕方でだという洞察である。第二は、『不滅によせて』『自由によせて』、『人類によせて』などに見られるように、ギリシア精神を賛美する美的プラトン主義のモチーフである。それは、かつて神々や英雄と交わっていた魂がそこから転落し、隷属と堕落の境遇に陥ったものの、やがて愛の力によって黄金時代の美的な境地に回帰していくという、プラトン的「想起」のモチーフである。それは、神々や英雄で象徴される友情や自由などの理念が時を経て現在および将来に渡って存続ないし再現していくことを示すものである。第三は、『調和の女神によせて』や『愛によせて』に見られるように、「宇宙の万象を結び合わせる」(StA. 1-1, 130) 合一哲学的ないしスピノザ主義的モチーフである。これは、恐らくハインゼやヤコービの影響によるもので、それによって上述のカント的モチーフとプラトン的モチーフとが統合される。

このようにテュービンゲン時代の讃歌で示された諸モチーフは、ヴァルタースハウゼン時代になると、単に直截に理想の賛美という調子で語られるよりも、むしろ個人の紆余曲折した形成過程という媒介を通して達成されるべき目標として、人性論的に深化して捉え直されるようになる。というのは美的な理想もまさに現実に「私にとって」存在しなければ、意味をなさないからであり、いかにして個人がそれを実際に自覚しうるかが問われるからである。そのような考え方の変化は、恐らく、彼がヴァルタースハウゼンで家庭教師の職につき、教育の問題に関心をもつようになったことにもよるだろう。(7) 彼はこの主題を小説『ヒュペリオーン』で取り組み、それを通して自己の思想を検証しようとしたと思われる。その際、まさにフィヒテによる人間精神の行為の分析がこの教養小説的な主題を根拠づけるのに役立つと思われたと推測される。

彼はまず『ターリア断片』で、イグナチウス・ロヨラの墓碑銘にもある人間の二重性の見方、すなわち人間は一方では「一切のものの上にいたがる」(StA. 3, 163) 自立と形成への傾向をもっているが、他方では「一切のもののなかにいたがる」(同) 依存と素朴への傾向をもっているという人間観をもとにして、両衝動が調和したかの理想の境地への試行錯誤の過程を捉えようとした。そしてこの過程を首尾一貫した法則性において捉える際に、次第にフィヒテによる人間精神の行為の分析、とりわけ「自我と非我との交互規定」(StA. 6-1, 156) の概念が有効だと思われるようになったのだろう。ただしそれは多分にシラーの示唆によると思われる。ヘルダーリンが『ヒュペリオーン』に取り組んでいた丁度同じ頃、シラーもヘルダーリンと同様に、人間の全体性を取り戻す教育の問題に『人間の美的教育書簡』で着手しており、そこでヘルダーリンの上述の二つの傾向に照応する「形式的衝動」と「感覚的衝動」との調和を構想していた。しかもシラーはその調和がフィヒテの『全知識学の基礎』における「交互作用の概念」で解明されていると指摘していた(8)。実際、ヘルダーリンはフィヒテの講義もしくは著書に接してその点を確認しえたと思われる(9)。この点は一七九四年一一月から九五年一月頃に書かれた『ヒュペリオーン』韻文稿に窺える。

ただしこのテキストにおけるヘルダーリンとフィヒテの関係にかんしては、次の点が注意されるべきだろう。第一に、彼はこのフィヒテ的交互規定概念によって、逆説的にも、先のヴァルタースハウゼンメモで指摘した点、すなわち「絶対的自我」は「私にとって無である」というフィヒテ批判を、正当化している。というのは彼は、依存への衝動が欠けまったく自己のみに関わる衝動について、次のように、「無にされた」も同然だと言うからである。「もしもわれわれの内にある神的なものがいかなる抵抗によっても制約を受けないことになると、われわれは自分の外のものは何も知らないことになり、したがって自分自身についても何も知らないことになるだろう。そして自分自身について何も知らないことと自分自身を感じないことと無にされたこととは、われわれにとって同じことである」(StA. 3, 194)(10)。それ故、彼は第二に、これと裏腹に「運命の不協和音」を正当化する。自然への依存を通して自立が示されるように、闘いや苦しみや別離という「運命の不協和音」(StA. 3, 192) を通して「われわれの内なる神的なもの」(StA. 3, 190) が啓示される。これ以後、一見人間の自由を否定するかにみえる運命のもつ意義が次第に強調されるようになる。第三に、人間精神における二つの傾向ないし衝動の交互作用においてその調和が何によって表されるかという点で、ヘルダーリンはフィヒテおよびシラーと異なっていた。それはフィヒテの場合は「構想力」であり、[11] シラーの場合は「遊戯衝動」であったのに対し、ヘルダーリンの場合は「愛」(StA. 3, 194) である。この「愛」はプラトンのエロースにおける「充溢」の成分と「欠乏」の成分との統一に照応し、上述の美的カント—プラトン主義のモチーフに由来するものである。しかし第四に、それによって彼は上述のカントの道徳的自由と依存との美的な調和のモチーフをむしろフィヒテによって根拠づけたとも言える。ヘルダーリンによれば、自然の援助によって人間が道徳的自由になるということ自体、人間自身の「欲求」(StA. 3, 192) や「魂」による「生気」の「吹き込み」(同) によって制約されている。これは、非我が実在性をもち、自我に作用しうるのは、自我が自己を受動的にし、自己限定することによるというフィヒテの考え方を、カント的美の思想に適用したものと思われる。更に言えば、このことは自立と依存とが調和した愛の立場についてだけ言えることではなく、それ以前の自立か依存かどちらかに偏らざるをえない魂の一切の立場について言えることであろう。何故なら、フィヒテによれば、自我が或る場合には「客観」を定立し、他の場合には「主観」を定立し、両方の場合が交替するが、いずれの場合も自我が定立するとされるからである。[12] こうして『ヒュペリオーン』構想においてヒュペリオーンが自立の立場と依存の立場とを代わる代わる遍歴し、最後に両者の合一を取り戻す過程の法則性が、フィヒテ的原理によって与えられようとしていたと言えよう。

その限り、ヘルダーリンは、確かに既に「絶対的自我」を認めないものの、まだ明確にフィヒテの観念論的な考え方から抜け出していたとは言えない。最終的な「愛」の立場も人間の一つの態度であり、「存在」という一元論的「根拠」はまだ示されていない。それでは彼はいかにして人間的な立場を包み越えた、実体的な「存在」の把握に到ったのだろうか。

三　意識の有限性の根拠づけ――『判断と存在』におけるフィヒテ批判

「存在」という概念は、一七九五年春頃に書かれた『判断と存在』において、フィヒテの「自我は自我である」という「判断」が「主観」としての「自我」と「客観」としての「自我」との「分裂」を前提した「同一性」を表すにすぎないのに対して、この主客の分裂の「必然的前提」としての「主観と客観との合一」において「知的直観」によって捉えられるとされた（StA. 4-1, 216-217）。この「自我は自我である」という判断に対する批判も、フィヒテ自身の説明に照らして見ると、ずれた処があるように思う。フィヒテの場合、「同一性」は仮言命題の形式（「AならばAである」（FG13））で捉えられ、その判断作用は「もしもAが自我において定立されるならば、Aは定立される」（FG14）と解され、そのことが「自我は自我である」（同）と表され、そこから自我の自己定立と存在との結合、すなわち、自己定立的な「我」が「ある」（FG16）という事態が導出された。ヘルダーリンも「自我は自我である」を自己意識の表現と見るものの、これを定言命題の形式で捉え、そこでの主語と述語との相違という面に着目することから、この判断のうちに、見る自我と見られる自我との隔たりを確認するにすぎない。けっして、自我の自己定立と存在との結合を認めようとはしていない。つまり自己意識は、ヘルダーリンの場合、意識の根拠（自己定立的存在）というより、主客分裂した意識の特殊なケース（客観が自我の場合）とみなされている。確かに彼はヴァルタースハウゼンメモ以来「意識の事実」を「越える」絶対的自我の立場を否認していた。ところが今やヘルダーリン自身むしろ主客分裂の「意識」の立場を越えて、その「必然的前提」を容認している。

ここでヘルダーリンのフィヒテ理解がフィヒテに対して的を射ていないことは否めない。しかし彼が何か「意識の事実」を擁護する立場から「意識の事実」を超越する立場へと変貌したのではない。彼は一貫して意識の有限性という事実を認めていたのであり、問題はそれをいかに根拠づけるかであったろう。当初、フィヒテの「絶対的自我」においては客観の存在が根拠づけられていない限り、意識の有限性は十分に根拠づけられていないと見られただろう。ここではむしろフィヒテの判断「自我は自我である」が意識の主客分裂の立場を表していると見られる。その意識の根拠として、主観と客観とが「分離される当のものの本質を侵害せずには、いかなる分離も企てられないように、合一されている」(StA. 4-1, 216) ところの「存在」が提示されている。

それでは意識の真の根拠は何故に「存在」に見出されたのだろうか。その手掛かりは彼の過去のモチーフとも関連する次の三つの事情にあったと思われる。第一は、フィヒテ自身の「判断」概念と「意識」の「根拠」としての「存在」概念である。ヘルダーリンは、「判断 Urteil」は「根源的分割 Ur-teilung」を意味していることから、その「前提」として「合一」を導出した。「判断」のこのような語源学的分析は、彼が聴講したと思われるフィヒテの一七九四/九五年のプラトナー講義に認められる。[13] 彼はこの分析をまさにフィヒテ自身の判断「自我は自我である」に適用したと思われる。しかし一層重要なのは、フィヒテ自身一般に「意識の事実」を「越えて、その「根拠」を自己産出的にして自己認識的な自我の「存在」、すなわち「自我はある」に見出していたことである。理論的部門に限って言うと、最終的には「交互的能動—受動」に対し「交代から独立な能動性」(FG71) が認められ、後者において「交代の質料の根拠」(FG82) が指摘された。この「根拠」は、とりわけ実体性の総合の場合、結局「(産出的)構想力」(FG81, 128, 135, 146) という自我の「絶対的能動性」(FG81) に認められた。したがって、上述のように、ヒュペリオーンの魂の遍歴の法則性がフィヒテの原理によって与えられていたのであれば、そこには事柄としておのずから「意識の事実」の「根拠」への指示が含まれていたと思われる。

しかし第二に、その「根拠」が自我の「絶対的能動性」という内実をもたないような「存在」に求められたのは、一つにはスピノザとヤコービにおける「存在」概念の影響によるだろう。ヘンリッヒが指摘したように、『スピノザ書簡』でヤコービによって紹介されたスピノザ像とヤコービ自身の立場とに共通する部分として、「現存在のうちなる存在」という「存在」概念があり、それは「有限者」の内にしてその必然的「前提」である「無限者」ないし「神」を意味していた。(14) ヘルダーリンは、若きシェリングと同様に、(15) ヤコービの思想のうち有神論的人格神的な「神」は受け入れず、スピノザと共通する現存在のうちなる無限者の存在（「一にして全」）のみを取り入れ、それを、フィヒテによって追求された「意識の事実」の「根拠」としての「存在」に言わば適用したと言えよう。そこから逆にフィヒテの「自我は自我である」によって示された自己意識（客観が自我であるような意識）を「存在」の分裂態として捉え直すことになった。

しかし第三に、この無限者の「存在」が「美感的に知的直観によって」（StA. 6-1, 181）可能だという点は、スピノザ＝ヤコービによるよりも、むしろ上述の美的カント―プラトン主義、とりわけプラトンの「美のイデア」における「存在」概念の影響によると思われる。そもそも「愛」という人間の態度も、それがプラトン的エロースを意味する限り、「美のイデア」への想起という連関を指示する。しかもヘルダーリンは当時「美感的理念についての論文」（StA. 6-1, 137）を、カントやシラーの「限界」（同）を越え出て、プラトンの『パイドロス』に依拠した立場から企てていた。その『パイドロス』では美のイデアは「一」であり「本当に有るところの存在」(16) であった。その限り「美」という名の「存在」の一性が「愛」における合一の「根拠」であったと思われる。事実『ヒュペリオーン』最終予稿では、「存在」すなわち「一にして全なる世界」の「合一」を喪失し「自己」と「世界」との分裂と抗争に陥った「われわれにとって für uns」、「存在」が「美として現存している」という（StA. 3, 236–237）。

こうしてヘルダーリンは一方で意識の歴史の把握においてフィヒテの「交互規定」概念に負いつつ、他方で意識の有限性を、従って非我の存在をも、自己産出的な自己意識という根拠からではなく、「美しい世界の無限な存在」（StA. 6–1, 210）という根拠から把握する可能性を開いた。

（1）ヴァイベルによると、ヘルダーリンはヴァルタースハウゼンでシャルロッテ・フォン・カルプを通して「一七九四年八月一日から九月一日の間に」これらのフィヒテの著書を研究しえたと推測される。『全知識学の基礎』の第三節まで読んだというのは、第三節で初めて「絶対的自我」という言葉が登場するからだとされる。Vgl. U. Gaier, V. Latwischer, W. Rapp, V. Waibel, *Hölderlin Texturen 2. Das »Jenaische Project«. Das Wintersemester 1794/95.* Tübingen 1995. S. 34.

（2）Vgl. KU, A. 111, B. 132.

（3）フィヒテは既に『エーネジデムス書評』で「意識律は［…］経験的な自己観察に基づく」が、その意識律は「単なる事実とは異なるものに基づかざるをえない」とした。そして「単なる事実とは異なるもの」、すなわち「事行」を表す新たな根本命題においては、「絶対的主観、自我は経験的直観によって与えられず、知的直観によって与えられる」と述べて、経験的なものを越えている点を指摘していた。Vgl. GAI, 46, 48.

（4）Vgl. op. cit., [Anm. (1)] S. 108f.

（5）ヘンリッヒによると、フィヒテにおける「自己にとって für sich」は「普遍的」であるのに対し、ヘルダーリンにおける「私にとって für mich」は「私的」である。その点でヘルダーリンのフィヒテ理解には一つの混乱があった。Vgl. D. Henrich, *Der Grund im Bewusstsein*, Stuttgart 1992, S. 435f.

（6）Vgl. KU152-153, StA. 1-1, 152.

（7）Vgl. StA. 6-1, 111.
（8）Vgl. Schiller, *Sämtliche Wereke.* Bd. 3. Hrsg. v. P. Werker, S. 207-208.
（9）ヴァイベルによると、ヘルダーリンは、「交互規定」概念が中心的な意味をもっている『全知識学の基礎』第四節を、「イェーナで初めて一層熱心に研究し始めただろう」。Vgl. op. cit., S. 35.
（10）ヴァイベルによると、フィヒテが実践的知識学で絶対的自我と有限的自我との関係を問題にした際に、「もしも外的なものが自我の外にあるならば、それは自我にとっては無であろう」（FG. 190）と述べたのは、既にヘルダーリンがフィヒテに対して恐らく口頭で告げたであろう批判を、フィヒテ自身が受けとめ、それによって「絶対的自我と有限的自我との連関の新しい説明」に向かうことになったと推測される。Vgl. op. cit., S. 113.
（11）当時のフィヒテの美学的立場とシラーやヘルダーリンのそれとの異同については、Henrich, op. cit., S. 331-353 参照。
（12）Vgl. FG109.
（13）GA2-4, 182.
（14）Vgl. Henrich, op. cit., S. 40-92.
（15）本書第Ⅱ部第二章参照。
（16）プラトン『パイドロス』274c.

第二章　ヘルダーリンにおける美と詩の思想

ヘルダーリンはすでに学生時代の頃からカント、ラインホルト、ヤコービ、ルソーを読み、一七九四―九五年には美学的問題にかんしてカント、プラトン、シラーを熱心に研究し、さらにイェーナ大学でフィヒテの講義を感激して聴いた。そして「美感的理念に関する論文」や「人間の美的教育に関する新書簡」の執筆を企て、イェーナ大学で哲学の講師になろうともした。しかしフィヒテ哲学に対して批判的摂取という態度をとったことから、「哲学」に対する評価は両義的になったように思われる。一方で「哲学」による「抽象」を「暴君」(StA. 6-1, 203) と警戒した。他方で哲学の研究を弟に勧め、哲学を、苦悩を治癒する「病院」(ebd. 289) とみなしたりした。やがて哲学的思索から遠ざかり、第一次ホンブルク時代（一七九八―一八〇〇年）には、哲学研究は「詩への愛着」(ebd. 311) という本来の傾向に反していたと告白し、哲学に対する詩の優位を語るようになる。実際、彼の思索は殆ど詩に向けられていた。それにも拘わらず、ヘルダーリンを独創的な哲学的思想を具えた詩人と呼ぶことは許されよう。彼はシラーに咎められたにも拘わらず、「形而上学的気分」(ebd. 249) を保持し、美と詩について独自な哲学的考察を展開した。

そこで、本章では彼の詩作のなかの世界理解と詩の意味における「哲学的」思索を取り上げることにする。その際、ハイデッガーのように「存在」と「時間」の思索を取り出すのではなく、またヘンリッヒのように「自我の知的自己関係」にかんする意識哲学的問題のみに注目するのでもない。(1) それらの解釈の前に行なうべき先決問題として、詩の意味に直接関わり、またヘルダーリン自身が自己の独自性を自覚していたところの、美と詩にかんする哲学的思索を取り上げ、それがいかに当時の背景事情のもとで生じたかを見ることにする。

従来、このヘルダーリンにおける美と詩の哲学については、「美的プラトン主義」、「合一哲学」、「一八世紀の詩論的伝統」、「ヘルダーの歴史哲学」、「フィヒテ」、「ライプニッツ」、「ルソー」、「古代ギリシア哲学以来のプネウマ説」などの背景が指摘されてきた。(2) これらの指摘はそれぞれ正しい面を含んでいるが、ただしこれらは――シュトラックの研究(3)を除けば――意外にも、カントとの連関を重視していないように思う。しかしヘルダーリンは九四年頃に初めて美にかんする哲学論文を書こうとしたときに、カントとプラトンを集中して読んでおり、その後もしばしばカントに依拠して自己の詩作の困難を打開しようとしたと述べている。(4) 実際、当初カントにおける自然と人間との連関にかんする「存在論的美学(5)」の展開が、彼の美の哲学的思索の発端としてあったと思う。そのモチーフがプラトンおよびフィヒテとスピノザによって形而上学的に根拠づけられた。やがてホンブルク時代の頃から詩論的反省がなされ、美一般の哲学が悲劇美の哲学に展開された。それと共に美的合一よりも悲劇的分離に重点が移され、「存在」への還帰より「生」の展開が強調されるようになった。このうち、さしあたり本章では、『ヒュペリオーン』にいたる美の哲学の展開を取り上げることにする。

1　カントによる「自然の暗号文」の解読

ヘルダーリンは既に少年の頃から自然への一種宗教的帰依とも言える美的な感情と直観を抱き、その詩的表現への傾向をもっていた。「我が家の人」（一七八六年）には、弟と川遊びをしていたときに「聖なる感情」に襲われた情景が次のように想起されている。

「僕たちは波が岸打つさまを楽しく見ていた／　砂を通って小川が僕たちを導いた／ついに僕は見上げた。夕べの微光の中で／　川は流れていた。聖なる感情が／僕の心を震わせた。そして突如僕はふざけなくなった／　にわかに僕は厳粛な気持ちになって、子供の遊びをやめ、立ち上がった／

震えながら僕はつぶやいた。お祈りしよう、と／　茂みの中に僕らは跪いた／僕たちの少年の心が語ったものは、純粋で無垢であった、――／「愛する神よ。」　時は美しかった／かすかな声があなたを、「父なる神よ！」と呼んだ／　少年たちは抱き合った！　天に向かって／手を差し伸べた！　胸は燃えた［…］」

この美的な感情と直観の源泉については種々の思想を挙げることができようが、自然の美をめぐる哲学的思想にかんしては、カント美学を見逃すことはできない。というのは、彼はまさに「美」を主題とした詩「美に寄せる讃歌」（一七九一年作、九三年公刊）で次のようにカントの『判断力批判』第四二節に依拠して、カントの自然

美の考察を詩の冒頭に置いていたからである。(6)

「自然はその美しい諸形式においてわれわれに比喩的に語りかける。そしてその暗号文を解読する能力はわれわれにとって道徳的感情のうちに与えられている。カント」(StA. 1-1, 152)。

カントにおいては、一般に美的な感受による喜悦は「関心」をもたないが、「自然がそのような美を生み出した」(KU151) という思いが伴っている場合には、自然の「存在」(同) とその「合図 Wink」(ebd. 152) に対する「直接的関心」(ebd. 151) が生じる。この関心は「道徳的感情」(ebd. 152) と類似しており、少なくとも道徳的善の素質を前提する。こうして人は虚栄心に背を向けて自然の美に心を寄せる場合、例えば白ゆりによって心が無垢の気分にさせられ、小鳥のさえずりによって己れが生きていることの満足を告げ知らされる。自然が実際そのように人間に告げ知らせるという意図をもっているか否かはともかく、少なくともわれわれは自然をそう解釈することができる。そこでカントは自然美の享受のこのような解釈について、「自然がその美しい諸形式において比喩的に私たちに語り掛けている暗号文 Chiffreschrift を正しく解釈した」(ebd. 153) のではないかと述べた。このカントの文をヘルダーリンは上述のようにパラフレーズしたわけである。

ここで注目されるのは、ヘルダーリンが、美を人間の心の或る状態と分析した、カントの主観主義的美学の部分に依拠せず、美的な感情を一方では「道徳的感情」と結びつけ、他方ではその美的—道徳的感情へ「合図」を送ると想定される「自然」そのものと結びつけたことである。つまり、「美」の在り処を、美的感情を越えた一層包括的な連関において、すなわち自然の人間に対する語り掛けという存在論的連関において見出そうとしていることである。このモチーフは後に『ヒュペリオーン、韻文稿散文草案』においても、次のような言い回しで述べられている。

「自然の美しい諸形式がわれわれに神的なものの現存を告げるとき、われわれはただ自分の精神でもって世界を活気づかせているのである」(StA. 3, 193)。

ここには一方ではかの「暗号文」の意味が一層明確に「神的なものの現存」として解読されているが、他方、自然の語り掛けの感受が「自分の精神」による「世界」の「活気づけ」だという点が新たに加わっている。恐らくここには、ヘルダーリンによるカント美学の理解の一層の深化が窺える。

まず「神的なものの現存」という表現について言うと、これは『判断力批判』後半の目的論、とりわけ自然神学の道徳神学による基礎づけに関わると思う。ヘルダーリンは一七九五年一月二六日のヘーゲルへの手紙で、「カントが自然の(それ故また運命の)機械論を自然の合目的性と結合している仕方は、本来、彼の体系の全精神を含んでいるように思われる」(StA. 6-1, 156)と述べて、カントの目的論を高く評価した。また一七九五年四月一三日の弟への手紙ではとりわけ自然神学と道徳神学との連関を述べていた。彼はそこで魂の不滅への要請にかんして、「この無限の継続は自然の主への信仰なしには考えられない」(ebd. 163)と述べると共に、自然の合目的性の道徳神学的基礎づけをこう説いていた。

「神と不滅性への理性的な信仰、また運命がわれわれによって左右されないという意味でわれわれの運命に対する思慮ある導きに対する信仰は、われわれの内なる神聖な法則に基づいている[…]われわれの意志の力では届かない事物も、[…]われわれの力の及ばない力をもっている神聖で賢明な存在者によって、かの目的[「最高度の道徳性」―筆者]に向かうように定められている」(ebd. 163-164)。

カントは上述の「自然の感嘆」において自然の「目的なき合目的性」を認めつつ、その「目的」を結局人間の「道徳的使命」に求めたが、このような「自然の合目的性の可能性の根拠」については更に「目的論」で述べるいた。

と予告していた（KU153）。実際カントは「目的論の一般的注」において、先の「自然美の知性的関心」のモチーフを自然神学の道徳神学による基礎づけという連関において、次のように「宗教的感情に似たもの」と捉えていた。

「美に対する感嘆ときわめて多様な自然の目的による感動とは〔…〕何か宗教的感情に似たものを含んでいる。それ故この感嘆と感動は、まず、道徳的な判断の仕方と類似な判断の仕方によって道徳的感情（感謝や、われわれに知られていない原因に対する尊敬）を刺激し、また〔…〕道徳的理念を引き起こすことによって心に働きかけるように思われる」（ebd. 357-358）。

カントにおいては自然の客観的な合目的性への感動だけでなく、自然美の感嘆も「宗教的感情」に似たものとして道徳神学と結びつけられていた。それ故、ヘルダーリンが言うように、自然が「神的なものの現存」を告げるのは、運命における自然の合目的性に対する感動と自然美の感嘆を介して引き起こされる、道徳的感情においてだということになる。その意味で自然が神的であることと、人間の心が美的―道徳的であることは同時に成立し、相互に前提しあっている。

ただしここではヘルダーリンは人間の心が美的―道徳的であるとは言わず、「自分の精神でもって世界を活気づかせる」と述べている。この点については、高橋輝暁氏が「調和の女神に捧げる讃歌」について分析したように、「詩人が自然の調和という女神の姿を見ることができるのは、詩人自身が女神の精神を吹き込まれ(7)」ていたからだとも見られよう。だが同時に、この点にかんしても、カントが『判断力批判』第四九節で、「精神」とは「美感的意味においては、心において活気づかせる原理であり」、この「原理は美感的理念の表現の能力に他ならない」（KU167）と述べていた箇所が注目される。「美感的理念」とは、或る与えられた概念に自由な構想力の働きが伴って生じる表象だが、この表象は、「言葉によって規定された概念のうちで表現されうるよりも以上の多くのものを考えさせる」(ebd. 169)。それにより、「自己を多くの互いに親近な諸表象へと拡張する」ことによって、「心を活気づかせる」(同)。芸術家が「作品を活気づかせる」のは、このような美感的理念を表す「精神」によってである(同)。このようにカントは「精神」を芸術家の美感的理念の能力として論じていた。

しかし自然美も芸術美も「美感的理念の表現」(ebd. 175) に他ならないのだとすると、「精神」を自然美の関心の場面にも転用しうるのではないだろうか。自然の様々な形象が揺れ動き、触れ合い、それにより形象の「規定された概念」をのりこえて自然がわれわれに「合図」を送ってくると思われるとき、われわれはそのような「世界」に「活気」を認めうると言えよう。そのような意味でヘルダーリンは「自分の精神でもって世界を活気づかせている」と言い得たのではないか。実際、自然とくに春の風景の感嘆を通した自己の世界の蘇生は、『ヒュペリオーン』の随所で描かれている。アラバンダを失って傷心したヒュペリオーンに、イオニアの「春」は「愛と偉大な行為」の「予感」を蘇らせる。サラミスの大地と大気に触れて、彼は「自分のうちに湧く霊妙な無限のハーモニー」を感じる(8)。

2 シラーによる美の分析

それでは、「精神」を自然美の享受にも認めるカント美学のこのような受容は、いかにして可能であったのだろうか。この点では、おそらく当時ヘルダーリンの身近にあった彼の師シラーによるカント美学の展開の影響が、考えられよう。実際、ヘルダーリンの美の思想は当時シラーによって行なわれた美の分析と、多くの点で軌を一にしていた。シラーもカントの美学(美的感情の無関心性、自然美の知性的関心、道徳の象徴としての自然美と芸術の相互の接近など）に依拠しつつ、『カリアス書簡』で「美が客観的性質のものである」ことを強調し、美を一般に「現象における自由」とか「技巧における自然」と規定した。[9] 更にそのような美の概念の一例として、「道徳的行為がおのずから生じる自然の作用のように見える」、「人間」の「美的な行為」を挙げた。[10]『人間の美的教育に関する書簡』ではそのような立場から「美的自由」の「規定可能性」を語り、[11] 美から道徳性への橋渡しというカント的モチーフを歴史哲学的に捉え、近代における人間性の分裂の解消の方向を示した。

ヘルダーリンは『ヒュペリオーン』の構想と執筆に取り組んでいた頃、このようなシラーによる美の分析に大いに共鳴したと思われる。或いは逆にヘルダーリンの『ターリア断片』がシラーの『美的教育書簡』の一部に影響を与えたのかもしれない。実際、両者には、人間には無限への衝動と限定への衝動があるという人間観、近代における人間性の分裂に対する批判、ギリシア的人間と文芸の復権への志向など、多くの共通点が認められる。しかしシラーが美しい自然や人間の行為における美の特徴を指摘しようとした際に、概して経験的現象に留まろうとしたのに対して、ヘルダーリンは更にそれら個々の美的現象の根源に遡り、「一にして全」（StA. 3, 53）という形而上学的根拠を想定し、それを「美」と名づけるようになる。「美」はヘルダーリンにとって単に主観的なものでないだけでなく、単に客観的なものでもなく、客観的なものと主観的なものとの連関それ自体を意味した。またシラーが人間の諸衝動の対立を克服する美的な心情を「遊戯衝動」に求めたのに対し、ヘルダーリンはそれを「愛」に認めた。

二　美的経験の根拠づけ

これらの相違は何に基づくのだろうか。換言すれば、シラーの言うように人間のうちに二つの対立する衝動が存在し、両者の和合への一層高次の衝動が事実として認められ、またその結果カントの言うように神的自然と美的—道徳的人間との調和の境地に高められるとしても、それらはいかなる根拠にもとづき、いかにして生じるのだろうか。この問いに対する答えはヘルダーリンにおいては、結局、一方ではプラトンの美にかんするミュトスに、他方では意識の有限性にかんするフィヒテとスピノザ＝ヤコービのロゴスに求められたと思われる。

1　愛と想起

まずプラトンとの関連から見てみることにしよう。ヘルダーリンは『ヒュペリオーン、韻文稿散文草案』でプラトンの『饗宴』におけるエロースの出生の説話に依拠して、かの人間の二つの衝動について次のように述べていた。

「われわれの根源的に無限な本質が初めて受苦的になり、自由な充足した力が最初の制約を蒙ったとき、充溢と欠乏とが結婚したとき、そのとき愛が生まれた。プラトンによれば、その日にアフロディーテが誕生したという。それ故、美しい世界はわれわれにとって始まったとき、そのときわれわれは意識になったのであり、その時、われわれは有限的になったのである。[…] われわれは自分を自由にし、高貴にし、無限へと前進していこうとする衝動を否定できない。[…] しかしわれわれは限定されたい、受け入れたいという衝動をも否定できない。われわれはこれらの抗争している衝動の闘いにおいて没落せざるをえない。しかし愛がこれらの対立する衝動を結びつける」（StA. 3, 192-194）。

人間における無限への衝動と限定への衝動とは、かくて、エロースの父ポロスの「充溢」と母ペニアの「欠乏」に照応させられる。しかもエロースは、周知のように、『パイドロス』によれば、美のイデアの直観から転落した人間の魂が、美しいものを目撃したことを切掛けに再度芽生えた、美のイデアを希求する衝動である。ちなみにヘルダーリンがこの頃構想した「美感的理念にかんする論文」は「『パイドロス』の注釈」（StA. 6-1, 137）とみなされていた。それ故、かの二つの衝動の形而上学的根拠は、結局、「美しい世界」と呼ばれる美のイデアに認められた。この「美しい世界」は、プラトンの美のイデアが「真の意味における存在」[12]として一にして永遠なる存在と言われたのと、同様の特性をもっていた。また両衝動の和合する衝動は「遊戯衝動」（シラー）でも「構想力」（フィヒテ）でもなく、「愛」として「美しい世界」への衝動として捉えなおされていた。しかも「愛」は次のように、上述のカントにおける神的自然と美的―道徳的人間との調和のモチーフとも結び付けられていた。

「自然に対して、われわれのうちなる不滅なものとの類縁性を付与し、物質のうちに精神を信じるようにわれわれを駆り立てる、かのわれわれの本質の最高の欲求は、実は、愛である」（StA. 3, 194）。

したがってプラトンの美のイデア、「美しい世界」の「存在」は、少なくともその一端がカント的に、神的自然と美的―道徳的人間との調和として解釈されていた。あるいはプラトンの神話の本質的内容がそのように非神話化されたと言ってもよいだろう[13]。しかしこれを逆に言えば、カント的モチーフが、その主観主義的制約を越えて、プラトン的に根拠づけられたと言えよう。ちなみに既にプラトン自身『ピレボス』で「宇宙霊魂」による宇宙の美しい秩序と人間の魂による身体の統御とが似ており、後者が前者から由来することを説いていた。カントの上述の自然美の知性的関心は、プラトンのこの思想を、「宇宙霊魂」を前提せずに、また美と善の心性を区別しつつ関連づけようとする人間学的観点から、解釈しようとしたと言えよう。ヘルダーリンは、既にテュービンゲン時代にプラトン的イデアをカント的理念と結びつける詩作を試みていたが、今やこのカントのプラトン的自然美の思想をさらに一層プラトンの美のイデアそのものの境域に戻そうとしたと思われる。

この「美しい世界」への「愛」による飛翔は、同時に、過ぎ去った自己への想起を意味する。この想起のモチーフは『ヒュペリオーン』決定稿とくにその第一部に顕著に見られる。まずこの小説全体が、既に起きてしまった出来事を後から種々の人物の書簡における想起を通して思い起こすという仕方で描かれている。更に、このような諸想起を通した全体的想起の様式で叙述される内容そのものが想起に他ならない。(14) それはさしあたり、自然との根源的合一を失った青年ヒュペリオーンの相互に対立する諸態度の交替である。しかもこの交替において先行した態度は後続の態度のうちでまったく消えるのではなく、その都度解釈し直される。(15) この過程のなかで愛による対立の克服がたびたび図られるが、しかしディオティーマへの愛が決定的な意味をもつ。それはかの永遠なる「美しい世界」を想起することに他ならない。そのことは、「美しい世界」に帰依する巫女のような存在であるディオティーマによって証言される。彼女によれば、ヒュペリオーンが求めていたものは「かつてあったのです。それは今もあるのです」(StA. 3, 67)。かつての友人たちとの関係において、「あなたは人間を求めていたのではありません。一つの世界を求めていたのです」(同)。つまり、ヒュペリオーンは個々の美的なものへの愛を通して、「美しい世界」と呼ばれる美のイデアを求めていたわけである。それが彼の根源でもある。逆に言えば、根源は彼らの愛を通して自覚された。

ただしこのように想起によって出現した「美しい世界」は束の間の出来事でしかない。やがて「愛の時期」(ebd. 87) は過ぎ去り、ヒュペリオーンは「死せる者の世界に降り」(ebd. 88)、再び日常的な時間の流れのうちに戻っていく。ここには永遠の神話的な存在と時間的で世俗的な現実とに挟まれて、その間を行き来せざるをえない、人間の生の有限性、時間性というモチーフが見られる。

2　意識の事実の根拠

この人間の生の有限性、時間性については、先に引用した人間の二重性を表すエロースの誕生の箇所に、「われわれは意識になった」また「有限的になった」と書かれていたことが注目される。この考えは、人間の諸衝動とその根拠について彼がフィヒテの自我哲学とヤコービにおける「有限者」の「根拠」の思想によって解明しようとしたことから、生じたと思われる。

前章で見たように、ヘルダーリンは一七九四年にイェーナ大学でフィヒテの講義を聴いていた。その結果、一七九五年一月のヘーゲルへの手紙で述べたように、一方でフィヒテ哲学における「自我と非我との交互規定」や「努力」(StA. 6-1, 156) の概念を高く評価した。フィヒテにおいては対象は自我の無限な努力に対する抵抗においてのみ存在するが、一七九五年四月一三日の弟への手紙では、この自我の対象性の見地から、「意識をもつ存在者」(ebd. 164) における自立性と依存性が説明されている。自我がこのように対象的という意味で「有限的」であるならば、また「時間のうちにだけ存在しなければならない」(ebd. 155)。それ故、小説『ヒュペリオーン』構想においてヒュペリオーンが自立の立場と依存の立場とを代わる代わる遍歴していく時間的な過程が、フィヒテ的原理によって捉えられようとしていたと言えよう(16)。

しかし他方、フィヒテはこの有限的時間的な「意識の事実」の「根拠」として、自我の「事行」、すなわち「絶対的自我」の「存在」を認めたが、この点をヘルダーリンは受け入れることができなかった。フィヒテによれば、自我の存在と本質は自我によってのみもたらされ、自我によってのみ知られる。しかしこの自我から非我はもたらされも、知られもしないはずである。そこでヘルダーリンの見地からすると、「自己自身についてしか知らず」、非我を知らないならば、――まさに「交互規定」の論理からして非我なしには自我はありえないので、――むしろ「自己自身について何も知らない」ことになる。それは自己の存在が滅ぼされたことを意味する。「絶対的自我は私にとって無である」(ebd. 155)。或いは、絶対的自我は人間の無限への傾向のみを表し、自然への依存という他の傾向を切り捨ててしまい、人間を自然から切り離してしまう。

したがって有限的時間的な「意識の事実」を根拠づけ、しかも美的世界の一なる永遠の「存在」を説くためには、もっぱら自我的ではないような「根拠」が必要であろう。そこで彼は、「有限者」の「定在」の内なる必然的「前提」としての「無限者」ないし「神」の「存在」というヤコービのスピノザ解釈の原理に依拠したと考えられる(17)。かくて『判断と存在』では「自我は自我である」というフィヒテ的命題を真の「同一性」を表していないと批判すると共に、意識における主観と客観との分離の前提として、「知的直観において結ばれている主観と客観との合一」としての「存在」(StA. 4-1, 216-17)を示した。

ただしそれと共に、この「存在」はプラトンの美のイデア或いはデミウルゴスとしての神の概念とは異なり、汎神論的な意味をもつことになる(18)。こうして「美」は「自然の美」(StA. 3, 58)を意味し、ヤコービの『スピノザ書簡』における「一にして全」(ebd. 53)という標語でもって表されることになる。また「美の本質」は「自己において区別される一者」(ebd. 81)というヘラクレイトス的規定でも表されるが、これもプラトンの美のイデアの規定（多様とは相容れない一者）とは一致しない。そこには恐らく上述の如くカント的な自然と人間との連関が読み込まれていたのだろう。換言すれば、当初の「自然の暗号文解読」というカント的モチーフがプラトン的およびフィヒテ―ヤコービ的に根拠づけられるにいたった。この思想が『ヒュペリオーン』特にその第一部において叙情詩的な表現を得たと思われる。

（1）Vgl. Martin Heidegger, *Erläuterungen zu Hölderlins Dichtung*, Frankfurt a. M. 1951, ders. *Hölderlins Hymnen "Germanien" und "Rhein"*, in: ders., Gesamtausgabe II Abt. Bd. 39, Frankfurt a. M. 1980, Dieter Henrich, *Grund im Bewußtsein. Untersuchungen zu Hölderlins Denken (1794-1795)*, Stuttgart 1992.

（2）Vgl. Klaus Düsing, Ästhetischer Platonismus bei Hölderlin und Hegel, in: *Homburg vor der Höhe in der deutschen Geistesgeschichte*, Hrsg. v. C. Jamme und O. Pöggeler, Stuttgart 1981, Dieter Henrich, Hegel und Hölderlin, in: *Hegel-Studien* Beiheft 11, Bonn 1974. Johann Schmidt, Hölderlins idealistischer Dichtungsbegriff in der poetologischen Tradition des 18. Jahrhunderts, in: *Hölderlin-Jahrbuch* 22 (1980-81). Wilfried Malsch, Geschichte und göttliche Welt, in: *Hölderlin-Jahrbuch* 16 (1969-70), Wittorio L. Waibel, *Hölderlin und Fichte*. 1794-1800, Paderborn 2000, 高橋輝暁「初期ヘルダーリンにおける「自然」と「精神」あるいは「自然の精神」――「調和の女神に捧げる讃歌」から『ヒュペリオーン』」（西川富雄編『自然とその根源力』一九九三年）

（3）Vgl. Friedrich Strack, *Ästhetik und Freiheit. Hölderlins Idee von Schönheit, Sittlichkeit und Geschichte*, Tübingen 1976.

（4）Vgl. StA. 6-1, 119, 120, 128, 187, 202, 254, 304.

（5）渡邉二郎『芸術の哲学』一九九三年、二二一頁以下参照。

（6）ここでは初期の論稿「自由の法則について」におけるカントとの関係については、立ち入れない。この点については、Strack, op. cit. [註3] S. 43-106 参照。

（7）高橋輝暁、上掲論文［(2)］一三六―一三七頁参照。

(8) Vgl. StA. 3, 43, 48.

(9) Vgl. *Schillers Werke* 12-2, (Berlin/Stuttgart) Tokyo 1974, S. 39, 47.

(10) Vgl. op. cit., S. 51.

(11) Vgl. *Schillers Werke* 12-1, (Berlin/Stuttgart) Tokyo 1974, S. 281-282.

(12) Vgl. Plato, *Phaidros*, 274c.

(13) Vgl. Strack, op. cit., S. 130.

(14) Vgl. Helmut Bachmaier, Hölderlins Erinnerungsbegriff in der Homburger Zeit, in: *Homburg vor der Höhe in der deutschen Geistesgeschichte.* Hrsg. v. C. Jamme und O. Pöggeler, Stuttgart 1981, S. 141. この点については、次章参照。

(15) Vgl. Henrich, op. cit., S. 207.

(16) 第一章参照。

(17) Vgl. Henrich, op. cit., [註1] S. 40-92.

(18) Vgl. Düsing, op. cit., [註2] S. 109.

第三章　ヘルダーリンにおける生の思想

ヘルダーリンの詩的なテキストを解釈しようとする場合、よく注意されることがある。それはテキストをもっぱら哲学的思想としてのみ解してはならないということである(1)。その点は、ヘルダーリン自身も『ヒュペリオーン』の冒頭で、次のように警戒していた。「私が恐れるのは、ある人々がこれを要綱書のように読んで、それに含まれている教説にあまりに意を注ぎすぎることである」(StA. 3, 5)。彼の作品は、哲学書としてだけでなく、音楽、絵画、彫刻など他の芸術の場合と同様に、文学作品としての美しさや卓越性の故に引き起こされる感動によって評価されねばならない。したがって、彼の詩を理解するには、ただそれを黙読して思想を理解するだけでなく、例えば、「声を出して読んでみる(2)」ことによって、詩節の響きやリズム、韻律などを鑑賞する必要もあろう。

しかし、そこから何か「芸術の自律」を主張することはできない(3)。そのような見方は二つの点で誤りがあると思う。第一に、彼の詩は、詩人自身の世界の全一性にかんする根源的な体験に基づき(4)、それを表現するものであり、またその詩を通して他のすべての人に対して「根源」の覚醒を呼びかけるものだからである。確かに、詩人の求める「根源」は、結局、現実の世界ではもはや実現されず、詩の内でのみ「こだま」(StA. 4-1, 262) として実現されるにすぎない。しかし、それが「根源」とまったく別なものではなく、あくまでも「根源」の「こだま」であるという関連は見失われてはならない。(5)第二に、詩節の響きやリズム、音調の転換自身、或る理論的計算に基づいて企てられており、しかもその詩論そのものが、広い意味で、彼の世界体験、またその点にかんする哲学的反省に基づいているからである。(6)事実、彼も既述の『ヒュペリオーン』の冒頭箇所で、「私の植物の、ただ匂いを嗅ごうとし」、「空虚な娯楽」（StA. 3, 5）のための読み物として扱うのは、作品を「理解していない」（同）と述べている。

一般に、ヘルダーリンは自分の人生経験――それは、しばしば、苦悩と困窮をもたらすものであった、――を通して、一方で、ヘラクレイトスやプラトンなどのギリシア哲学、またカント、フィヒテ、シラー、ヤコービなどの同時代のドイツ哲学に、苦悩を治癒する「病院」（StA. 6-1, 289）を求めるとともに、他方では、そこで得た独自の洞察を詩作に持ち込んだ。ヘルダーリンにおいては実存的な体験と哲学的思想と詩作とが密接に連関し、相互に作用しあうものであった。(7)しかもやがて彼はそのことを自覚するようにもなる。彼は第一次ホンブルク時代（一七九八―一八〇〇年）の頃に、詩の内容にかんするというより、むしろ詩人のあり方にかんする理論的反省のなかで、実存的な人生経験と、世界にかんする哲学的洞察と、詩作とを、包括的に一つの概念で表して、それらの相互的な連関を理論的に洞察するようになる。その概念とは、すなわち、「生 Leben」に他ならない。彼は『詩的精神の取るべき方法について』の中の「表現と言語のための注意書き」という断片において、「生一般の行程と定め」（StA. 4-1, 262）また「人間一般の行程と定め」（ebd. 263）と「同じこと」が「詩の行程と定め」（同）に認められると述べている。したがって詩の作品は、根源的な「生」および詩人の世界への態度の「行程と定め」に照応して、「生」に満ちた世界を言語による構成のうちで表すべきであるが、実際、彼の詩業はそのような詩論の要請を成し遂げたといいえる。

したがって、彼の詩や小説を理解するには、とりわけ「生」という概念が何を意味し、それがいかに捉えられ、表されうるかを理解する必要があるだろう。その場合、発展史的には次のような事情があったことに留意する必要がある。まず、「生」が人生経験と世界観と詩作に貫通するという事態は、事柄としては、既に遅くともフランクフルト時代（一七九六―九八年）には認められる。周知のようにイェーナ時代（一七九四―九五年）の頃から始まった、ヘルダーリンの独自な合一哲学的思索が展開されて、『ヒュペリオーン』（一七九七年、一七九九年）に結実したが、その頃にはかの事態は明確になってきたように思われる。ただしそこではまだ「生」が鍵概念であったのではなく、むしろ「美」や「存在」という美的プラトン主義的概念が彼の哲学的思想の中核をなしていた。しかしやがてそこに含まれていた或る難点――「存在」は「無」を、「合一」は「分裂」を、「純粋なもの」は「不純なもの」を排除するのみであり、弁証法的に包括するものではないという難点は、(8)――第一次ホンブルク時代の頃から徐々に自覚され、克服されようとし、その時に同時にかの事態が反省されもして、(9)「生」における包括的連関として定式化されるようになった。こうして第一次ホンブルク時代の詩論における「生」の思想は、「美」をめぐるフランクフルト時代の思索の理論的反省であると同時に、その難点の克服でもある。そこでまず本章ではフランクフルト時代における「生」の思想を見ることにする。ホンブルク時代の詩論における「生」の反省については、次章で取り上げることにする。

一　『哲学的書簡の断片』における「一層高い生」

まずフランクフルト時代において「生」について主題的に分析された哲学的テキストがあるので、それを見てみることにしよう。それは『哲学的書簡の断片』（かつては、『宗教について』と呼ばれた）という、一七九六年後半あるいは一七九七年初めの頃に書かれた断片であり、恐らく「美的教育の新書簡」の構想に基づくものであろう。(10) したがって、『ヒュペリオーン』第一巻の公刊のすぐ前に書かれたものであろう。そこでは、「宗教的関係」(StA. 4-1, 280) という主題をめぐって、主に「生」ないし「一層高い生 ein höheres Leben」(ebd. 275) がいかなるものか、またそれがいかに表されうるかが問題とされている。

1　自分と世界の連関としての「一層高い生」

ヘルダーリンはこの断片で「現実的な生」や「必然的な生 notdürftiges Leben」を乗り越えた「一層高い生」ないし「精神的な生」について語っている。では、「一層高い生」とはいかなるものであろうか。それは、「物理的必要および道徳的必要」（同）にかんする「機械的な連関」（同）、あるいは「必然的な生」（同）「生の必然的な諸関係」(ebd. 276) を越えた「一層高い連関」「一層高い歴運 Geschick」(ebd. 275) を意味する。それは、すなわち、その中で人間が「自分自身と自分の世界とが合一されているのを感じる」（同）ところの連関である。つまり、「一層高い生」とは、一方で、もっぱら客観的に認識される物理的世界における「必然的な諸関係」でも、他方でもっぱら主観的に捉えられる道徳的世界における「必然的な諸関係」でもなく、主観的なものと客観的なものとの連関そのものである。ヘルダーリンは言う。「人間は自分自身だけからも、自分を取り巻く世界だけからも、機械的進行以上のものが、［…］世界のうちに、必然性を乗り越えた一層生き生きとした関係――その中で人間は自分を取り囲むものと一緒に存在している、――のうちに存在することを、経験できない」(ebd. 278)。したがって「一層高い生」とは、自分と世界とが緊密に結び付けられた――しかし、自分と世界とが没我的に一体化してしまった神秘主義的な境地でもなく、自分と世界との区別を含んだ、――そういう連関であろう。

しかしそのような人間と世界との感じられた連関は、人間と世界との関係という点で言えば、私たちの日常生活における世界の経験とそれほど変わりないものではなかろうか。例えば、私は今目の前にパソコンを見ていると同時に、それを使って論文を書こうとしている自分をも意識している。その時、パソコンを没価値的に科学的に認識しているのでも、何かの考えを言葉にしようとしている心の働きを反省しているのでもなく、パソコンのメカニズムを何がしか知りつつ、同時に或る事柄に思いをいたしており、客観的な現象と主観的現象を総合的に意識しているのだろう。

実は、そのような日常的な関心における主客関係については、当時、フィヒテやヤコービが彼らの哲学の根本に据えていた事柄でもある。フィヒテにおいては、「感情」において「自我の実在性」と「同時に」「非我の実在性」が生じるとされた。ヤコービによれば、「自然な人間」の立場では、「自己と外的なもの、受容性と自発性、内なるものと外なるもの」が「不可分に合一」されている。(11) ヘルダーリンはそのようなフィヒテやヤコービにおける主観的なものと客観的なものとの同時的存立の思想に共鳴したものと思われる。

しかしヘルダーリンの「一層高い生」はそのような日常的な主客関係に尽きるものでもない。というのは、自分とそれが出会う世界は個々の有限なもの（例えば、論文を書こうとしている自分とパソコン、道を登ろうとしている自分と山頂など）だけではなく、「人間があるところのもの、および人間がもつところのものの一切」（ebd. 275）である。それは、自分のありとあらゆるあり方と自分が関わる世界のありとあらゆる様相とが合一していると考えられる連関、つまりその都度の現実的連関に汲み尽くされない可能的な連関であり、「一層無限な連関」である。この「一層無限な連関」を彼は「精神」（ebd. 278）とか「神性 Gottheit」（同）とか「神」（同）と呼ぶ。

けれどもこの「一層無限な連関」は何かその都度の有限な世界の彼方に仰ぎ見られるものではない。そうではなく、それは「現実的な生」に内在する「一層内奥の連関」である。彼は言う。もしも「生の一層無限な連関を規定する一層高い掟」(ebd. 276) があるならば、それは「掟が行使されるところの世界」すなわち「特殊な実例」と「緊密に結び付けられている」(ebd. 277)。

ただし、この特殊な世界に現れる「一層無限な連関」ないし「一層内奥の連関」は、さしあたり個人に現れる「神」である。「各自が自分自身の領域をもち、その領域の中で活動し、その領域を経験している」(ebd. 278) 限り、各自は「自分自身の神」(同) をもつことになる。けれども、他方では、個人は、他の個人がその制約された生活様式に基づいて形成する「神的なものの感じ方や表象」を、「是認することができる」(同)。したがって、そこから自分と他者に共通する「領域」と「共通の神性」をもつ可能性が認められる。彼は言う。「もしもすべての人間が同時にその中に生き、それと共に必要性以上の関係のうちで自分を感じるような領域があるとすれば、その場合には、だがその場合にのみ、彼らのすべてが一つの共通の神性をもつ」(同)。そこには自他のそれぞれの制約を越えた、一つの間主観的な領域がある。

こうして『哲学的書簡の断片』における「一層高い生」とは、まとめると、こうなろう。それは、物理的世界における必然的関係とも道徳的世界における必然的関係とも異なり、各自が感じるところの自分と世界との連関そのものである。ただし有限な主客関係ではなく、それに内在する「一層無限な連関」「一層内奥の連関」つまり宗教的世界である。しかも個人的な宗教的世界にとどまらず、他人と共に「共通の神性」をいだく間主観的領域に極まるものである。けれどもそれは「機械的連関」や「生の必然的な諸関係」を排除した状態であり、まだ後者を含んだ弁証法的行程としては捉えられていない。(12)

2 「一層高い生」の神話的想起

そのような日常的世界の根底にある「一層高い生」はいったいどのように捉えられ、表されうるのだろうか。従来、通常の自然の認識や道徳の理解では把握できないような出来事に出会ったときに、人はそれを例えば神の「摂理」というような「理念や像」(ebd. 275) として「表象し」(同)、受け入れてきたであろう。だがそのように表象される理念や像はいかなる条件のもとで生じうるのであろうか。

そういう理念や像は、ヘルダーリンによれば、たんに思考されるだけの「思想 Gedanke」(ebd. 276) とみなされたり、単に感覚されるだけの「記憶 Gedächtnis」(同) のなかで捉えられたりしてはならない。なぜなら、そもそも宗教的な像は各個人の「根源的な生の性格」を「表現した」(ebd. 280) ものであり、しかも各個人の「生」そのものは、上述のように、「掟」が「特殊な実例」に現れたものだからである。したがって、かの連関は思考であると同時に感覚であるものによってのみ捉えられよう。それは、ヘルダーリンによれば、「自分の来歴を想起する」(ebd. 275) ことを通して「感じる」(同) という仕方に他ならない。そのとき同時に「自分の生を感謝でき、感謝したいと思う」(同) ようになる。つまり、日常生活の個々の瞬間における特殊な実例を通して現れる普遍的なものとしての「生」を、その来歴を通して、そのものとして捉え、それを自分の日常生活の真の根拠として感謝して受け止めるということであろう。そこに「無限な満足」(同) が生じる。しかし、それは「現実的な生の瞬間的静止状態」(同) である。いわば人生の動きが一瞬止まる。しかし、その中で「精神における生」が「続き」(ebd. 276)、「人間の力」は「彼に満足を与えた現実的な生を精神のうちで反復する」(同)。

ただし、この文章の後に次のような興味深い文章が続く。「この精神的反復に固有な完全性と不完全性が、彼を再び現実的な生に駆り立てるまでは」(同)[13]。つまり、「精神における生」「精神的な生」も最終的状態ではなく、その「完全性と不完全性」の故に「現実的な生」に取って代わられる。それでは、この「現実的な生」→「精神的な生」→「現実的な生」という「生」の展開は、何を意味しているのだろうか。そこには「生」を静的な状態としてだけでなく、動的な行程として捉えようとする見方が暗示されているようにも見えるが、その点は明確ではない。想起の意味については次節で『ヒュペリオーン』予稿の中で確認してみることにしよう。

だがその前に想起と関連して注目されるべき点がある。それは、「すべての宗教は本質的には詩的である」(ebd. 281)という命題である。それは、上述のごとく、「一層無限な連関」が普遍的なものと特殊な世界との結合と言われたことから、導き出されている。彼によれば、「宗教的関係」は、「素材にかんしても語り方にかんしても、単に知的でも歴史的でもなく、知的歴史的である、すなわち神話的 mythisch である」(ebd. 280)。けだし、神話においては普遍的な事柄が具体的な人物や神々の行動において象徴的に表現されるからであろう。またかの宗教的世界が、上述のごとく、個人的であると共に万人に共通でもあるとされたことに応じて、各個人がまたすべての者が「神」を「詩的表象において敬い」(同)、「生の祝祭」を「神話的に祝う」(同)とされる。つまり私たちはここに既に、「生」が広義の詩(神話)によって表されるものであり、その限り詩が「生」そのものと同じ特性をもつものであることを、――その点が後にホンブルク時代の詩論で反省される――見て取ることができよう。

二　『ヒュペリオーン』予稿における人間観と「存在」のプラトン的想起

上述のように、ヘルダーリンにおいて「生」の一層高次の連関は単に主観的な道徳的世界でも単に客観的な物理的世界でもなく、主観的なものと客観的なものとの連関、自分と世界との連関、最終的には「共通の神性」を抱く間主観的な領域として規定され、それは思想においても記憶においても捉えられず、想起によって「神話的」に表されるべきであった。しかし、そもそも「生」の一層高次の連関が何故に物理的世界でも道徳的世界でもなく、自分と世界との宗教的連関であり、またそれを「想起する」とはいかなることを意味するのだろうか。それらの点を、当時彼が主に取り組んでいた小説『ヒュペリオーン』の予稿において検討してみることにしよう。

まず、「生」の一層高次の連関が物理的世界と道徳的世界の総合である点について言えば、それは、小説の種々の試作の過程において一貫して認められる彼の人間観、具体的には小説で描かれた青年ヒュペリオーンの人生行路の特性に基づいているように思われる。『ヒュペリオーン、韻文稿散文草案』によれば、人間には二つの対立した衝動が潜んでおり、その両極を転々と動揺せざるをえない。一方は、「自分を自由にし、高貴にし、無限へと進んでいこうとする衝動」(StA. 3, 194)、自然の定めや拘束から脱却し、自律と無限な理想を求める傾向である。他方は、「規定されたい、受容したいという衝動」(同)、自然の助けに依存し、無為で素朴な状態に留まる傾向である。この見方は、イグナチウス・ロヨラの墓碑銘、「最大のものにも圧迫されることなく、最小のものにも喜びを見出す」(ebd. 163) にも認められ、その文言はそのまま『ヒュペリオーン』第一巻の冒頭 (ebd. 4) にも掲げられている。それは、恐らく、シラーの「形式衝動」と「素材衝動」、フィヒテにおける自我の無限な活動と有限な活動、あるいは実践的自我と理論的自我にかんする理論から影響を受けたものであろう。

ただし、ヘルダーリンはフィヒテとは異なり、これら二つの衝動の葛藤にとどまるのではなく、両者を総合した第三の態度、すなわち、自然の助けを感謝と愛をもって受け入れつつ、自分の自由をも見失わない態度を認める。それは、ちょうど「快い風があなたの帆に吹き込んでくる」ときには、風に身を委ねつつ、しかし、それにまったく流されるのでもなく、「舵から手を離さず」(ebd. 205)、自分の進むべき方向を堅持するような態度である。この他者を自分に受け入れる愛は、シラーの「遊戯衝動」を継承するものであろうが、それに尽きるものでもない。愛はむしろプラトンの美のイデアを求めるエロースの働きを意味する。エロースは充溢の父ポロスと欠乏の母ペニアの子供として、しかも美の女神アフロディーテの祝宴の際に産まれたが故に、充溢と欠乏、自立と依存の二つの傾向をあわせもち、美をたえず求める。だがその恋心は、魂がかつて天に飛翔して目の当たりにしていた美のイデアを見失って、地上に転落したことに、しかしそこで或る美しいものに出会ったことをきっかけに、過去の美の体験を想起しようとする魂の働きと解される。

そうだとすると、『哲学的書簡の断片』で言われたように、「生」の一層高次の連関が物理的世界でも道徳的世界でもなく、自分と世界との合一の感じられた連関であるというのは、人間が自律への衝動にも依存への衝動にも満足できず、「愛」において両者の総合を感じることを意味しよう。しかも、この愛は、上述のプラトンの神話によれば、一度見失われたものの、かつて経験されていたものであり、それ故想起の対象である。そうだとすると、上述のように、「一層高い生」が想起によって神話的にしか捉えられないというのも、プラトンの神話におけるエロースによる想起の意味で語られたものと思われる。(14)

ただし、フランクフルト時代では、この連関は「生」というよりも、——まさに、美的プラトン主義の故に、——「美」や「存在」と呼ばれることが多い。例えば、『ヒュペリオーン、最終予稿』の序文では、かの連関と想起は、次のような「存在」をめぐる人間と世界の関係の三段階の展開として捉えられていた。第一に、人間は根源的には「存在」(ebd. 236)と一体であり、その状態は「一にして全」(同)と呼ばれる。第二に、この「存在」は「失われ」、「われわれの自分と世界との抗争」(同)が生じる。或る場合には「われわれ」が「世界」

を支配する。他の場合には、逆に「世界」が「われわれ」を支配する。しかし「われわれの知も行為も」(同)、かの根源的合一をめざすものの、それを取り戻すことはできない。第三に、そもそもわれわれの「知」や「行為」が「合一」をめざすことが可能なのは、「かの無限な合一、かの存在が〔…〕現存しているからである」(ebd. 237)。そのように「知」や「行為」のうちで、いわば不完全な様態で存在するところの「合一」(「存在」)が、そのものとして完全な様態で現れてくるのは、「美」(同)においてである。つまり美の世界において根源的な合一、「存在」が想起される。「美」において想起される人間と世界との根源的合一がここで「存在」と呼ばれたのは、恐らく、美のイデアがプラトンの『パイドロス』において「真の意味においてあるところの存在」[15]と言われたことによろう。

ただし、このような「合一」ないし「存在」の獲得をめぐる三段階の図式は、やや事態を単純化しているようにも思われる。というのは、先の『哲学的書簡の断片』においては、想起によって出現した「無限な満足」において「精神」による「現実的な生」の「反復」が続くものの、やがて「精神的な生」の「完全性と不完全性」の故にふたたび「現実的な生」に転落すると言われていたからである。これはどういうことであろうか。

それは恐らく次のことを意味していたと思われる。確かに愛によって美の世界において根源的な合一ないし「存在」が想起され、再現されうるだろう。人間は愛において、一瞬、地上における時の流れから脱出して永遠の世界に達したと感じるかもしれない。つまり静止状態が訪れよう。しかし、それによって「現実的な生」がなくなってしまう、言わば死ぬわけではない。むしろ「現実的な生」が「一層高い生」の中で捉えなおされた形で存続するだろう。しかし、そのような「現実的な生」を否定しつつ保存した「精神的な生」は「完全性」と同時に「不完全性」という面をもっていよう。というのは、愛が一つの人間的経験という面をもつ限り、愛もかの知や行為と並ぶ一つの有限な態度でしかなく、したがって永遠に持続するものではないからである。もちろん、「存在」が具体的に現れるのは、有限な状況において以外ではありえない。それは或る時、或る場所で、或る人たちの許で起きる個別的出来事としての愛である。そうでなければ、愛はまったく抽象的で空虚な概念でしかないだろう。しかし、まさにそれが有限な状況での出来事であるが故に、「存在」の本質的意味(「無限な連関」)に照らして、やはり不完全であらざるをえない。そこで「精神的な生」は「現実的な生」に転換せざるをえなくなる。

したがって、想起によって「美」として捉えられる「存在」は、単に「現実的な生」を排除した状態のみではなく、それを含んだ或る展開として見られるべきであろう。このような「現実的な生」から、その瞬間的静止状態を介して「精神的な生」へ、さらに再び「現実的な生」へという展開は、おそらく『ヒュペリオーン』の筋を予想したものと思われる。われわれは次に、この小説のうちでヒュペリオーンによる「存在」の想起、生の展開がどのように描かれているかを見てみることにしよう。

三 『ヒュペリオーン』における「存在」の想起

1 諸想起の想起という形式における「存在」の想起

『ヒュペリオーン』における「存在」の想起においてまず注目されるべきは、この小説がヒュペリオーンから友人ベラルミンや恋人ディオティーマへの書簡の連なりにおいて、その都度の過去の想起という形式で描かれており、全体としてヒュペリオーンによる彼の人生行路の回顧談となっていることである。既に、第一巻の出だしの叙述がそのことを示している。そこではこう言われる。「愛する祖国の地は、私に再び喜びと悩みをあたえてくれる」(ebd. 7)。「ああ、私は行為しなければ良かったのだ」、「私の愛する人たちは遠くに離れ、また亡くなってしまった。その人たちのことを伝えてくれる声は、私にはもはや聞こえてこない。この世の私の事業は終わった。私は意欲に充ちて仕事に赴き、その仕事のために血を流した。だが世界を一文も富ませはしなかった。名も無く一人で私は帰ってきて、墓地のように散らかった私の祖国をさまよっている」(ebd. 8)。つまり、『ヒュペリオーン』における語り手ヒュペリオーンは、これから第一巻と第二巻を通して叙述されるであろう事柄(「この世のわたしの事業」)が既にすべて「終わった」現在の時点に立っている。しかも当の事柄が始まったところの「愛する祖国の地」に戻り、そこから彼は「過ぎさった日」の「思い出」(ebd. 10)を語ろうとしている。したがって、読者はこれによって、最初から、「一層高い生」は「想起」によってのみ表されうるという、上述のヘルダーリンの考え方を予感させられることになるだろう。

こうして現在の時点から過去が想起される。その際、過去から現在に到る人生の行路の時間系列に従って、その時々の時点において、その都度、過去の或る局面が振り返られる。つまり、小説全体は小さな出来事に対する想起の積み重ねである。それは全体として言わば諸想起の想起をなしている。

しかもさらに注目されるべきは、それらを通して想起される出来事の連なりそのものを通して、まさに「存在」が想起されていることである。(16) つまり小説における想起の対象そのものが「存在」の想起である。というのは、種々の手紙(＝想起)の連なりを通して、ヒュペリオーンが世界に対する様々な態度、すなわち自律への衝動や依存への衝動に傾き、その都度挫折した後で、アダマス、アラバンダ、そして最終的にはディオティーマへの愛によって、ついに彼が求めていた根源的で永続的に存在するものを経験し、想起するようになることが示されるからである。彼はディオティーマとの出会いによって「存在」を確信し、また彼女との別れた後もそれを期待し続ける。

「私は一度それを見たのだ。私の魂が求めていた唯一のものを。私たちが星のかなたに遠ざけ、時間の終末まで引き延ばしていた完成を、私は現実に感知したのだ。最高のもの、それはあったのだ。人間と事物のこの世界のうちにあったのだ！ それがどこにあるかを、私はもはや問うまい。それはこの世界に存在していたのだ。だからこの世界にふたたび帰ってくることもありうるのだ。今は世界のうちでただ隠れているだけなのだ」(ebd. 52)。

このことはディオティーマの言葉を通して「一層美しい世界」の想起として語られていた。「あなたが捜し求めているものは、［…］あったのです。それはあるのです。あなたのうちにあるのです！ あなたの求めるより良い時代、一層美しい世界はあるのです」(ebd. 67)。「アダマスのうちでその世界はあなたの前に立ち現れたのでした。またアダマスと共にその世界は消えていったのです。アラバンダのうちにその世界の光は二度目にあなたに現れました」(同)。「あなたは人間を求めていたのではありません。あなたは一つの世界を求めていたと、私には思われます」(同)。

この「一層美しい世界」とは、まさに『哲学的書簡の断片』で言われた自分と世界との「一層無限な連関」、「共通の神性」をいだく間主観的な領域、すなわち「一層高い生」に他ならないであろう。

2 想起としての「生」

実際、このような美的プラトン主義的な想起の意味でまさに「生」が語られるようになる。つまり、「生」の連関は想起によって捉えられる静的な状態というより、今や「生」自身が想起の過程を意味するようになる。こうして彼は例えば「大地の生」(ebd. 53) を次のように「太陽」との合一→分裂→再合一の行程において示そうとする。

「大地は太陽神の半身で、初めはたぶん太陽と緊密に結びついていたのでしょうが、やがてすべてを支配する運命によって太陽から隔てられ、そのためにますます恋こがれ、太陽を求め、近づき、また遠ざかり、喜びと悲しみのうちに最高の美に成熟してゆくのです」(ebd. 54)。

したがって、「人間の心の展開」もこのような自然における「生」の行程との類比において捉えられる。彼は言う。「およそ世界の生が展開と閉鎖、巣立ちと自分自身への帰還の交替から成り立っているとすれば、人間の心もそうでないことがあろうか」(ebd. 38)。実際、ヒュペリオーンの心の変化は、しばしば、季節の変化と重ねあわされている。[17] とりわけ、自然が死から再生へと転換する「春」は、一度衰退した彼の心が癒え、蘇えるところの大いなる機会である。

「大空の眼に、そして大地の胸に、春が帰ってくるとき、誰が愛と偉大な行為の喜びにあこがれないでいようか。私は、病床から起き上がるように、静かにゆっくりと身を起こした」(ebd. 43)。

また、「春の兄弟」と呼ばれる「秋」も、「愛の悩みと過ぎ去った喜びの思い出とを祝福する季節」(ebd. 93) として、その恵みは——冬枯れに向かう木の葉、澄み渡った空、渡り鳥、木漏れ日など、——「しばしば、深い悩みに沈む私を一日で癒し、不興と不安から私の魂を浄めてくれた」(ebd. 93)。

人間が「一層高い生」を経験できる至福の境地は、したがって、人間が自然と一体になる瞬間においてである。そのような自然との一体感は、とりわけ、小説の最初と最後の箇所で印象的な詩句でもって語られる。まず冒頭で、「一切のものと一つになること」としての「神性の生」が三重に畳み掛けられて、高調されてゆく。「一切のものと一つになること、それが神性の生である。それが人間の天国である」、「生きとし生ける一切のものと一つになること、おのれを忘れて至福のうちに自然の一切のなかへ帰ってゆくこと、それは思いと喜びの頂点である」、「生きとし生ける一切のものと一つになること！ この言葉と共に、徳はその峻厳な装いを、人間の精神はその王笏を捨てる。そして、すべての思いは、永遠に一なる世界の姿を前にして消えてゆく」(ebd. 9)。

しかし、私が「私を取り巻くものから私を区別することを学ぶ」(同) やいなや、分別と共にたちまち「神性の生」「永遠に一なる世界」は消え去り、人間は「孤独」になり、「自然」に対して「異邦人」(同) のようにたたずむ。このような「生」における分裂は、しかし、上述のように、その中で試みられる種々の再合一の営みの後、ディオティーマとの愛によって根本的に克服され、「一層美しい世界」が想起され、「生」の根源的合一が取り戻されるように見えた。けれども、この「一層美しい世界」の経験も一時のものでしかない。第一巻の終わりにおいて言わば「生」の再分裂の必然性が語られるようになる。それは、「一層美しい世界」が元来過去の様々な「より良い時代のすべての精神たちの精神、英雄たちのすべての力の泉」(ebd. 67) として、有限な営みを通した無限な連関において捉えられるべきものであるにも拘わらず、それを「一人の人間」(同) のもとでの「一つの幸福な瞬間」(同) という、有限な器において盛ろうとしたことの故に生じる。それ故に、ヒュペリオーンは繰り返し失望し、挫折することになる。「二度もと、あなたはおっしゃるのですか。ああ、あなたは一日のうち七十回も天から地へと投げ出されることでしょう」(同)。

こうしてヒュペリオーンはディオティーマとの愛によって、一時至福の世界を経験したにも拘わらず、それがまさに「一人の人間」に対する「一つの幸福な瞬間」における愛であるが故に、そこから立ち去らざるをえなくなる。「生きるということは私たちを愛の季節から駆り立てます」(ebd. 87)。彼は「愛の天国」から抜け出て、「死せる者の世界に降りる」(ebd. 88) ことをよぎなくされる。

第二巻では、「すべては各人のため、各人はすべてのため」(ebd. 112) という理想の共同体をめざしたすべての行為が挫折し、その罰をこうむる運命が語られる。「人間界の夢」がすべて潰えた廃墟の中で、最後に、第一巻の冒頭と同様に、「自然」のうちで「一切のものと一つになる」ことに救いが求められる。

「私は人間界の夢を見尽くしてしまった。そして今、自然よ、あなただけが生きていると言おう」。「人間たちは腐った果実のように、あなたから落ちる。おお、彼らが落ちてゆくのにまかせるがよい。そうすれば、彼らはあなたの根に戻ってゆくだろう。そして私は、おお、生の樹よ、私はふたたびあなたと共に芽ばえ、あなたの梢のまわりに息づくことだろう」(ebd. 159)。「血管は心臓で別れて、また心臓へ帰る。そして一切は、一なる永遠の灼熱した生なのだ」(ebd. 160)。

こうして「生」は、単に自分と世界との合一の静的状態にとどまらず、「一なる永遠の灼熱した生」として、人間と自然との合一、分裂、再合一、再分裂、再々合一……という絶えざる循環の行程に他ならない。その意味で、「生」はそれ自身を繰り返し想起するものと言えよう。「生」はそのように千変万化を通して不壊のものであり、想起である限り、一方で「生」の特定の状態のみを感覚によって捉えることも、他方で「生」の普遍的持続的なもののみを概念的に捉えることも、不十分であることになろう。「生」の真理は、その千変万化を通した不壊のものを想起することによってしか、呈示しえないだろう。そのような想起が詩の営みに他ならない。したがって、詩は想起という本質をもった「生」を、それに相応しく想起という形式で、——ここでは、諸想起の想起という形式で表現するものである。その意味で、既にここには、詩の行程が「生」や人間一般の行程と同じものだということが、事柄としては成り立っている。

ただし、「生」を詩的に想起するといっても、第一巻のクライマックスであるディオティーマへの愛における想起と、第二巻の最後において自然との合一に立ち返る場面での想起とでは、かなり様相が異なっている。(18) 想起は、前者では、「一層美しい世界」が現実に甦ったという、喜ばしい確信に彩られていたのに対して、後者では「一層美しい世界」は、現実にはもはや復活不可能であるという悲しみに満ちた断念のなかで、それにも拘わらずいつの日か甦るはずだという可能性の期待において語られているにすぎない。概して、第一巻では、自然の展開と人間の魂の展開との類比が楽観的に語られたのに対して、第二巻では生き続ける自然と朽ちゆく人間との違いが浮き彫りにされる。第二巻の中の「運命の歌」では、「天上の精霊たち」の安らかな「永久」の「息づき」に対して、「悩みを負う人間たち」の「消えゆく」「定め」が対比される。

「運命も無く、寝入っている／赤子のように、天上の精霊たちは息づいている／
けがれなく　守られて／つつましい蕾のうちに／永久に、花咲いている／
おんみらに、精神が／そしてその安らかな眼は／静かに眺めている／
永久の明るみのなかで。だが私たちは定められている／
どこにも足を休めることができないように／
消えてゆく、落ちてゆく／悩みを負う人間たちは、／
盲目的に、ひと時から／またひと時へと／
水が岩から／岩に、なげうたれ／はては、知られざるものになるように」(ebd. 143)

このように人間の悲劇性が凝視されている限り、第二巻での結末（それはヒュペリオーンの出来事が語られ始めた第一巻の冒頭の場面に立ち戻ることに他ならない）は、むしろ人間の「一層美しい世界」の再生が現実には不可能だという確認のもとで、その再生の可能性を小説のうちで想起という形式でのみ確保しようとしたものとも言えよう。[19] 換言すれば、「一層美しい世界」そのものが再生されているのではなく、――それは今では「隠れている」、――ただ再生の「こだま」が小説の中で響いているのである。しかしまたそうであるからこそ、人は来るべき再生を待ちつつ、悲惨な現実に耐えうるのかもしれない。

あるいはむしろ、いったん「神性の生」を実際に享受し、しかる後それを失い、来るべき再生を期待するという、この二段階の展開こそが、有限な人間が「神性の生」を守りうる最良の仕方であるのかもしれない。というのは、第一に、一度「神性の生」が地上に現れたということは、「生」の想起的な本質からして、それが再度現れうることを確信せしめるからである。第二に、しかし「神性の生」の経験が持続しないことは、むしろそれを人間の有限な器によって損なわせしめず、[20] ――それが「隠れている」中で、[21] ――純粋に守りうることを意味するだろうからである。そうだとすると、人間が幸福な神的瞬間にとどまらず、没落してゆくこと、生きとし生けるもの一切との合一から離脱していく行程は、むしろ逆に「神性の生」の再来の可能性を保持することになろう。

ところで、『哲学的書簡の断片』では、「一層高い生」は「現実的な生」（物理的世界と道徳的世界）を排除し、自分と世界の合一した静的状態にとどまっていた。『ヒュペリオーン』第一巻でも、人間が「生きとし生けるものと一体であること」は、彼が分別によって自然と分裂することと対立して捉えられていた。しかし今や第二巻では、合一が分裂を、永遠の「生」が変化と没落を自己の本質的契機として含むことが認められるようになる。このような「生」の弁証法的本質はホンブルク時代の詩論のなかで一層強調されるようになるだろう。

（1） 高橋輝暁「言語のミュトス的機能の交響――ヘルダーリンの小説『ヒュペリオーン』を文芸学的に読む」（『シェリング年報』第十号、二〇〇二年）参照。

（2） Vgl. M. Corsen, Der Wechsel der Tönen, in: *Hölderelin-Jahrbuch Jg. 1951* , S. 49.

（3） Vgl. W. Binder, Hölderlins Dichtung. Homburg 1799, in: *Hölderlin-Jahrbuch Bd. 19/20 (1975/1977)*, S. 77.

（4） 手塚富雄氏によれば、ヘルダーリンは生来「現前の自然の姿を「全」なるものの相において感じ」、その故に、「彼の詩心は最初から哲学性をおびて」いた（手塚富雄著作集、第一巻『『ヘルダーリン』（上）』中央公論社、一九八〇年、四四六頁）。ただし、「全」なるものないし「神的なもの」は、詩の対象であるだけでなく、――ライアンが言うように、むしろ詩自身が「神的なものの自己展開」に属するという意味で、――「詩作の構造契機」をなしていよう。Vgl. L. Ryan, Hölderlins Dichtungsbegriff, in: *Hölderlin-Jahrbuch Bd. 12 (1961/1962)*, S. 21.

（5） 仲正昌樹氏によれば、ヘルダーリンは根源そのものの単純な再現が不可能であることを承知して、「〈根源〉についての意識」のみを試みたという。しかし、ヘルダーリンは根源が現実に復活しうる可能性をまったく否定したのではない。その復活の可能性を確信しつつ、――プラトン的「想起」の意味はまさにそこにある、――当面は詩による根源の想起（「こだま」）を通して根源をその隠れた相のもとで守ることで凌ぎつつ、復活を待望したというべきだろう。仲正昌樹『〈隠れたる神〉の痕跡　ドイツ近代の成立とヘルダリン』（世界書院、二〇〇〇年）九七頁、二七六頁参照。

（6） Vgl. StA. 4-1, 379, 381（F. Beissner の解説）. M. Corsen, op. cit., S. 22.

（7） Vgl. D. Henrich, *Grund im Bewußtsein. Untersuchungen zu Hölderlins Denken (1794-1795)*, Stuttgart 1992, S. 206.

（8） Vgl. C. Jamme, *"Ein ungelehrtes Buch" Die philosophische Gemeinschaft zwischen Hölderlin und Hegel in Frankfurt 1797-1800*, Bonn 1983, S. 155, 163.

（9） Vgl. W. Binder, op. cit., S. 77.

（10） Vgl. F. Strack, Das Systemprogramm und kein Ende. Zu Hölderlins philosophischer Entwicklung in den Jahren 1795/96 und zu seiner Schellingkontroverse, in: *Hegel-Studien. Beiheft 9*, (1973), S. 146; C. Jamme, op. cit., S. 162; V. L. Waibel, *Hölderlin und Fichte 1794-1800*, Paderborn 2000, S. 333.

（11） 本書序論、第Ⅰ部第一章、第Ⅱ部第二章参照。

(12) Vgl. C. Jamme/ F. Vökel (Hg.), *Hölderlin und der deutsche Idealismus Bd. 3*, Stuttgart-Bad Cannstadt 2003, S. 7.

(13) ただしクロイツァー編のテキストではこの箇所が欠けている。Vgl. J. Ch. F. Hölderlin, *Theoretische Schriften*, hg. v. J. Kreuzer, Hamburg 1998, S. 12.

(14) 本書第Ⅲ部第二章参照。ヘルダーリンにおける美的プラトン主義については、K. Düsing, Ästhetischer Platonismus bei Hölderlin und Hegel, in O. Pöggeler/C. Jamme (Hg.), *Homburg vor der Höhe in der deutschen Geistesgeschichte*. Stuttgart 1981 参照。［デュージング「ヘルダーリンとヘーゲルにおける美的プラトン主義」：ペゲラー／ヤメ編『ヘーゲル、ヘルダーリンとその仲間。ドイツ精神史におけるホンブルク』久保陽一訳（公論社、一九八五年）所収］

(15) Vg. Plato, *Phaidoros*, 247c.

(16) バッヒマイアーは、手紙が「想起の形式で想起を主題としている」と解し、さらに「想起」の次の三つの面を分析している。（1）それぞれの手紙において「もろもろの想起」が交替してゆく。（2）それぞれの手紙は、そこで「表現された諸想起の無差別点」であると共に、他のすべての手紙に対して「否定の関係」にある。（3）小説全体が「諸手紙という諸想起形態の絶対的無差別点」をなし、「全体的想起の形式」である。Vgl. H. Bachmaier, Hölderlins Erinnerungsbegriff in der Homburger Zeit, in: O. Pöggeler/ C. Jamme (Hg.) op. cit., (註14), S. 141, 144.

(17) Vgl. H. Bachmaier, op. cit., S. 140.

(18) Vgl. F. Strack, "Freie Wahl" oder „Willkür des Zevs", in: *Hölderlin-Jahrbuch 19/20 (1975/1977)*, S. 225.

(19) Vgl. F. Strack, op. cit., S. 227, C. Jamme. op. cit., (註8) S. 324.

(20) ライアンによれば、ヘルダーリンにおいて「神的現前」の目印は「瞬間性」と「非連続性」（「空隙」）にある。Vgl. L. Ryan, op. cit., S. 23-26. 例えば、『ヒュペリオーン』第一巻において、ヒュペリオーンとディオティーマが結ばれた場面において、「ここに私の現実存在における空隙 eine Lücke が生じている。私は死んだ」（StA. 3, 72）という表現が見られる。

(21) Vgl. W. Binder, op. cit., S. 82ff.

第四章　ヘルダーリンにおける「生の認識」

前章で見たように、ヘルダーリンにおいて「生」ないし「一層高い生」という概念は、まず『哲学的書簡の断片』において、客観的物理的世界のみでも主観的道徳的世界のみでもなく、両者の連関を意味するものであった。それは各個人が感じる「自分」と「世界」との「関係」、しかも特定の関係ではなく「一層無限な連関」であり、「神性」とも呼ばれた。ただし、この「神性」は個人的な境地にとどまらず、「共通の神性」として間主観的領域に極まるものでもある。しかし、そういうものとして、「現実の生」という日常的世界を乗り越えた状態であった。しかし『ヒュペリオーン』第二巻において「生」は日常的世界を乗り越えた状態にとどまらず、自分と世界との合一、分裂、再合一、再々分裂、再々合一……という循環過程を含むものとして捉えられるようになった。しかもこの「生」の展開は、それに相応しい「想起」という形式で提示され、表現されるべきであった。

そのように世界の真相が力動的な「生」であり、それを表現する「詩」自身も想起的な「生」の形式でなければならないということ、このことが、やがて第一次ホンブルク時代（一七九八—一八〇〇年）の詩論で自覚され、定式化されるようになる。そこで本章では、この時期に書かれた詩論的な諸断片、とりわけ『詩的精神のとるべき方法』、『言語と表現のための注意書き』、『エンペドクレスの根底』を取り上げ、「生」と「詩」にかんするヘルダーリンの考察を取り上げることにしたい。ただ、これらのテキストの性格はきわめて多義的であり、一方で人生論的および反省哲学的意味において哲学的であると共に、他方で美学的ないし詩論的であり、更には歴史哲学的であったりもして、種々の思索が入り混じっている。けれどもそれらを通観してみると、「生の認識」とでも呼べる共通のモチーフが認められる。しかもそれは一方で当初の合一哲学的な考え方を反省し根拠づけると共に、他方でその欠陥や一面性を克服するという意味を含んでいる。つまり、かつてのように親密なものの「合一」の感情のみでなく、むしろ「対立」を通した自己と世界の連関すなわち「生」の「認識」が問われている。しかも「生の認識」というモチーフは、同じ頃のフィヒテやヤコービ、更にはヘーゲルの「生」と「認識」をめぐる哲学的思索と共通するものでもあり、あるいはむしろヘーゲルのイェーナ時代の弁証法的思考を先取りしている点もあるように思われる。このような点はこれまでの研究では必ずしも充分に明らかにされてこなかった。(1) 以下では、このヘルダーリンの詩論における「生の認識」のモチーフがいかなるものであり（一～三）、それがいかなる事情のもとで求められるようになり（四）、更にいかに表現されたかを（五）見てみることにする。

一　「生」の行程と「詩」の行程——「感情」から「認識」へ

ヘルダーリンは断片『詩的精神の取るべき方法』の中の『表現と言語のための注意書き』という断片において、「生」と「詩」の連関について取り上げ、「生一般の行程と定め」（StA. 4-1, 262）(2) また「人間一般の行程と定め」（263）と「同じこと」が「詩の行程と定め」（同）に認められると述べている。また断片『エンペドクレスの根底』ではこの過程について、「生」は「感情のなかにある」（152）だけでなく「認識されるべきである」（同）というようにも述べられている。そこで、この「生」の「行程と定め」と「詩」の「行程と定め」との連関、後者における「生」の「感情」から「認識」への展開がいかなるものであり、それがいかなる意味で求められたかを見てみることにしよう。

まず、断片『表現と言語のための注意書き』において、そもそも「生一般」と「人間一般」の過程がいかなるものとして捉えられたかを見てみることにする。それは「生」ないし「人間」が（1）「根源的な幼児状態」(263)から出発し、（2）「対立する諸々の試み」(同)を経て、（3）自己を「無限な生の内の無限な精神として」(同)感じることによって、「根源的幼児状態」の「こだま」(同)に昇華し、そこではじめて「本来的に生きることを開始する」(同)に到る三段階の過程である。

この「生」ないし「人間」の三段階の「行程と定め」と同じものが「詩の行程と定め」に、すなわち詩人が「認識」と呼ばれる詩想を獲得していくプロセスに見出される。①最初に、詩人の心はまだ「生」の「未反省な純粋な感情」(261)にとどまっている。②次に、詩人は「内省」(同)を行ない、「分離状態」(同)のうちで、「努力」(同)して「自己」(同)を取り戻し、見出そうとする。③最後に、この内省状態にある「自己自身」を「乗り越え」(同)、それによって「全体的な無限性のうちで」「自己を再び見出し」、「自己の内的生および外的生の全体をわがものにし、認識する」(同)にいたる。この最後の「認識」の段階において最初の「根源的な生き生きとした感情」の「こだま」(同)が感じられる。そのように「生」の「認識」を得て初めて、「言葉を予感する」(同)。逆に詩的な「言葉」はたえず「生」の「認識を想起する」(同)のでなければならない。

もとよりヘルダーリンにおいて人生の三段階的展開というモチーフはこれまでも繰り返し述べられてきた。既に『断片ヒュペリオーン』(一七九四年一一月)において「二つの理想」(StA. 3, 182)が語られていた。一方の「理想」は「この上もない素朴という状態」(同)であり、人為的な努力なしに、自然に、「私たちの欲求が、私たち自身、私たちの力、また私たちと関わりあっているすべてのもの」と「調和している」（同）、幼児のような素朴な状態である。他方の「理想」は、「この上もない陶冶の状態」（同）であり、人為的な努力によって、前の場合と同じような調和に達する、大人の成熟した状態である。そして両者の中間に、失われた根源的合一を取り戻そうと努力しつつもそれを果たせない、いわば青年時代の種々の一面的な試みが行なわれると見られた。同様な三段階の図式は『ヒュペリオーン』最終予稿序文にも、自己と世界の合一―分裂―再合一の過程として認められた。

一見したところ、この人生の三段階の展開がそのまま今や、上述の詩論において詩人における詩想の獲得の過程として捉えられるようになったように見える。確かに『断片ヒュペリオーン』において「この上ない素朴」とよばれた状態は、ここでも第一段階の「根源的幼児状態」に照応すると言ってよいだろう。それは、詩人が自己を無邪気に「生」の「制限された無限性の中にあると感じている」（StA. 4-1, 262）、「幸運」（同）な状態である。しかし『断片ヒュペリオーン』において「この上ない教養」と呼ばれた状態は、ここではむしろ第二段階において「精神の獲得された素朴」（同）――そこでは、かの根源的な「感情」が「理想」（同）となっている――と呼ばれる状態に対応しているように思われる。ちなみに、この第一段階の「幸運」は、シラーが『素朴な文学と感傷的な文学』において「自然である」「素朴な詩人」と呼んだ類型に相当し、第二段階の「理想」は、「自然」をもはや「自己のうち」に見出せず、「自然」を「自己の外に存する」ものとして、「自然を求める」ところの「感傷的な詩人」と分類した類型に相当するだろう。(3) それに対して、ヘルダーリンは真の完成された詩人を、「素朴な詩人」でも「感傷的な詩人」でもなく、「自己」を「乗り越えて」（261）、「生」を自己の内と外に存するものと感じる者とみなす。その限り、ヘルダーリンはシラーの文学類型論を克服し、新たな詩人像を提示しようとしている。

二 「合一と対立との統一」の把握――詩的精神の自己認識

それでは、『言語と表現のための注意書き』で述べられた詩人の形成過程は、『断片ヒュペリオーン』の場合とは違ってどのような意味で説かれているのだろうか。その点で注目すべきは、『言語と表現のための注意書き』の冒頭で、「言語」は「先に問題とされた認識」と「同じようなものではないか」(260)と述べられていることである。ここで「先に問題にされた認識」とは、この断片に先立つ『詩的精神の取るべき方法』の中で、「認識においては調和するものが統一として含まれ、また逆でもあり、そして認識は三重のものである」(同)とされたことである。ここでかの三段階的展開との関連で注目されるのは、とりわけ「認識は三重のものである」という点である。それは、実はヘルダーリンが『詩的精神の取るべき方法』において、「詩的な性格」(251)、「詩的な自我」(252)、「詩的精神」(250)あるいは「根源的に詩的な個体性」(252)を「把握すること aufzufassen」(同)にかんする論述から出てきた結論と思われる。つまり、かの詩的言語の獲得をめぐる三段階の展開は、「詩的な自我」の「把握」をめぐる考察の結論に他ならない。

その考察において注目すべきは、ヘルダーリンがフィヒテ的な自我の自己認識のアポリアを認め、それを克服しようとしたことである。しかも、それが、既にヘーゲルの『一八〇〇年体系断片』における「生」の把握と殆ど同様である、あるいはむしろ、「生」の「感情」のみならず「認識」を提示する点で――ヘーゲルはそこではまだ宗教にとどまり、哲学における「生」の「認識」にいたっていなかった――一歩先んじていることである。(4)

それはどういう議論であるのか。もとより『詩的精神の取るべき方法』の論述はきわめて晦渋である。彼は

「詩的な精神」について様々に錯綜した面を述べ、あるいは一つの面をめぐって試行錯誤を繰り返している。加えて、一つの文の中で幾重にも副文が重ねられていて、その全体の意味を汲み取るのはきわめて困難である。しかし、ここではこの断片全体の内容ではなく、「詩的精神」の「把握」という点に絞って彼の論述に立ち入ってみることにする。

ヘルダーリンによれば、「詩的精神」は、単純な「情調」(247)にあるのでなく、互いに「対立する」(同)種々の情調の「交替」(同)においてあるが、その交替を通して「調和しているもの」(同)でなければならない。人間の精神は「一なるもの」(250)であることと「対立物の交替」(251)とが「統一」(同)のうちにあって初めて、「詩的」(同)と言える。その「統一」を与えるものは「想起」(同)である。「想起」によって人間精神は種々の個別的瞬間の経過のうちで「継続的」(同)であることができる。「想起」による、過ぎ去った対立的諸情調の統一の達成の「感覚」(同)において、「無限なものの現前化」(同)が生じている(5)。それは「神的な瞬間」(同)とも呼ばれ、そこに「詩的な性格」「詩的な個体性」が成立している。そこで問題は、この「無限なもの」が「現前化」するところの詩人の「感覚」「詩的な性格」を、いかに「捉える」(252)かである。

だがそのことは、まさにヘーゲルが『一八〇〇年体系断片』で直面したのと同様なアポリアに取り組むことに他ならない。すなわち「生」を捉える際に、それは「反省」によって一面的に「結合」としても「非結合」としても捉えてはならず、全面的に「結合と非結合との結合」として捉えるべきだと言われた、その問題に取り組むことに他ならない。ヘルダーリンによれば、「合一 Einigkeit と対立 Entgegensetzung とが統一 Einheit のうちで不可分離に結び付けられている」(252)。そういう「統一」をいかに詩人が把握するかが問題である。まず、この「統一」は「反省にとって[…]現れることはできない」(同)。というのは「反省」が「統一」を捉えようとすると、「統一」は「死んだ、死をもたらす統一、無限に実定的なもの」(同)となり、「無限な静止状態」(同)として現れるにすぎなくなるからである。「反省」は、「一にして生命的なもの、調和的で交替して作用する生」(同)を取り損なってしまうことになる。

それにも拘わらず、ヘルダーリンは「合一と対立との統一」としての「生」を、詩人が「把握する」必要性を説く。なぜなら、「詩人が自分の仕事のうちにあるもの」は、「すべて自由によってあるべき」(同)なので、詩人は「自分の個体性をも自ら確信しているのでなければならない」(同)からである。ここには、「生」を哲学的に再構成することによって、「生」を自我の自覚的な営みにもたらそうとした、フィヒテの「生と認識」の考え方との類似性が認められよう。(6) ヘルダーリンはかの「詩的な性格」を自覚的に実現するべく、それを「把握する」道を探ることになる。

この詩的な性格の把握は、ヘルダーリンによれば、「日常的な生の幼児状態」(257)においては「世界と一体である」(同)ため、不可能である。したがって、「世界と一体である」状態から抜け出し、「自分を自己自身から区別しようとせねばならない」(同)。自我は、認識する自我と認識される自我とに分かれることによって、初めて「自己」を「認識する」(同)ことができる。けれども、そうなると、そこで認識される「自己」は、「受動的統一」(256)というありさまで現れるにすぎず、自我における「統一の実在性」「能動性」(同)を廃棄してしまい、自我の「能動的同一性」(同)が認められなくなる。逆に、「自己」を「能動的統一として定立し、認識し」(同)、対象としての自己と「区別すること」を「欺瞞や恣意」(253)とみなすとなると、今度は「区別の実在性、認識の実在性」(256)を廃棄し、およそ「認識すること」そのものが成り立たなくなる。自我が自分の中でのみ自己を把握しようとすると、自己は死せる客観に変質してしまい、逆に自我とそういう自己との対立を廃棄しようとすると、およそ認識することそのものが成立しなくなる。

だが、自我が自己自身とのみ関わるような自己認識にまつわる、このようなアポリアは、われわれが第一章で見たような、ヘルダーリンが一七九四—九五年にフィヒテの自我哲学に対して抱いた疑念に由来すると思われる。前者のアポリアは『判断と存在』におけるフィヒテ批判に照応するだろう。すなわち、フィヒテの「自我は自我である」という「判断」は、主観としての自我と客観としての自我を区別した上で、両者の間に「同一性」を認める形式を取っている。その限り、主観としての自我と客観としての自我との「根源的分割」を前提しており、主観と客観との真の「合一」すなわち「存在」を意味していない。他方、後者のアポリアは、一七九五年一月二六日にヘーゲルに宛てた手紙におけるフィヒテ批判に由来するだろう。すなわち、フィヒテの「絶対的自我」は、有限的自我と異なって自らに対立する「対象」をもたない。したがって、それは「私にとって」は「無」である。(7)

ただ、その当時は、フィヒテ的自我に対置される「合一」ないし「存在」は、「知的直観」において捉えられるといわれるのみであり、その「合一」ないし「存在」をいかに「認識する」かは、まだ問題とされていなかった。今やヘルダーリンはこの問題に真正面から取り組むようになる。そして、結局、フィヒテ的な自我の「単独存在 Alleinsein」(255)の呪縛から抜け出すことの中で、なお「自己」を保持する仕方に問題の解決を求めようとする。

その解決は「外的な客観」との関連のうちに見出される。彼は言う。「詩的精神が自己の個体性を自己自身によってまた自己自身においては認識できない」(252)ので、そこで「或る外的な客観を必要とする」(同)。詩的精神の真の自己認識は自我と「外的な客観」との関係において成立する。それは、「自我」が「或る客観を自由に選択し、そしてこの客観からまったくふさわしく規定されると共に、規定するようになる」(254)状態である。

この状態において、一方で自我が自己から「抜け出す」限り、「自己」を「反省することができる」(257)。他方で自我がまったく外的な客観に規定され、もっぱら受動的になるのではなく、外的な客観を規定し、「自由に選択する」限り、能動的統一でもある。つまり、自我は自己の能動性を失わない形で、同時に反省されるものともなっている。これは、換言すれば、二つの極端な依存の関係、外界への依存と自己への依存との同時的止揚とも言える。それは、人間が一方で「余りに外界に依存しすぎて外界から抜け出せない」(257)のでも、他方で「余りに自己に依存しすぎて自己から抜け出せない」(同)のでもなく、外界からも自己からも抜け出しつつ、「自我」と「調和的に対立した生harmonischentgegengesetzte[s] Leben」(254)とが相互に帰入しあう状態である。そこでは、「自我」が「調和的に対立した生」のうちで「統一として認識されうる」(同)と同時に、「調和的に対立した生」が「自我、すなわち純粋な(詩的)個体性」のうちで「統一として認識されうる」(同)。自我が自分のうちで世界を認識していると同時に、自分自身をその世界のうちで認識している。

ここに上述の「生」の把握の問題が解決されたことになろう。つまり、「詩的な性格」ないし「合一と対立との統一」としての「生」を「把握する」ことは、自我の主観主義的な自己反省によってではなく、「自我」と自我によって選択された「外的な客観」との相互帰入によって可能になる。そこに詩人の自己認識であると同時に世界認識である境地が成立する。だがこの境地は何か突如として生じるのではなく、「外界に依存しすぎる」幼児的な感情から、「自我に依存しすぎる」青年の反省を経た、その結果として生じる。

しかもこれをヘルダーリンは取り分けて詩的性格の認識の意味においてだけでなく、一般に「人間存在の真の自由」(257)とも「人間の使命」(259)ともみなしている。すなわち、「人間の使命」とは、「人間が自己を神的——調和的に対立するもののうちに含まれている統一として認め、また逆に神的なもの、唯一なもの、調和的に対立したものを自己のうちで含まれた統一として、認識する」(259)ことである。換言すれば、人間の真のあり方は詩人のあり方に他ならない。

三　詩人の言葉

こうして、『言語表現のための注意書き』における「生」の展開に照応する「詩」の過程が、『詩的精神の取るべき方法』における上述のような「詩的性格」の「認識」をめぐる考察から出てきたことを確認できよう。このような詩人の自己—世界—認識を、彼はここで「新たな反省」(263)とも呼ぶ。それは、先の第二段階における「解体したり、普遍化したり、分割したり、形成する」(261)反省が、「心からうばったものを、すべて心に返却し」(263)、「失われた生を一層美しく呼び起こす」(261)、そういう「生を惹き起こす営み belebende Kunst」である。そしてこの「生」の「新たな反省」が「言葉を予感する」。詩人の精神のこの状態から、初めて詩人の「言葉」が出てくるはずである。その限り、この認識は「創造的反省」(263)とも呼ばれる。「この創造的反省の所産が言葉である」(同)。世界の中の様々な現象、「自然や人為」(264)は、それがかの自己—世界—認識なる「新たな反省」の構造的連関の中に置かれる限りで、言い換えれば、詩人の「内的生と外的生」(「情調」)と合致し、それを表すものとして意味づけられる限りでのみ、「知られ、名前が付けられる」ようになる。「彼の世界のうちで今は知られていず、名づけられていないものが、彼の情調と比べられ、合致するものとして見出されたことによって、知られ、名づけられるようになる」(264)。こうして詩人は「自分の内的生と外的生という情調Stimme」のうちから「素材」を取り出し、それによって、「自分の精神の音調 Töne」を「表示し bezeichnen」、

「根底に存する生」を「親縁な記号 verwandte Zeichen」によって「呼び起こそうとする」(264)。もちろん自然や人間の営みは「新たな反省」以前において日常的意味あるいは客観的意味で「名づけられ」(同)ようが、それは「詩人の言葉」(同)ではなく、「技術の言葉」(同)でしかない。自然や人間の営みという「素材」(同)について詩作するということは、ただ「素材」を客観的に知ることとはまったく別のことである。重要なのは「素材」にかんする客観的な知識ではなく、素材をめぐる「人間」の体験、素材において託された「人間」の「詩的性格」である。したがって「素材」は何でもよいのではなく、自分の「詩的な性格」の「比喩」として「選ばれる」。

このような詩人の自己—世界—認識に照応した素材における表現と同様な考え方が断片『エンペドクレスの根底』にも認められる。ヘルダーリンはそこであらゆる詩の要件として、互いに反する二つの条件を指摘する。一方は、詩は詩人自身の経験に基づくものでなければならないという点である。詩は「詩人自身の世界や言語から出現する」(150)ものであり、「自分の世界で感じたり、経験した神的なもの」(同)、「彼の生のうちで彼にとって現前している、あるいはかつて現前していた生命的なもの」(同)の「像 Bild」でなければならない。他方は、この経験を直接的には表さず、むしろ「もはや詩人と彼自身の経験でない」(同)「外的で類比的な客観」(同)、「一つの別の世界、外的な出来事、外的な性格」(同)、「感覚の一層大胆で一層異様な比喩や実例」(同)に「移転しうる」(同)のでなければならないという点である。もしも詩人の私的な体験が吐露されるだけならば、詩は他人には「何も理解されえない」(同)だろう。詩はすべての人々に共通する「生」「神的なもの」を呼び起こして、すべての人々を活性化するのでなければならない。しかし逆に「外的な客観」は詩人個人の経験とまったく無縁なものであってはならず、「詩人の心情や世界」(151)と「親密な類縁性」(150)をもっているのでなければならない。

四　「生の認識」の背景事情

詩人が自己の孤独な内省から抜け出して、自己に親縁な外的客観、素材を選び出し、それに託す形で自己の「情調」ないし「根底にある生」を言葉に表すというのが、当時ヘルダーリンが模索していた「詩的精神の取るべき方法」であった。それでは、このような詩作の性格はそもそも何故に求められるようになったのだろうか。

1　性格の問題

その点で示唆的なのは、彼が一七九八年一一月一二日にノイファーに宛てた手紙である。そこで彼は、自分のそれまでの詩の欠陥が彼個人の性格的な欠陥に起因するものであることを述べている。またそれを克服する道として、上述の「詩的精神の取るべき方法」と同様な考え方を説いている。

彼は、自分のそれまでの詩の傾向、すなわち、対立や抗争を廃して、根源的な美的な調和を想起し希求するという、美的プラトン主義的と言ってよい傾向を、次のような欠陥をもったものとして告白する。「私に欠けているのは、力よりもむしろ軽快さであり、理念よりもむしろニュアンスであり、主調音よりもむしろ多様に排列された調子であり、光よりはむしろ影である」(StA. 6-1, 289)。この欠陥の原因を彼は「現実の生における凡庸で月並みなものを忌み嫌う」という性格に認める。ただしこれは、通常の「ペダント」のように「冷ややかで愛情が欠けている」(同)故ではなく、逆に余りに「人間や世界と結びつきたいと思う気持ちが性急すぎ」(同)、またその気持ちが「現実界によって妨げられるのを恐れる」(StA. 6-1, 290) が故に、現実から遠ざかろうとする傾向である。この「恐れ」は彼が実際にこれまで、彼を「破壊的に襲ったすべてのもの」を「他の人よりも、多感に受けとめた」(同) ことから生じたと認められる。それが故に、現実との接触による破壊を恐れ、現実から背を向けてひたすら「力」「理念」「主調音」「光」を求める詩に止まっていたというわけである。

ただし、この弱点を克服するために、何か「心から共感をもって他者と結びつきたい」(同上) という気持ちを捨てて、「破壊的に襲うもの」をそのまま受け入れ、自らを「凡庸で月並みなもの」に貶めるような道は、もとより採られえない。そこで、ヘルダーリンは、現実を受け入れつつ、自分の根源的傾向を失わない、言わば第三の道を考える。それは、「破壊的に私に作用する諸事物から或る利点を引き出す」(同) ようにすること、「それらの事物をそのままに受け取るのではなく、私の最も真実な生に役立つという限りでのみ、それらを受け取る」(同) という態度である。彼は現実を「自分の最も内的なものを表す」(同) のに「不可欠な材料」(同) として、「自分の光に対する影」(同) として、自分の「主調音」が「いよいよ生き生きと湧き出る」(同) ための「従属音」(同) である限りで、受けいれる。このような態度こそが「詩的精神が取るべき方法」を求めさせた所以であったろう。

2　ゲーテ、シラーの忠告

このような自己の性格の反省を行なうようになった、その更なる背景を推測してみるに、当時彼を襲った二つの出来事が注目されよう。一つはゲーテやシラーの忠告であり、もう一つはゴンタルト夫人との別れである。シラーやゲーテはヘルダーリンのうちにすぐれた感受性、とくに「自然を見渡す晴れやかな目」(StA. 7-2, 96) や

「生き生きした形象」（同）を評価し、詩人たるための良い素質を認めた。しかし、現実から遠ざかり自分の殻に閉じこもる「主観性」（StA. 7-2, 98）、「哲学的な精神」（同）をとがめた。そこで彼に「感性的世界」の素材、「牧歌的な事実」（StA. 7-2, 97）や「人間的な興味を引く対象」（StA. 7-2, 109）を選ぶことを勧める。

シラーは一七九六年一一月二四日のヘルダーリンへの手紙の中で、次のように忠告する。「できる限り哲学的な素材を避けなさい。それはきわめて扱いにくい素材で、それを相手に無益な闘争をしていると、しばしば最善の力も尽きてしまうものです。感性的世界から遠ざからないようにしてください。そうすれば、感激の中で冷静さを失ったり、作り物の表現に迷い込んだりする危険に陥ることは少ないでしょう」。またヘルダーリンの詩にある「冗長さ」を批判し、「賢明な簡潔さ、重要なものの慎重な選択、それの明白な単純な表現」を勧める。ゲーテも一七九七年六月二八日のシラーへの手紙で、ヘルダーリンのうちに「詩人たるための良い素質」（StA. 7-2, 97）を認めるものの、「それだけでは詩人はできません」（同）と述べ、「まったく単純な牧歌的な事実を選んでそれを叙述してみる」（同）ことを勧める。シラーはこのゲーテの忠告に同調してこう言う。「彼は或る激しい主観性をもち、それにある種の哲学的精神と瞑想を結合させています。こういう天性はなかなか手に負えないものですから、彼の状態は危険なものです」（StA. 7-2, 98）。そこで、「彼を彼自身の仲間から連れ出して、外部からの有益で継続的な影響の道を開いてやる可能性」（同）を期待する。シラーは一七九七年八月一七日のゲーテへの手紙でもこう言う。ヘルダーリンたちは「全然自分自身から抜け出せないのです」（StA. 7-2, 107）。「感受性は充分に見られるのに、それに対応する対象が見られないのです」（同）。ゲーテは一七九七年八月二三日のシラーへの手紙で、彼のところを訪ねてきたヘルダーリンを評して、「本当に愛すべき人物で、謙虚な、いやむしろ臆病なほど誠実」（StA. 7-2, 109）と言い、彼に「小さい詩を作るように、どんな詩にも人間的な興味をひくような対象を選ぶように」（同）と忠告したという。

それに対してヘルダーリンは一七九七年八月下旬にシラーへの手紙の中でやや屈折した態度を示す。彼は一方でシラーの「忠告に従う」（StA. 6-1, 249）こと、いな、「実際既に、その方向を辿っている」（同）と述べる。しかし他方でシラーやゲーテから批判された点を、――「素材」や「特定の関係」から遠ざかろうとする「形而上学的気分」（同）を――、青年期に不可避的な態度として弁明し、そこに或る「有益なもの」を認めようとさえする。

「素材に対する臆病さはそれ自体としてはどんなに不自然であっても、生涯のある時期としてはきわめて自然なものであり、力を自己のうちに引きとどめるので、つまり円熟せる充溢が多様な対象へ分岐することを促すようになるまで、浪費的な若々しい生命を節約してくれるので、特定の関係の一切の回避と同様に、しばらくの間はきわめて有益なものです」（同）。

このような「素材に対する臆病さ」と「特定の関係の一切の回避」を青年期に特有な態度として位置づけるのは、まさに上述の詩的精神の「行程と定め」における第二段階に照応すると思われる。そうだとすると、結局、彼は、一方で外的素材と特定の関係から遠ざかり純粋に「理念」「力」「光」を求める彼の詩の従来の傾向と、他方で「感性界の素材」「感受性に対応する対象」「牧歌的な事実」を選択せよというゲーテ、シラーによって指示された方向とを、ただ対立させるのではなく、詩的精神の行程における第二段階と第三段階として発展的な連関において捉えようとしたと言えよう。それによって、彼は一方でゲーテ、シラーの忠告に従いつつも、他方でこれまでの彼のあり方を根本的に否定せず、その不可避性を認めつつ、その一面性を克服しようとしたと思われる。

こうして、「詩的精神の取るべき方法」は、ゲーテやシラーにより指示されていた方向を、ヘルダーリンに固有な仕方で納得して受け入れた結論と思われる。

3 ゴンタルト夫人との別れ

ヘルダーリンの詩論的反省を促したもう一つの出来事として、ズゼッテ・ゴンタルトとの別れがあったことも、疑いがない。彼女との絆を切り裂かれたことは、彼にとってきわめて「破壊的に襲った」出来事であったろう。しかし彼はその痛切な出来事に対して、それに積極的に反撃することも、屈服することもできない。そうではなく、彼はこの出来事に或る深甚な意味を認め、「彼の最も真実な生に役立つもの」と解し、その限りで自ら受け入れようとする。それは、彼女からの離反を不可避的な「運命」と解し、そこから「運命」を耐え通した暁に「生」が一層美しく現れることを期待するという観点である。このような観点を彼は一七九九年六月の弟への手紙の中で一般的な形で次のように述べていた。「われわれを取り巻いている野蛮人たちがわれわれの最上の諸力が形成される以前にそれを引き裂く。そしてこの運命の確固とした深い洞察だけが、少なくとも品位を落として滅んでいくことのないように、われわれを助けることができる。われわれは［…］粗暴、歪曲、奇形を単に苦痛の中で認識するだけではなくして、それがあるところのものとして認識し、その性格、その独特な欠陥を作り出しているものを認識する能力を獲得しなければならない」(StA. 6-1, 327)。ヘルダーリンは、ズゼッテ・ゴンタルトへの手紙のなかで、この運命を「認識してしまった」者の「不幸」と「幸福」を語る。「一切が親密に不壊の生き生きした結合となって一つに和している、あなたのような天性は時代の真珠です。そしてこの真珠を認識し、それに生まれつき天から授かったその固有の幸せが、やがてまたその深い不幸でもあるということを認識してしまった者は、やはり永遠に幸福で永遠に不幸なのです」(StA. 6-1, 338)。

五　「エンペドクレスの死」を介した「生の認識」

以上をまとめてみよう。(一) ヘルダーリンにおいて「詩」の「行程と定め」は「生」ないし「人間」の「行程と定め」に照応し、「生」の「感情」から「認識」へ高まることを意味した。(二) その「生の認識」は詩的自我が「外的客観」の「選択」を介した自己—世界—認識として生じ、(三) そのような「創造的反省」から「詩人の言葉」が表されるべきであった。(四) この詩作の方法は、ヘルダーリンがゲーテ、シラーの忠告、ゴンタルト夫人との別れなどを体験し、自分の性格と詩の傾向の欠陥を克服しようとすることから、求められるようになった。それでは、彼はいかなる「外的客観」の「選択」によって、いかにして「生の認識」にいたろうとしたのだろうか。

その点にかんしては、まず、当時彼が悲劇『エンペドクレスの死』に幾度も取り組んでいたことが、考慮されるべきだろう。詩人が選んだ「外的客観」あるいは「外的な出来事」の主要な例としては、ゲーテ、シラーが勧めたような「牧歌的な事実」や「人間的に興味をひく対象」などというものではなく、「エンペドクレスの死」という悲劇的な出来事が挙げられよう。(8) それは、エトナ山への投身自殺という「異様な事例」であるものの、ヘルダーリン自身が「体験したもの」、すなわち、生の絆からの離別（ゴンタルト夫人からの別れ）ときわめて「親縁な素材」でもある。その際、自己の死ないし離別は単に外から惹き起こされた出来事として受動的に受けとめられるのではなく、自ら「選択」した事柄、すなわち、自殺とか自らの決断による別れという自発的な形式を帯びていることが認められる。その決断によって、自己が世界のうちにあることの認識と共に世界が自己のうちにあることとの認識、「外的生」と「内的生」との同時的開示、つまり「生の認識」が生じる。その限りにおいて、彼は自分を襲った外的な出来事においてむしろ積極的意味を、すなわち「自分の真実な生に役立つもの」を見出す。

それでは、「エンペドクレスの死」に託されたヘルダーリンの体験の内容そのものは、いかにして表現されるのだろうか。この点にかんして注意すべきは、悲劇『エンペドクレスの死』のフランクフルト時代の構想とホンブルク時代の諸草稿とでは、エンペドクレスの死の捉え方がかなり変化していることである。フランクフルト構想（一七九八年八月頃）においては、エンペドクレスの死は、彼が「一切の非常に限定された仕事」「一切の一面的な生活」（StA. 4-1, 145）を嫌悪し、「ただ特殊な関係である」（同）という理由だけで家族など「美しい関係」をも拒否し、「自殺によって無限な自然と一体となる」（147）行為と見られた。その限り、それは、まさに上述のノイファーへの手紙にあるような、青年期に特有な「特定の関係の一切の回避」という態度に照応するだろう。エンペドクレスの死に対するそのように一面的な捉え方は、やがて、ホンブルク時代の諸草稿のなかで克服されるようになる。それは、端的に言えば、まさに「生」の必然的な展開を顕示したものとして捉えられるようになる。それは、「生」の未反省な合一の「感情」から、内省による自己と世界の対立を経て、自己から抜け出し、外的客観を選択することを通して、「生」の「認識」にいたるという、かの人間および詩想の「行程と定め」そのものを顕示する。換言すれば、エンペドクレスの生と死は詩人の「行程と定め」を表すものである。実際、ヘルダーリンはエンペドクレスを「詩人として生まれた」（155）と見ている。それでは、エンペドクレスの「生」のこの展開は具体的にいかなるものとして述べられようとしたのか。

まず、エンペドクレスにおける「生」の未反省な合一の「感情」の段階とは、彼の生来の素質とでも言えるもので、「自然」と「人為」とが彼の中では調和している状態にほかならない。彼のうちで、一方で「自然」、すなわち「燃え上がるような風土、シチリアの自然」(158)、「自己充足的な天性と生の充足」(同)、「人間の意識と行動の外にある未知なものとの合一」(同)と、他方で「人為」すなわち「土地の民衆の活発で、一切を試みる技術的精神」、「極端な改革者的精神」、「進歩主義的な大胆さ」(同)という、互いに反する要素が相互に補いあい、高めあい、「親密に合一されている」(154)。一方で「識別する、考える、比較する、形成する」(同)などの彼の主観的な営みは、まったく自然に行なわれる。そこではむしろ、彼が「自分自身のもとにあらず、自己を意識することがない」。したがって彼の「言葉」はいわば「言葉なき言葉」(155)であって、彼自身が「意識的に」発したものというより、「無意識的なもの」「普遍的なもの」(同)の自覚として出現する。他方で、そのように自己を滅却することによって「無限に感受性を増した」(158)心に対して、彼の「客観」は、彼の中で「主体的な姿で現れてくる」(同)。「さながら、エンペドクレスの心が自然の心であるかのように、地水火風の精霊が人間の姿を取って、人間の間に住するかのように現れた」(159)。実際、彼は「日の光」「天空の諸々の力」「木々」「泉」「アイテール」などの自然の精霊についてしばしば「あなた方」と呼びかける。「私はあなた方を体験し、あなた方を知っていたのだ。あなた方が私の魂を動かすがままに、私はあなた方と共に活動し、かくてあなた方を知り、あなた方は私の中に生きていたのだ」(15)。したがって、彼において自然と人為が緊密に合一しているというのは、彼が自然の諸力を「思うがままに操る」(109)、いわば「魔術」(159)の能力をもっていることに他ならない。

しかしこのエンペドクレスにおける自然と人為の緊密な合一は、いわば諸刃の剣とみなされる。一方で、それは「時代の運命」を「解決する」(160)ものであり、それ故に彼は「民衆」にとって世界を救う「宗教改革者」

ないし「政治的人間」(161)として現れる。なぜなら、「彼を取り巻く世界」は自然と人為との「極度の対立」(160)に陥っていたからである。人間は「生命あるものに対して、自由な精神による黙殺と否認」(同)をしたが、「自然の様々な影響にまったく屈服する」(同)。そして、人間は自然を「自由な精神」によって支配しようとすればするほど、逆に自然によって支配され、自然に依存するようになる。「自由なる精神の同時代人が恩知らずにも自然を無視すればするほど、自然はその威力と魅力を発揮してますます彼らを力ずくで支配した」(159)。この啓蒙の弁証法とでも言うべき「時代の運命」に翻弄されて、「時代の不可解な夜」の中で「落ち着きも無く、導き手も無く右往左往していた」(同)人々は、今や自然と人為との調和を求めて、「彼のもとに馳せ参じてきた」(同)。

しかし他方で、まさにこのエンペドクレスの傑出した美的な精神が、彼の悲劇的運命の原因となる。なぜなら、民衆は自分たちと彼との一致を見ようとするものの、彼らがかの両極の対立の中に生きている限り、その一致は根本的には不可能だからである。「彼と民衆とが一体であるかのように思い込んでいた」日ごろの「錯覚」(162)は、やがて「止む」(同)。エンペドクレスは隠退し、民衆は彼に冷淡になり、敵に唆されて彼を追放するようになる。しかし、民衆の彼に対する態度は動揺し、追放から一転、再び彼のもとにかけ寄り、死を決意した彼を呼び戻そうとする。けれども、両者の溝はもはや埋められない。彼に最も近しい弟子のパウサニアスでさえも彼の使命を理解しない。さらに、エンペドクレスの魔術的能力が、神をも凌ぐものであることから、彼が神になる「驕り」の罪が認められる。「神々はいまでは僕になり、私一人が神となった」(21)。そこから、「自らを神にした時の悪しき時期の報い」(12)として、天罰が下ると見られる。

しかしこの状態では、「生」は「感情のうちにのみある」(152)。「生」はまだ「認識にとって現存していない」

（同）。もしも「生」が「認識されうべきである」（同）ならば、「過度な親密性における生」が「分かたれる」（同）必要がある。一方で人間は「あまりに自然に身をゆだねる」（同）ことを止め、「自発性、人為、反省」（同）という極端に移る。他方で自然は反省する人間にとって「不可解なもの、感じられないもの、限界づけられないもの」（同）になる。そういう対立の中で「生」が現れることが求められる。それは、人間と自然の「対立的な相互作用」（同）が進展して、「個別者の闘争と死」（同）を介して、「最初のように根源的に合一しあい、出会うようになる」ことである。その際、「合一」はいまや当初のように「個別的なもの」において現れない。人間は「過ぎ去り行く瞬間」（154）によって脅かされることによって「一層純粋な普遍性に高められる」（同）。「過ぎ去った瞬間の親密性」がいまや「一層普遍的で一層落ち着いて一層際立って一層明瞭に現れてくる」（同）。

ここで「合一」が「個別的なもの」においてではなく「一層純粋な普遍性」において「現れる」ということは、エンペドクレスの死という「犠牲」を介して「生」が人々の自覚するところとなることを意味する。つまり、エンペドクレスは、「彼の天と時代と祖国の息子」として、上述の如く時代の矛盾を一身において解決しており、「時代の偶像」であった。しかし時代がエンペドクレスという「一つの点」に「個別化」したために、彼の「没落は必然的となる」。なぜなら、個体の「自己解体」によって初めて、彼において「発見された解放が普遍的なものへ移行」しうるからである。さもなくば、「普遍的なものは個別的なもののうちに失われてしまう」だろう。それ故、彼の死は「時代の犠牲」と見られねばならない（136, 154ff.）。かくて、「生」は当初エンペドクレスという「個別的なもの」において「感じられる」のみであったが、彼が自らを抜け出して死を選ぶことを通して、それが「普遍性」の相のもとで人々の共有するところとなる。この状態において初めて、「生」が「認識される」にいたる。したがってヘルダーリンにおける「生の認識」は、――ヘーゲルの場合のように宗教や政治の問題、さらにそれらを包括する哲学体系の課題としてではなく、さしあたり、詩作の性格の問題として提起されているが、――個人の生の形成が人類全体のそれと不可分に結び付けられた形で問題にされており、歴史哲学的意味を含んでいた。

（1）ホンブルク時代の理論的著作にかんする研究については、詳しくは、C. Jamme/F. Vökel (Hg.), *Hölderlin und der deutche Idealismus*, Stuttgart-Cannstadt, Bd. 3, S. 284, Anm. 297 を参照。従来、ヘルダーリンのホンブルク時代の思想とヘーゲルのフランクフルト時代の思想の比較において取り上げられてきた論点は、主に二つあったように思う。一つは、ヘルダーリンのエンペドクレス像とヘーゲルのイエス像との関係であり、ローゼンツヴァイク、ホフマイスター、クルツ、ヤメが両者の並行性を指摘している。もう一つの論点は、ヘルダーリンの詩論とヘーゲルの哲学との関係である。この点については、ヘルダーリンがヘーゲルのように「絶対知」に達することはあえてせず、「根源」の痕跡を暗示するにとどめたという相違点を、指摘する傾向が多い。L. Ryan, Hölderlins Dichtungsbegriff, in: *Hölderlin-Jahrbuch*, Bd. 12, 1961/1962, S. 37-38, 四日谷敬子『歴史における詩の機能　ヘーゲル美学とヘルダーリン』一九八九年、一六五―一六八頁、仲正昌樹『〈隠れた神〉の痕跡　ドイツ近代の成立とヘルダリン』二〇〇〇年、四四一頁、海老澤善一「狂気と絶対知――ヘルダーリンとヘーゲルとの差異」（『文学論叢』第一三八号、二〇〇八年）。しかしヤメとレンカーは両者の親近性を強調している。Vgl. C. Jamme, *“Ein ungelehrtes Buch”. Die philosophische Gemeinschaft zwischen Hölderlin und Hegel in Frankfurt 1797-1800*, Bonn 1983, S. 143ff., F. Lönker, *Welt in der Welt. Eine Untersuchung zu Hölderlins “Verfahrensweise des poetischen Geistes”*, Göttingen 1989, S. 139. 筆者もヤメの見方に基本的に同意するが、更に「生と認識」の問題次元とその点に関するヤコービやヘーゲルとの関連も注目したい。

（2）以下では、StA. 4-1 からの引用は頁数のみ記す。

（3）Vgl. *Schillers Sämtliche Werke*. Hrsg. v. P. Merker, Bd. 3, S. 303ff.

（4）Vgl. Jamme, op. cit., (1983), S. 317ff., op. cit., (2003), S. 318, 327, Lönker, op. cit., S. 106, 139.

（5）前章で見たように、『ヒュペリオーン』において「生」自身が想起という性格をもち、また神的現前の目印は瞬間性にあった。

（6）本書第Ⅱ部第一章参照。ヴァイベルによれば、ヘルダーリンは詩論においてフィヒテの「構成的方法」をわがものにした。Vgl. V. J. Waibel, *Hölderlin und Fichte 1794-1800*. Paderborn u. a. 2000, S. 336ff.

（7）本書第Ⅲ部第一章参照。フランツはここにヘンリッヒの反省理論批判と同様な議論を認めている。Vgl. M. Franz, Hölderlins philosophische Arbeit in Homburg vor der Höhe, in: *Homburg vor der Höhe in der deutschen Geistesgeschichte*. Hrsg. v. Jamme/Pöggeler, Stuttgart 1981, S. 126.

（8）Vgl. Jamme, op. cit., (1983), S. 357, J. Kreuzer (Hg.), *Hölderlin Theoretische Schriften*. Hamburg 1998, S. 38.

第Ⅳ部　生と認識——ヘーゲル哲学体系のポテンシャル

ヘーゲルにおいて「生」の思想は、明確にはフランクフルト時代の『キリスト教の精神』(一七九八―一八〇〇年)で初めて登場するが、そこでは既述のヘルダーリンの「生の認識」の思想の影響がうかがわれ、とりわけ、ヘーゲルのイエス像とヘルダーリンのエンペドクレス像の間には多くの類似性が認められる。ただし、イエスの立場は「生の意識」と述べられるのみであり、まだ「生の認識」とは言われなかった。そこではヘーゲルは「認識」としては「反省」による認識を知るにすぎなかった。それに対して、「生の意識」は「生」を「客観」として認識するのではなく、自己の内に「生」を自覚しながら他者の内に同じ「生」を「信じる」、非反省的な態度であり、その意味からすると、むしろヤコービの「生の感情」の立場に近かった。この点は『一八〇〇年体系断片』でも同様であり、「生」を反省や理性で捉えようとすると、無限進行に陥るために、「生」の合一を信仰の立場で「反省の外における存在」として捉えるにとどまっていた。

イェーナ時代において哲学に転ずるようになって初めて、ヘーゲルはフィヒテと同様に「生」の「認識」を企てるようになる。『一八〇〇年体系断片』では「生」がまだ信仰の立場で「結合と非結合との結合」と規定されていたのに対して、『差異論文』において「同一性と非同一性との同一性」が「絶対者」の規定とみなされ、その「絶対者」を「意識にとって構成する」ことが「哲学」の課題とされるようになる。『キリスト教の精神』においては「生」が宗教の立場で「有限者と無限者の連関」なる「聖なる秘密」として語られていたのに対して、教授資格論文テーゼにおいて「有限者と無限者の総合」が「理念」と呼ばれ、それが「哲学」で扱われるようになる。実際、一八〇三年の草稿では、「生」を「哲学」において「与える」ことが問われ、それは「認識の境地」において行なうと明言されるようになる。

しかし、この「生の認識」ないし「絶対者を意識にとって構成すること」は、「反省」による認識の困難を克服すべきものだが、常識や懐疑主義の非学的立場に甘んじるものであってはならず、体系的な認識でなければならない。そこでヘーゲルは一方ではシェリングの同一哲学に従って、「理性の自己認識」の原理に基づく体系形式を構想すると共に、他方では「反省」の自己否定によって、「本来の哲学」へ移行するための「導入」をも認めた。またこの哲学体系は「生」の学的再構成であるだけでなく、なお「人間的生への帰路」をも保持していた。彼は「哲学は生とどのような関係をもつのか」を問い、「哲学の真の欲求」とは「哲学から、また哲学によって生きることを学ぶこと」に行き着くと考えていた。

こうして、ヘーゲル哲学は結局「生」・「導入」・「体系」という三つの要素の関連において成立したように思われる。以下では、まずいかにフランクフルト時代末からイェーナ時代始めにかけて「生」が「生と認識」へ展開したか（第一章）、次にいかに「導入」と「本来の哲学」の関連が一八〇四／〇五年の論理学と形而上学において内容および方法に関して考えられたか（第二章）、さらにそれが「現象学の論理学」で展開されたか（第三章）を見た上で、後期の体系のポテンシャルにかんして、いかに「生」・「導入」・「体系」が相互に連関しあっているかを見通すことにしたい（第四章）。

第一章　信仰から認識へ

一　信仰における「有限者と無限者との連関」としての「生」

まずヘーゲルのフランクフルト時代における「生」の思想から見てみることにしよう。それは「主観と客観との合一 Vereinigung」（N376）の原理、――これは一七九七年の断片『道徳性、愛、宗教』において初めて登場したが、――の展開の結果として生じた。この合一哲学はその後主に二つの点で展開された。第一に、「合一」は当初人間の世界に対する態度の一種、すなわち愛を意味していたが、やがて人間を包み越えた実体における「合一」を意味するようになった。第二に、「合一」は当初分裂ないし分裂をもたらす反省（悟性や理性）を排除する立場にすぎなかったが、やがて分裂ないし反省を「合一」の原理のうちで相対的に容認する立場になった(1)。「生」という概念はまさにこのような「合一」の展開の結果であり、それは人間を包み越えた実体を意味すると共に、反省による分裂の契機を実体の運動の一段階として含む。こうして、「生」は、上述のヘルダーリンにおける「生」の行程と同様に、「未展開の合一」→「分裂」→「完成された合一」（N379）という三段階を経る。

それでは、この「生」は『キリスト教の精神』において具体的にどのように捉えられていたのだろうか。そこには少なくとも次のような三つの特徴が認められるように思う。第一に、「生」は人間と他の人間や自然との

「共同生活 Zusammenleben」(N245) を意味していたと思われる。この点は、例えば、アブラハムやイエスが彼らの環境との根源的な「合一」から「分裂」の局面にいたった際の叙述に確認できる。ヘーゲルによれば、アブラハムは青年時代には「人間や自然との共同生活、愛の絆」(同、傍点筆者) のうちに暮らしていたが、やがてその絆から身を引き離した。同様に、イエスは「一切の生き生きとした関係」(N328) から、——それらが「生」を不純にするという理由から——、逃れねばならなかった。イエスは自分の家族と共に暮らすことも、市民となって「他の人々との共同生活を楽しむ」(同、傍点筆者) ことも許されなかった。その限り、「生」は単に生物や生命を意味するのではなく、すぐれて人間の「共同生活」という内実をもっていた。もとより、「生」は全体としては人間を包み超えた実体ないし絶対者であるが、その実体ないし絶対者は人間の「共同生活」において経験されうる。後にヘーゲルは、「生」と「精神 Geist」を区別し、「生」を有機的自然一般に限定し、「精神」を、「生」を自覚した人間の立場として「生」より高い位置に置くようになる。しかしこのことは、初期の「生」の思想がまったく捨てられたことを意味するのではなく、初期の「生」に含まれていた人間的な契機ないし「生の意識」の要素が相対的に独立化されて、「生」がいわば「生と精神」に分節化されたものと思われる。

第二に、「生」が人間を「共同生活」の一項として含む限り、「生」の発展は人間の形成過程を含むことになる。この過程は、実定的法律に対する服従→有徳な志操→愛→宗教というような、人間の世界に対する種々な態度としての種々な合一の形態の階梯を表していた。その際、不完全な合一の形態の限界が一層完全な合一の形態によって克服されると共に、前者が後者の「可能性」(N394) として保持される。この連関は「補完」(πληρωμαι [N395]、Komplement [N295]) と呼ばれたが、これは後のヘーゲルの用語「止揚 Aufheben」の原型であろう。確かに人間の態度の形成過程が結局実体としての「生」の自己展開を表しているとしても、人間は根源的分裂以後、「生」の分裂と再合一のすべての段階において全体的な「生」から相対的に独立に存立しており、全体の運動の一翼を主体的に担ってもいる。人間は反省によって「生」の結合を引き裂き、自分の内外において分裂と対立をもたらす。しかし人間はそれによって傷つけられた「生」の合一を想起し、根源的な合一を自らの手によって、「愛」によって回復させることもできる。

しかし、第三に、人間が自分と世界との分裂を克服できるのは、既に人間によって傷つけられた「生」が人間に対して予め「運命」の罰として働き、人間を想起と自己否定へと駆り立てる場合においてのみである。「生」のこの要請に応えるために、人間はそれまでの立場を自己否定し、一層高い立場へ移行する。それによって「生」の復活が成し遂げられる。しかし人間は再びその状態から離れ、その分裂に対して「生」から再び「運命」の「罰」が加えられる。したがって、人間と「生」とは相互作用の関係にあり、いわば対話的連関のうちにある。(2)

それではこのような「生」をいかにして人間は捉えることができるのだろうか。人間の「生」への通路は、しかし、反省ないし言語には見出されない。ヘーゲルはとりわけ「愛」に対する概念的反省のうちにアポリアを見出す。例えば、カントの「すべての人を愛せよ」という反省的な命令によっては、「生」の連関は「概念と現実との対立」(N267)にもたらされ、それ故、真の「合一」が失われてしまう。同じことは神話的に表象された「生」としての「神的なもの」に対しても当てはまる。「神的なもの」を「客観的なもの」とみなす「反省のすべての表現」(N304)は「避けられ」(N305)ねばならない。人間が「神的なもの」に対して、例えば、それを「認識する」という態度を取るならば、人間は「神的なもの」を「客観的なもの」に貶めてしまい、それをただ種々の「客観的なもの」の関係において捉えるのでしかなくなる。

したがって、「生」は一般に反省や認識の立場で客観的に捉えられるのではなく、ただ「愛」あるいは「霊感 Begeisterung」(N305)のうちで主体的に経験されるのみである。この点でヘーゲルはヤコービの「愛」や「生の感情」の考え方から影響を受けていたと思われる。ヤコービは言う。「愛は生そのものである。[…]生けるものが生けるものに自分を知らせることができるのは、ただ惹き起こされた愛によってのみである」(JS219)。ちなみに、ヘーゲルは、自分の行為や言葉の源が「生」にあることを自覚した人間イエスについて、「彼の口から語り出るものは彼の内にあるものの、同時に、ここに立ち、教え、語っている彼よりも高いものである」(N302)と述べた。この点は、ヤコービの次の文にある、人間と神との関係と同じ趣旨であろう。「人間の悟性はその生成、その光を自分自身のうちに持たず、永遠で純粋な光からの火花であり全能の力であるような彼の意志によって自己を展開する。[…]私はそのような力を私の現実存在の最も内的な生として感じ、その力によって私の起源を予感する」(JS254)。このように「全能の力」を「私の起源」として「感じる」ことを、ヤコービは「自分自身の生の感情」(JS255)と呼んでいた。「愛」によって、人間が自分の根本を「生」と通じているものとして「感じる」ことができるようになる。

こうして「生」の根源的な合一は「愛」によって経験されうる。ただし、「愛」が単に瞬間的な「合一」の「感情」にすぎない限り、「愛」は「生」の一部を開示するにすぎず、分裂の段階を含む「生」の全体、したがって「愛」の由来そのものを捉えることはできない。「生」の全体、「愛」の由来は、人間と「神的なもの」との関係の次元において成り立つ「宗教」において「愛と反省との総合」(N302)として与えられうる。宗教の立場は、ヘーゲルによれば、「純粋な生を考えること」(同)もしくは「純粋な生の意識」(同)と規定される。(3) それは同時に「人間が何であるかということの意識」(同)、人間の本質の意識でもある。この人間の本質の意識は、ヘーゲルによれば、人間が自分の「特定の行為」を捨象し、自分の行為を「単純なもの」（同）に還帰できる場合に、生じる。ここで、「単純なもの」とは、「すべての個々の生、衝動、すべての行為の根源」（N303）に他ならない。その意味において、宗教は、人間の特定のあり方の根源であるところの、「生」の意識である。それによって「生」の全体が開示される。「生」が一切の限定されたものを包み越えたものである限り、「生」は宗教の立場において「有限者と無限者との連関」（N309）として意識される。

ただしこの連関は、上述のように、認識されず、ただ信じられうるのみである。けれども人間の「信仰Glauben」は、その最初の段階においては、既に「神的なもの」を自覚したイエスへの依存性の故に、単なる「神的なものとの合一の要求」（N313）にとどまり、「神的なもの」を彼岸に仰ぐにすぎず、自分のうちに自覚していない。なぜならこの要求はまだ自分のうちに「光」（N314）をもたないからである。人間が「神的なもの」の教師に依存する必要がなくなるときに、自ら「光」をもった状態に到達できるだろう。

しかしこの「信仰の完成」の理念は、ヘーゲルによれば、まだ実現されていない。というのは国家との連関において、教団が再び人間に対して抑圧的となる「教団の運命」の問題が生じ、それがまだ解決されていないからである。ヘーゲルは結局『キリスト教の精神』では、教団と国家との和解を通した「信仰の完成」を具体的に示すことができなかった。しかし、彼が宗教の問題をそのように国家との連関において考察している限り、彼は既に「生」の連関を一層普遍的な観点から、いわばメタ宗教的な観点から考えようとしていたというようにも言えよう。この観点が実は哲学の観点に他ならない。

二　宗教から哲学への移行の理由

実際、ヘーゲルはフランクフルト時代末に宗教から哲学に移行しようとする。この移行の理由は、少なくとも次の三つの点にあったと思われる。

第一に、ヘーゲルは『キリスト教の実定性』の改稿の序文において、宗教が人間に隷従を強いる「実定性」の問題について、「形而上学的考察」の必要性を説くようになった。それによれば、「すべての高きもの、人間のすべての高貴なもの、善いものが［…］神から由来している」（N146）という「美しい前提」は「それ自体実定的とは呼ばれ」（同）えない。しかるに神学者はこの前提のうちで、神がそれら高きものを越えているという面のみを認めるにすぎない。もしも「人間的自然がまったく神的なものから隔てられている」（同）のならば、かの美しい前提は「著しく実定的なもの」（同）になる。それ故、実定的な信仰を克服するためには、「人間的自然」と「神的なもの」との連続の面と隔たりの面との連関を正しく捉えねばならないだろう。そのためには、この連関を「概念によって根本的に」（同）考察せねばならず、それは「有限者と無限者との連関の形而上学的考察」（同）に行き着くだろう。そして「有限者と無限者との連関」は、まさに、上述のように、「信仰」によって捉えられる「生」に他ならない。こうして、ヘーゲルは「生」の「信仰」ならぬ「形而上学的考察」の必要性を示唆するようになる。

第二に、宗教の問題は国家の問題との連関においても捉えられる。キリスト教の実定性は、『キリスト教の精神』の最後の箇所で指摘されたように、教団と国家との対立に根ざしていた。しかし教団と対立する国家は、へーゲルによれば、真の国家ではない。真の国家の原理は全体的なものである。彼は言う。「国家の原理が完全な全体であるならば、教会と国家とは異なったものではありえない」[4]。現在のドイツ国家（ドイツ神聖ローマ帝国）においては全体と部分、部分と部分は互いに切り離されている。したがって国家は宗教と同様な問題と取り組まねばならない。ユダヤ民族の運命がアブラハムによる故郷からの離反によって惹起されたように、ドイツ国家の運命は「ドイツ的自由」によって引き起こされた。「ドイツ的自由」においては国家の各部分は「孤立しようとする衝動」（GW5, 15）によって駆り立てられ、その結果、フランス軍の侵略に簡単に屈服し、ドイツ帝国全体の解体を招くにいたった。それゆえ、ヘーゲルは、現在の時局の愁眉の課題はドイツの国家的統一の回復にあると考える。だが国家的統一を樹立するためには、問題をそのような「国家の運命に対する反省」から根本的に捉えるのでなければならない。そのことを遂行するのは、ヘーゲルによれば、「詩」と「形而上学」である。とりわけ「形而上学」によって「諸制限は全体の連関のうちでその限界と必然性」（GW5, 17）を獲得するだろう。

第三に、人間や社会における分裂を克服する際に、哲学による克服以外の仕方はもはや時代状況に合致しないものとみなされる。宗教はかつて分裂の克服という機能を持っていたとしても、――『差異論文』でヘーゲルは言う、――「文化の進展は［…］それと対立して」（GW4, 15）しまった。現代では宗教に代わって理性が支配的になり、宗教や国家の権威に対して人間の理性の反省が力を振るうようになった。そのような状況では、「反省自身によって分裂とその絶対性を否定しようとする試みのほうが、むしろ理解されうる」（同）だろう。

そこでヘーゲルはイェーナ時代に「有限者と無限者との連関」としての「生」を哲学的に捉えようと企てる。教授資格論文の第六テーゼで彼はこう言う。「理念は有限者と無限者との総合であり、すべての哲学はこの理念においてある」（GW5, 227）。そして一八〇一―〇二年の講義以来「絶対的存在者の理念」（GW5, 262）を、ほぼシェリングの「理性の自己認識」の原理に倣って、体系形式で展開しようとする。さらに彼は一八〇三年の断片において、「哲学において生が与えられる形態」について語り、それは「絶対的に自由な形態であり、それは認識の境地 Element des Erkennens にある」(GW5, 369) と言うようになる。

以上から、われわれはヘーゲルにおけるフランクフルト時代からイェーナ時代にいたる「生」の考え方の展開を、次のようにまとめることができよう。「生」はフランクフルト時代では「有限者と無限者との連関」として「信じられる」のみであり、認識されることはなかった。しかしイェーナ時代になると、「生」は「認識の境地」のうちで、哲学体系として提示されるようになる。ただしその際「認識」の意味が変化していることにも注意せねばならない。前者では「認識」は事物に対して外的な反省であり、事物が反省の外にある限りにおいて、――主観と客観との対立関係のうちで、――主観的な知性が事物の客観的性状を捉えようとする働きであった。後者では「認識」は概念の意味をめぐる「自己内反省」を意味し、それによって概念はその「根拠」にいたる。けれども、この内在的な認識は外的な反省をまったく排除するのではなく、「認識」そのものへの「導入」として容認もする。この「導入」と「認識」そのものおよび両者の連関については、詳しくは次章で取り上げることにしよう。

(1) 拙著『初期ヘーゲル哲学研究――合一哲学の成立と展開』(東京大学出版会、一九九三年)、第三章第一節―第二節参照。
(2) 上掲拙著二九八―二九九頁参照。
(3) この箇所は、初稿では「純粋な自己意識」(N302、注) と書かれており、それが改稿で「純粋な生の意識」に改められた。しかし、それが故に初稿ではヘーゲルがカントないしフィヒテの「自己意識」の立場に立っていた、とは言えない。というのは、彼は「純粋な自己意識」という言葉のもとですでに実質的には人間の根源としての「生」の「意識」を考えていたからである。この点については、上掲拙著二六一頁参照。なお「自己意識」としての「生の意識」をめぐって、ヘーゲルがヤコービにおける「自己自身の生の感情」に影響を受けたのかもしれないという点については、上掲拙著二六三―二六四頁参照。

（4）　Vgl. K. Rosenkranz, *Hegels Leben*, Berlin 1844, S. 88.

第二章　「無限性」と「認識」
——「超越論的観念論」としての論理学と形而上学

ヘーゲルは一八〇一年になって初めて「生」の哲学的再構成に取り組むようになる。『一八〇〇年体系断片』において「結合と非結合との結合」と規定されていた「生」はまだ信仰の立場で考えられていたのに対して、『差異論文』において「同一性と非同一性との同一性」が「絶対者」の規定とされ、その「絶対者」を「意識にとって構成する」ことが「哲学」の課題とされるようになった。『キリスト教の精神』において宗教の立場で「生」の特徴とみなされていた「有限者と無限者の総合」が、教授資格論文テーゼにおいて「理念」と呼ばれ、それが「哲学」で扱われることが明示された。さらに、「絶対者の理念」が一八〇一年秋の講義草稿で体系形式において、——「論理学」、「形而上学」、「自然哲学」、「精神哲学」、「芸術と宗教」の哲学において、——述べる構想が示された。勿論、「生」ないし「絶対者」を「反省」の立場で認識することには根本的な困難が付きまとうことも、『差異論文』で認められていた。それでは、いかにしてヘーゲルは「反省」の困難を克服しつつ、なお「生の認識」を企てえたのだろうか。

その点については既に本書の序論で触れたが、まず「絶対者の認識」を「絶対者の自己認識」の意味で構想するという観点が『差異論文』以後に認められる。それは、さしあたりシェリングにおける「絶対者」＝「理性」の「自己認識」の構想とほぼ同義である。だが、シェリングと異なって、ヘーゲルにおいては「理性」の「自己認識」に拠る体系構築の前に、「反省」の立場から「導入」も求められた。「反省」によって絶対者を把握することが矛盾に陥ることを示すことが、真の哲学に道を開くために必要であり、哲学の否定的側面として認められた。だが、「反省」の否定的破壊の道から「思弁」の積極的建設の道への接続において、『差異論文』ではなお「直観」の余地が残されていた。一八〇一年秋の講義草稿では二つの道の相互連関は多少暗示されていたものの、充分に方法的に解明されていなかった。

一八〇四／〇五年の体系構想において初めて、「直観」に頼らず「概念」のみによる叙述が行なわれ、しかも導入（論理学）と本来の哲学（形而上学）の関連が、「無限性」を扱う方法に関して、「弁証法」と「自己内反省」の絡みあいにおいて示されるようになる。すなわち、論理学も形而上学も共に「無限性」を述べるが、論理学では「弁証法」の後に結果として「自己内反省」が行なわれるのに対して、「形而上学」では「自己内反省」から出発して、その中に「弁証法」を組み込むという仕方で行なわれる。そのような仕方で、「生」がいわば弁証法的に根拠づけられることになる。それと同時に、「論理学と形而上学」が一八〇三／〇四年の講義予告では「超越論的観念論」と言い換えられていた。その意味でヘーゲルの「生の認識」は、カント以後の「超越論的観念論」のモチーフの独自な展開、いわば存在論的展開を示しているようにも思える。そこで本章では、一八〇四／〇五年の体系構想において論理学と形而上学とがいかに関連していたかについて、立ち入って見てみることにしよう。まず（一）従来の研究において、論理学と形而上学の区別がここで流動化すると共に、「実体の形而上学」から「主観性の哲学」に変化したと見られてきた点を検討する。（二）その上で「論理学」の行程の幾つかの特徴を明らかにする。（三）さらにその行程の方法論的基盤である「認識」の特徴を見る。（四）その「認識」を介して成立した形而上学の行程がいかなるものかを捉える。そして「論理学と形而上学」が「超越論的観念論」と言われた所以を考えてみることにする。

一　「無限性」の発生的連関と「認識」の理念

一八〇四／〇五年の論理学と形而上学との関連について、われわれはまず、それが従来の研究において一八〇一／〇二年の論理学と形而上学との違いにおいて捉えられてきた二つの特徴に注目し、それらを検討してみることにしよう。一つは、一八〇一／〇二年の構想では、「有限者」を「反省」の立場で考察する論理学と、「無限者」を「思弁」の立場で考察する「本来の哲学」としての形而上学が明確に区別され、前者が後者の導入にすぎないとされたのに対して、一八〇四／〇五年の草稿では論理学のうちで既に「無限性」という形而上学的内容が扱われることによって、むしろ論理学が形而上学を基礎づけ、両者の区別が流動化したと見られる点である(1)。ちなみにここで「無限性」とは、直線的な無限進行を意味する「悪しき無限性」とは異なり、有限者の外に出て、その状態をさらに否定する「二重の否定」(JL33) によって自己に戻る円環的運動としての「真の無限性」(JL30) の謂いに他ならない。もう一つの特徴は、形而上学の性格にかんして、「実体の形而上学」から「主観性の哲学」に転換したとか、「同一哲学によって提示された「自然」の枠組み」から「「認識」の超越論的論理学の枠組み」に転換したと言われる点である(2)。

これらの解釈はほぼ妥当と思われるが、しかし、そこでは「論理学と形而上学」における「と」が、つまり論理学と形而上学との共通性と相違性およびそれらの連関がなお充分に捉えられておらず、その限り「主観性の哲学」の意味も判然としないように思われる。第一の点について言うと、確かに、論理学の途中で示された「無限性」概念がその後の論理学の過程全体を貫くものであるだけでなく、形而上学の内実をもなすということが認められよう。一方で論理学の行程は、質、量などの「単純な関係」の諸概念が「無限性」（JL28）のうちに止揚された後、それが「存在の相関」と「思考の相関」に分けられ、最後にそれらが「比的関係」において「認識」の「諸契機」をなすべく総合される。それは、当初の「無限性」が「認識」において「自分に戻って」「実現された無限性」（JL131）になる過程に他ならない。他方で、形而上学はこの「認識」における、さしあたり認識の「内容」と対立し、したがって形式的な「無限性」（JL134）が、「自分自身に関係する無限性」（JL184）でありながら同時に「他者に関係するもの」（JL185）でもある「無限性」、すなわち「絶対的精神」（JL184）にまで展開していく過程を述べる。そして、この形而上学の到達点である「無限なもの」の見地から、論理学の全行程が振り返られる。その結果、「無限なものが論理学の第一部あるいは悟性の論理学と呼ばれたところのものに他ならない」（JL185）ことが明らかにされる。つまり論理学の「無限性」（JL28）以後の過程が「無限性」の展開であるのみならず、その前の過程、出発点である「統一性」（JL3）から「無限性」（JL28）にいたる過程も、実は「無限なもの」の運動に他ならなかったわけである。それは、「統一性」（JL185）が「数多性」（同）という反対物になり、そこから更に「統一性と数多性の統一性」（同）としての「無限性」（同）になる、それ自身「無限なもの」の過程に他ならなかった。その意味では、確かに論理学は「無限性」の提示によって形而上学を準備すると共に、論理学と形而上学の全体を貫通する内容を予示していた。したがって論理学と形而上学の区別を流動化させてしまったと言えよう。

しかしそのことは論理学と形而上学の立場の違いをまったく解消させるものではない。というのは論理学における「無限性」と形而上学における「無限性」とでは、その捉え方に根本的な違いが認められるからである。論理学の「無限性」の箇所では確かに既に円環的に運動するものが示されているものの、しかしそれ自身いまだ外的な形式において与えられており、「自己から由来しておらず、自己に戻ったものではない」（JL37）。ここでは「無限なもの」は「単純な関係」という「無限なもの自身とは別なものから」（同）生じており、「無限なもの」の構成契機が「一と多とが関係づけられたもの」と「一と多とが関係づけられていないもの」（同）というものであり、それら自身「無限なもの」ではない。こうして「無限性」という概念の発生的連関がそれ自身にとって内在的になっていない限り、真の無限なものは隠されたままである。それに対し形而上学では「無限性」は、「絶対的精神」において「単純な無限性」とか「自己自身と関係する無限性」（JL184）と言われるように、無限なものという内容に相応しい内在的な発生的連関、すなわち「自己自身から成ったもの」（JL37）という形式を備えるにいたっている。

こうして一八〇四／〇五年の体系構想では論理学と形而上学は一方で「無限性」という内容において共通していながら、他方で「無限性」の発生の形式において相違している。このことはいかなる意味で考えられうるのだろうか。換言すれば、何故に「無限性」という内容が論理学において当初から潜在的に存在し、「無限性」の箇所以後では不備な仕方であれ開示され、形而上学で完全な仕方で顕現するようになったのだろうか。そこには、恐らく論理学と形而上学という異なった領域の異なりを認めつつ、その段差を埋め、両者を橋渡しする何かがなければならないと思われる。それは何であろうか。この問題は、実は、一八〇四／〇五年の「論理学と形而上学」の構想が「主観性の哲学」とか「超越論的論理学の枠組み」になったと解釈された、もう一つの特徴の問題とも関連していると思われる。その点を見てみることにしよう。

まずイェーナ時代当初においてヘーゲル哲学は確かに「実体の形而上学」や「自然の同一哲学的枠組み」とい

う傾向を持っていたと言えよう。例えば『差異論文』では「絶対者が意識に対して構成される」（Sk2, 25）ことが哲学の課題とされ、その絶対者の把握においては「実体性の連関」が「思弁の真の連関」（Sk2, 49）とみなされた。事実、『自然法論文』では「神的自然」という「実体」と、「物理的自然」ならびに「人倫的自然」という「属性」（Sk2, 457）との連関が述べられていた。しかし、一八〇三年夏頃の断片『普遍的なものにおいては［…］』では、もはや実体としての絶対者ではなく、「認識 Erkennen」が哲学の基盤とされるようになる。ヘーゲルは言う。「哲学において生が与えられる形態は、認識の境地における自由な形態である」（GW5, 369）。さらに同じ頃に書かれたと思われる断片『形而上学の構成草案』でも、「認識の理念」が「形而上学にとって第一のものである」（JL365）と言われるようになる。実際、一八〇四／〇五年の体系構想では、「認識」から「形而上学」が始められ、その活動の主体が「絶対的自我」（JL134）と呼ばれるだけでなく、「認識」が形而上学の全行程を貫く主題となっていく。それに対して「絶対者」という言葉はここでは殆んど用いられず、用いられるとしても「無限者」（JL35）や「自体」（JL140）と同義なものにすぎなくなる。更に注目されるのは、一八〇三／〇四年冬学期の講義において「論理学と形而上学、すなわち超越論的観念論」という名称の講義題目が立てられるようになったことである(3)。

これらの事実からして、確かにイェーナ時代半ば頃にヘーゲルが「実体の形而上学」から「主観性の哲学」に転換したことが認められよう。ただし、ここでいかなる意味で「論理学と形而上学」が「超越論的観念論」と呼ばれたかについては、従来の研究では必ずしも充分に説明されていない。もとよりこの名称は後にも先にもこの一回限りでしか使われていない。しかし、この名称そのものは論理学と形而上学の関連にかんして或る含蓄を含んでいると思われ、見過ごされるべきではない。それと関連して更に注目されるべきは、「認識」が一八〇四／

〇五年の構想において、「形而上学」全体の主題をなすだけでなく、「論理学」の最後の段階で、論理学全体の行程を反省する方法論の箇所ではじめて登場してきていることである。したがって、われわれが上で推測したところの、論理学と形而上学を橋渡しする何ものかとは、この「認識」に認められるのではないかと思われる。

二　弁証法と自己内反省——論理学の行程

こうして、イェーナ中期の論理学と形而上学の連関について暫定的に次のように想定してみることができよう。論理学と形而上学が共に「無限性」という内容をもちながら、「無限性」の発生的連関の形式において異なっていること、そのことは、論理学と形而上学との相違を認めつつ、その段差を埋めるような媒介的機能をもった「認識」の故に可能であったのではないか。またそれ故に「論理学と形而上学」は「超越論的観念論」と呼ばれようとしたのではないか。その点を確認するために、論理学の行程がいかなるものかをふりかえり、さらにこの論理学の行程の最後の箇所で、「認識」がいかに総括的に把握されたかを見て、それを受け継いで、「認識」が形而上学においていかなる意味で論理学の限界を克服する形式での「無限性」を用意するにいたったかを見てみることにしよう。

まず、論理学の行程がいかなるものであったかを見るために、ヘーゲルが自己の論理学を特徴づけた際に用いた幾つかの用語、すなわち「悟性の論理学」、「イデアリスムス」と「弁証法」、および「反省」の二つの種類、「われわれの反省」と「自己内反省」を手がかりにすることにしよう。

まず論理学はここでは「悟性の論理学」(JL3, 185) と呼ばれるように、「悟性」の立場で企てられたものである。「悟性」ないし「反省」（この両者は当時ヘーゲルにおいてほぼ同義に用いられていた）は、事物の外からそのつど或る概念のみを捉え、他の概念を省みない認識の立場である。それが他の概念との関係を省みる場合でも、当の概念の存立を損なわせしめることなく、ただ相互の間の「無関心的な」、外的な関係を捉えるにすぎない。実際、ヘーゲルは論理学の対象を一般に、形而上学との対比において「関係」として規定している。「論理学が止むところは、関係Verhältnisが存在しなくなるところである」（JL133）。「形而上学」は、「他者との一切の関係Beziehungを免れている」（JL132）。

その点は「悟性の論理学」が「イデアリスムス」（JL3）に他ならないと言われたところに端的に認められる。それは、「悟性の論理学」の原理が、それ自身「自分だけで存立するもの」（JL3）である「対立する諸活動」（同）（例えば、「統一性」と「数多性」、「実在性」と「否定性」）からの「構成」ないし「結合」（同）であるものの、その結合が真の統一性への「当為」（JL4）にとどまり、「絶対的統一性」（JL3）にいたらず、独立の諸活動に制約されて「自分だけで存在しないもの」（同）であることを意味する。ここで対立する諸活動がそれらの独立的存在をなくすことなく、ただ表面的に結ばれているにすぎず、真の全面的な統一はいつまでも彼岸にとどまるという構造が「イデアリスムス」と呼ばれたのは、かつて『信仰と知』で「反省哲学」にかんして同様の構造が「有限者のイデアリスムス」と呼ばれたことに照応すると思う。そこでは、「有限者のイデアリスムス」の原理は、「有限性の絶対性、そしてそこから出てくる有限性と無限性、実在性と観念性、感覚的なものと超感覚的なものとの絶対的対立、そして真に実在的で絶対的なものが彼岸に存在すること」（Sk2, 295-96）と表されていた。イェーナ中期の「悟性の論理学」もこれと本質的に同じ構造をもっていたと思う。

それと同時にこの「イデアリスムス」としての論理学は「弁証法」と言い換えられてもいる。「認識は形而上学へ移行するものとしては、弁証法もしくはイデアリスムスとしての論理学そのものを廃棄することである」（JL134）。この言い換えはいかなる意味で可能であろうか。ちなみに「弁証法」という言葉は『自然法論文』ではじめて出てきたが、そこでは「弁証法」は「関係が一般にそれ自体において無である」（Sk2, 476）ことを示すものだと言われていた。そうだとすると、論理学が「弁証法」だというのは、論理学の対象とされた「関係」が自己矛盾を含み、「それ自体において無である」ことが示されることを意味しよう。それは、当初外的関係の諸項をなすところの、相互に「無関心」に見えた諸概念が、実は相互の間で本質的に関係しあってのみ存立していることが示されることによって、換言すれば、当初の概念の意味が相互の関係によって根拠づけられることによって、当初の概念が「自己自身の反対」になり、それ故当初の形式での概念が廃棄され、「無」にされることを意味すると思われる。例えば、「実在性」と「否定性」という概念は当初互いに独立に存在しており、それぞれにとって他者は無視されていた。せいぜい両者の外ないし後に、「限界」（JL3）という両者を表面的に結びつける概念が立てられるのみであった。ところが「限界」においてむしろ「実在性」と「否定性」が相互に本質的に不可分に結びついていることが認められる。つまり「実在性」は「限界」において「否定性」でないものとして、「否定性」は「限界」において「実在性」でないものとして、共に互いに他を前提し、それを否定することを通して初めておのれが存立しえていることが認められる。それぞれは「自己自身への関係において否定的に他者と関係している」（JL7）。つまり「実在性」と「否定性」は互いに触れ合うことがなくバラバラにあるのではなく、むしろ相関的な関係にある。このように当初の外的関係のうちに内的関係が見出されることによって、当初の「他者への顧慮を欠いていた」（JL6）「没関係的な規定性」（同）は関係的な規定性すなわち「自己自身の反対」（同）になり、その限り「弁証法」（同）を蒙っている。

こうして「イデアリスムス」が「悟性の論理学」のいわば静態的肯定的な構造を表しているとすれば、「弁証法」はその動態的否定的な局面を表していると言えよう。したがって論理学においては、まず或る概念が外的関係において肯定的に述べられた後、次にその概念と他の概念との内的関係の故に当初の概念が否定される「弁証法」が示される。その限り論理学は肯定的なものの考察とその弁証法的廃棄の繰り返しである。

しかしそれと共に、弁証法的な廃棄の結果、当初の概念の限界を克服した新たな概念への移行が生じる。その際、新たな概念は当初の概念の「実在性」ないし「全体性」であり、そこで当初の概念はそれが真にあるところのものになると言われる。その意味で当初の概念はそこで自己に戻っている、すなわち「自己内反省」を行なっているとされる。つまり、当初の概念は全体的構造において根拠づけられるといえよう。例えば、上述の「実在性」と「否定性」が「弁証法」を蒙った場合、そこで「質の概念」は「自己自身の反対」(JL6)になるが、それは「質」でなくなることではなく、「それ自身質であるが、同時にその反対から由来し、反対を自己において表現する質の概念」(同)であるような、「質」の「全体性ないし真の実在性」すなわち「実在的な質」(同)となることである。この「実在的な質」が通常「量」と呼ばれる概念の意味するところのものに他ならないと解されることによって、「量」へ移行する。というのはこの「量」において、「質」における「統一性」という意味が、それの真にあるところのもの、すなわちそれと対立する「数多性」を「否定しながらの自己自身への関係」(JL7)においてあるところのものとして、「多くのものを排除する」ところの「数的一」(同)と規定しなおされることになるからである。その意味で、この移行において当初の規定性の「自己内反省」が起きている。ちなみに上述の「無限性」も同様に、「単純な関係」(質、量、定量)の「本質」をなすところの「自己内反省」を意味している。ヘーゲルは言う。「単純な関係の諸契機の弁証法的なものはかつてわれわれの反省でしかなかったが、単純な関係は自己自身の内へ反省することによって、自ら無限性となり、そこで初めて、単純な関係の本質をなすところのものを、自己自身で定立する」(JL28)。それにも拘わらず、再び「悟性」ないし「われわれの反省」が「無限性」を一つの概念として孤立的に捉えるため、かの「自己内反省」が見失われ、再び他の概念との間で外的関係に陥らざるをえなくなる。

そうだとすると、論理学の行程は結局二つの運動、すなわち「悟性」ないし「われわれの反省」による概念の悪無限的な直線的運動(肯定的な規定とその廃棄の繰り返し)と、弁証法的進行の結果における、当初の規定性の「自己内反省」としての真無限的な円環的運動とを含んでいることになろう。一方で、「悟性」ないし「われわれの反省」がその都度或る概念を捉え、他の概念との間で外的関係を認め、また諸概念の間の内的関係の故に「弁証法」をもたらす。他方ではその結果、当初の概念の「自己内反省」が生じ、当初の概念が根拠づけられる。そうだとすると、この過程は後の『精神現象学』における「意識の経験」の「学」の過程を先取りしたものと思われる。というのは、そこでは一方で「自然的意識」が対象にかんする知の吟味を自ら行い、弁証法的な経験を経て新たな知の形態に移るが、他方で当初の知の真相を表す「新たな対象」の「生成」は「意識の背後」(Sk3, 80)で「われわれにとって」「学」(同)の立場で行なわれるからである。ちなみに、悟性の段階で出現する「無限性」は、実は「これまでの全てのものの魂であった」(Sk3, 133)と見られる。つまり感覚的確信の対象(「このもの」)にかんする経験から、悟性の対象(「無限性」)にかんする経験までの過程全体が、実は根本的に「無限性」の運動に支配されていた。この点は、まさに上述の論理学における「統一性」から「無限性」への過程全体が「無限なもの」であったとされたのと、同様である。

もしも論理学の行程がこのようなものであるならば、そこから、論理学の限界を克服する形而上学について次の二つの点が認められるだろう。一つは、形而上学ではもはや「関係」と「弁証法的進行と廃棄」（JL134）が生じなくなることである。他の一つは、形而上学で示されるべき「無限性」は、論理学ではまったく手が届かなかったところにあるのではなく、論理学の行程のうちに既に含まれ、反省の言わば背後で生じていたのである。したがって形而上学は論理学のうちで生じた諸概念の行程を、反省による関係づけと弁証法的進行から救いだし、それらを一つに纏まったものという形式で取り出せばよいことになろう。ヘーゲルはこう言う。「認識は、論理学における差異的な関係の廃棄であることによって、理念の諸契機を弁証法的進行と廃棄から取り出し、それらを無差異的なものとして、もしくは自己自身にとってあるものとして規定し、それらからこのような自己廃棄を否定する」（JL134）。

ちなみに、かつて『差異論文』では反省とその二律背反を通して絶対者に接近するだけではなく、更に「直観」（Sk2, 43）を補足することによってのみ、「超越論的直観」（Sk2, 42）において絶対者を把握しうるとされていたが、そのような新たなものの補足は今や不要になったと言えよう。ただ論理学の歩みをいったん止めて、それまでの過程を想起しさえすればよいのであり、そこから形而上学への道が開かれてくるのである。(4)

それと共に、反省の背後で起こっているように見えた運動の内実が何か絶対者という実体的なものの運動ではないことも、理解されよう。むしろ、それはその都度の反省—対象としての概念が繋ぎあわされたもの、諸々の反省—対象としての概念の発生的連関そのものに他ならないであろう。つまりこうである。反省aが概念Aを捉え、次に反省bが概念Bを捉え、それらの弁証法的進行の結果、最後に反省cが概念Cを捉えたとする。その時、AからBへ、さらにCへという行程はAやBにとって「自己内反省」「無限性」を表してもいる。したがって、「無限性」は実は一つの孤立的な反省の態度cの段階で初めて捉えられるものではなく、むしろ（a—A）↓

（b—B）→（c—C）という発生的連関全体において把握されるべきであろう。この発生的連関全体がまさに「認識」に他ならない。

三　「認識」の諸契機

そこでわれわれは次に、論理学の最後でいかなる意味で上述のごとき諸概念の生成と消滅を通した発生的連関全体が「認識」として捉えられたかを、見てみることにしよう。ヘーゲルは「単純な関係」「存在の相関」「思考の相関」の諸概念を述べた後で、「比的関係」において「定義」と「分類」ないし「構成」の総合として「認識」を述べている。そこで彼は、「認識」が「これまでに生じてきていたものを表している」（JL121）と認め、それを次のように、当初の概念の「実在性ないし全体性」にいたる三段階的展開として説明している。

「認識のこの運動はこれまで常に、或る概念を実在性ないし全体性として叙述することであった。その第一の位相は概念そのものないしその定義そのものであった。第二の位相は概念の構成あるいは概念を悪しき実在性として、自己の外に出現することとして、つまり自己の他者になることとして叙述することであった。そして第三のものは真の実在性ないし全体性という契機であった、つまりこの他者になることを第一の統一性へ包摂することによって廃棄するという契機であった。第一の統一性においては、その統一性が実際には自己のうちに分離を含んでいることが、指摘された。そのような分離に対しては、分離にとってむしろ関係が本質的であることが指摘された」（JL119）。

それ故、「認識の本性」は、「無関心的な関係から差異的な関係への移行」（JL121）とみなされる。そうだとすると、ここで第一の契機である「定義」は、まさにわれわれが前節で問題にした論理学の行程のうちの、反省による概念の把捉に、第二の契機である「構成」（「分類」）は、当初の概念とそれと対立する概念との外的関係の把捉に、第三の契機（「証明」と「演繹」）は弁証法を通して見出された諸概念の内的関係、したがって当初の概念の実在性ないし全体性の認識に照応していると思われる。

ところで、第三の契機で第一と第二の契機が総合されるが、それは、まずは「定義」と「分類」（「構成」）が「証明」において総合されることとして考えられている。ヘーゲルによれば、「定義」において問題とされていた内容の「証明」を通して、一方で諸概念が相互に関係しあっていると共に、普遍的なものが「類」ではなく「根拠」（JL118）としてそれらの諸概念という「諸部分を包括している」（JL119）ことが示される。その際、「証明」の過程のうちで諸概念の分割が、最終的にそれらの関係を明らかにするために、企てられる限り、分割は「諸部分」への「分類」ではなく、「諸契機」の「構成」（JL120）という意味に変容されている。

ヘーゲルの出しているピタゴラスの直角三角形の定理の例で言うと、「証明」の途中で、三角形の各辺の平方によりもたらされる長方形を分割して新たな三つの三角形を作図（「構成」）するが、その「構成」から、直角に対面する辺の平方は他の二辺の平方の和に等しいことが一目瞭然となる。そこで各辺はもはや「全体」（三角形）の「部分」ではなく、「根拠」（ピタゴラスの定理）の「契機」を意味している。この定理において辺ａの長さは辺ｂと辺ｃの長さとの関係において限定され、それは対辺ｃの二乗と辺ｂの二乗の差の平方根に等しいというようなものであろう。

更に、このような言わば系列形成の規則としての「根拠」をもとに定義されるべき事物の本質的性質を備えた個々の事例を産出しうる限り、それは「演繹」（JL125）に他ならない。(5) つまり「証明」においては個別的なもの（「定義」）から普遍的なもの（「根拠」）への上昇が生じたが、「演繹」ではその普遍的なものから個別的なものへの下降が起きる。ところが、そのように演繹された結果が「一つの特殊なもの」（同）である限り、証明の出発点であった個別的なものとは「別なものになって」（JL124）おり、その限り、「定義」―「分類（構成）」―「証明」すなわち「実在的定義」（JL121）によって達成された「実在性ないし全体性」の連関が再び見失われてしまう。したがって、「認識」が「演繹」に極まる限り、それは「自己の還帰における、他者への移行」（JL126）に他ならず、「認識」という「円環」は、「他者への移行」あるいは「諸々の無関心的なものの系列」の「線」（JL129）の上での「内容」と「隔離している」（JL126）。このような「認識」と「内容」との関連は、まさにわれわれが前節で触れた、論理学の行程に含まれた二つの運動（真無限的な円環運動と悪無限的な直線運動）に照応していよう。

四　形而上学の内容と方法、超越論的観念論

このように論理学ではなお「内容」との外的関係、つまり反省の立場に制約されていた「認識」の発生的連関、論理学の「根拠」そのものが、形而上学では、反省による制約を除いた形で主題とされるようになる。ここから形而上学の内容と方法の特徴も規定されよう。形而上学の内容について言うと、論理学では支配的であった「関係」と「弁証法的進行」が廃棄され、概念が「認識の契機」（JL135）というものになっている。ただし、「関係」が廃棄されるというのは、諸概念の独立性に基づく関係が克服されるだけであり、関係一般が無くなるのではない。ここでは「根拠」の内での諸契機の内的関係は存続するのであり、むしろ自己関係が前面に出てきてい

ると言うべきであろう。他方で、「弁証法的進行」が廃棄されることによって、何か不変不動なものが現れるのではなく、むしろ、或る概念から別の概念への「移行」を「根拠」において媒介する、したがって「変化しながら端的に自己同一であり続ける」（JL128）運動がある。つまり、論理学で扱われた概念が、ここで他の概念との内在的な連関における自己還帰の運動という形式で、「自体」の規定性として捉えなおされる。

例えば、論理学の冒頭で述べられた「統一性」という概念が、形而上学の冒頭で「自己に戻った」（JL136）形において、「自己同一性」（同）として捉えなおされてくる。論理学では「統一性」から始めることは「正当化され」（同）ず、それは「恣意的な始まり」（同）でしかなかった。「統一性」は「多くのもの」を「自己と並んで持っている」（同）のでしかなかった。それが今や「多くのもの」などとの対立を経て「自己に戻って自己を維持したもの」として、「絶対的に最初のものとして、証明され」（同）、「自己同一性」として現れてくる。その限り「統一性」は今や「自体」（JL140）そのものの規定性である。他方、「数多性」も論理学では当初「統一性」の外にあったが、やがてそれとの内的関係においてあることが指摘された。

しかしこの弁証法的進行は論理学では「数多性」にとって「よそよそしい考察として」「偶然に」（同）現れたにすぎない。それに対して、今や「数多性」が「それ自体において」（同）「統一性」との関係においてあると見られる。それは、つまり「多くのもの」が「それ自身のうちに」「一つの分肢」（JL141）として「統一性」を含むということである。というのは、「統一性」は「数多性」を排除し、それと対立しているが、その限り「それ自身、一つの対立物」（JL140）という意味で、「多くのもの」（同）である、あるいは「多くのものではない多くのもの」（JL141）であるからである。[6] このような「統一性」と「数多性」との統一が「根拠」（JL142）に他ならない。「統一性」「数多性」およびそれらの関係は反省の「よそよそしい考察」によって捉えられたものとしてではなく、今や「根拠」の内在的契機としてある。結局、形而上学は内容的には一般に、諸概念の「それ自体における」連関としての「根拠」の学と思われる。

更に形而上学の方法について言うと、それは、まさに論理学の背後の「認識」に認められた、「定義」―「分類」(「構成」)―「証明」という過程そのものであろう。実際、ヘーゲルは形而上学の最後の「絶対的精神」の箇所で、「これまでの進行」は「概念が実在性において他のものとなり、それによって全体性そのもの、あるいは自己の内に反省したものとして、他の領域に移行する」(JL174)という過程であり、それが「定義」「分類(構成)」「証明」を通して、「諸部分」の「無関心的関係」(JL176)が「諸契機」の「真の相関」(同)になるものであると述べている。

けれども、ここで論理学に付きまとわれていた反省の立場がまったく消えるのでもない。むしろ、「認識」が前面に現れると共に、その内で、それとの連関が自覚化された形で反省の見地も存続していると思われる。というのは形而上学の行程において、当面の叙述対象であり、まだ他者との関係を完全には払拭しきれていない「それにとって」という視点と、「認識」そのものである「われわれにとって」という視点が並存して現れ、そして前者が次第に後者に一致するようになる過程が問題になるからである。(7) あるいは、次のようにも言えよう。論理学の行程においては「全体性」は根拠づけの結果において初めて示されたが、形而上学ではそれが最初から存在する。ちょうど、円を描く場合に、最初はまだその中心がどこにあるかが分からず、円周が閉じられた結果において初めて中心が、したがって軌道の「全体性」が判明するが、二回目に辿られる場合には、最初から中心に基づく、「全体性」の内での、また「全体性」をめざす軌道であることが分かっているようなものである。

ここから、内容にかんしてのみならず、方法にかんしても、論理学と形而上学の区別が流動化していることが、うかがえよう。実際、一八〇五／〇六年以後、論理学と形而上学の区別がなくなり、一つの「思弁哲学」ないし「学」が企てられるようになる。それにも拘わらず、なお導入的叙述は形を変えて試み続けられる。論理学の内容と方法が本論の叙述を通して自己媒介的にのみ与えられながら、他方で、本論の叙述に先立って、様々な形で導入が企てられる。(8) それは何故であろうか。それは、まさに上述のような、一八〇四／〇五年の「論理学と形而上学」の問題構成に由来するのではないかと思われる。すなわち、論理学と形而上学との区別が流動化し、解消せられるという傾向から見るならば、一方で内容的には、「恣意的に」始められた「統一性」が後に「自己同一性」として「正当化され」、当初潜在的だった「無限性」が後に顕在化された。他方で方法的には、叙述の最後の箇所で、論理学の最後と形而上学の最後で「認識」の「定義」—「構成」—「証明」ないし外的関係から内的関係への転換の過程が顕在化された。(9) その意味で、内容と方法が本論のうちで自己媒介的に根拠づけられていた。しかし論理学と形而上学の立場の違いに着目する限り、「反省」によって「外」から捉えられた「関係」と「弁証法的廃棄」が示されることによって初めて、「自体」ないし「自己内反省」という形式における「無限性」が出現しえた。その意味では導入が先行する必要があったと言えよう。

そのことは論理学と形而上学の立場の異なりを認めつつ、それらを橋渡しする「認識」の故に可能であった。そこに「論理学と形而上学」が「超越論的観念論」と呼ばれた所以もあったと思われる。けだし、カント、フィヒテ、シェリングの「超越論的観念論」は、本書の序論や第Ⅰ部で述べたように、表象の「客観的実在性」ないし「必然性」について自我の側から「根拠」を与える営みであり、その際、自我の働きの条件を遡及的に探求し、究極の「根拠」をもとめる「演繹」であった。ヘーゲルの論理学と形而上学は「表象」にかんする認識論ではなく、「概念」にかんする存在論ではあるものの、所与の「実在性」を示し、「根拠」を付与する「演繹」の営みといえる。

まず、論理学は、或る概念から出発して、弁証法と自己内反省によってその概念の「実在性ないし全体性」に展開する過程に他ならない。「実在性 Realität」という概念は、「否定性 Negativität」や「観念性 Idealität」に対立する意味で用いられもするが、「真の実在性」の意味では「全体性」と同義に用いられている。つまり、当初の概念は、他の概念との内的関係を通した「全体性」の中でのみ、すなわち、全体（「根拠」）の「契機」という身分において、それの真にあるところのものになるという意味で、「自己内反省」している。ちなみに「実在的なreal」や「実現されたrealisiert」という表現も、これと同様に「全体性」のうちで「自己内反省した」という意味で用いられている。

しかも当初の概念の「実在性」を求める過程全体が、「認識」という「根拠」によって支えられていることが最後に見出された後で、その論理学の「根拠」が形而上学でそれ自体において展開される。そして、形而上学では論理学の諸概念が根拠づけられ、「正当化」された形で再登場する。したがって、論理学に特有の弁証法の過程もなくなるのではなく、自己内反省の連関の中に組み込まれる。つまり、「変化しながら端的に自己同一でありつづける」「認識」の主体が、――それはある箇所で「絶対的自我」と呼ばれた――論理学の諸概念の移行の「根拠」であるわけである。

このことは、本書第Ⅰ部第一章で見たように、カントが諸表象の移行を通して（「同一性」という特性をもった）「超越論的統覚」によってカテゴリーによる諸表象の「総合的統一」を根拠づけ、それによって表象に「客観的実在性」を付与したことに照応するだろう。ヘーゲルが『差異論文』でカントの「カテゴリーの演繹」を「主観と客観との同一性」の故に高く評価し、『信仰と知』でもカントの「超越論的統覚」に基づくカテゴリーの超越論的演繹に思弁的意味を認めたのも、このためと思われる。

さらに、形而上学の行程においても弁証法が組み込まれていることから、形而上学の論述において、しばしば、まだ他者との関係を払拭しきれていない「それにとって」と、「認識」に他ならない「われわれにとって」という二つの観点が出てくることになる。そして、前者が次第に後者に一致するように高められていく。この点も、序論で見たようにフィヒテやシェリングの超越論的観念論の方法と同様であり、ヘーゲルの後の『精神現象学』でも認められる。

ヘーゲルは確かにカントやフィヒテの超越論的観念論を「反省哲学」とか「有限者のイデアリスムス」という名のもとで批判していた。また論理学と形而上学では認識論や自我の働きの根拠づけではなく、「概念」の「演繹」あるいは「実在的定義」が問題となっている。それはいわば関係の存在論とでも言えるものである。しかし、この関係の存在論は所与の概念の「実在性」を示し「根拠」を与えるという意味では、カント、フィヒテ、シェリングの超越論的観念論の根本的モチーフを継承していると言えよう。

（1）Vgl. K. Düsing, *Das Problem der Subjektivität in Hegels Logik*, Bonn 1976, S. 150–153.

（2）Vgl. K. Düsing, Von der Substanzmetaphysik zur Philosophie der Subjektivität. Zum Paradigmawechsel Hegels in Jena (Ms.), 2003; H. S. Harris, *Hegel's Development. Night Thoughts, Jena 1801–06*, Oxford, S. 1.

（3）Vgl. K. Rosenkranz, *Hegels Leben*（1844）, Darmstadt 1972, S. 161.

（4）『精神現象学』の「絶対知」章で行なわれることもこれと同様である。そこではもはや新たな経験は行なわず、ただそれまでの意識の経験の過程を想起して、そこに「純粋知の諸契機」（Sk3, 576）が用意されていることを確認し、そこから「学」への移行を行なう。

（5） 多くの事物の「分類」によって抽出された普遍的性質はかならずしも事物の本質的性質であるとは限らない。それが本質的性質であるといいうるためには、逆にその性質によって諸事物が出現すること、すなわちその性質が諸事物の「根拠」であることが示されなければならない。普遍的な「根拠」（いわゆる「具体的普遍」）が特殊化されて個々の事物となることが、示されねばならない。その点について、カッシーラーによるヘーゲルの「具体的普遍」の説明が注目される。例えば、二つの数の和が二五で、その一方が2で割り切れ、他方が3で割り切れるような数が求められたとする。そのとき、一方の数は「22－6Z」で表され、他方の数は「6Z＋3」で表される。これらの関数は「探求されたすべての数に共通の形成法則」であり、その限り「普遍的」であると共に、Zに数値を代入すれば求められた数が出てくるから「具体的」でもある。Vgl. E. Cassirer, *Substanzbegriff und Funktionsbegriff* (1910), Darmstadt 1994, S. 26-27. 拙著『ヘーゲル論理学の基底』（創文社、一九九七）二三九頁。

（6） この点をヘーゲルはとりわけプラトンの『パルメニデス』とスピノザの『エチカ』における「真正の懐疑主義」から学んだと思われる。『懐疑主義論文』によれば、プラトンやスピノザの「理性的認識」において、「諸概念は互いに矛盾あうような仕方で合一されている」（Sk2, 229）。

（7） Vgl. JL. 133, 171, 179, 181, 183, 186, 187; Düsing, op. cit., [(1)] S. 189.

（8） いわゆる「精神現象学の体系」においては「意識の経験の学」としての「精神現象学」が「学」への導入として企てられたが、「精神現象学」を必要としなくなった「エンツュクロペディー」の体系においても、「論理学」の「予備概念」（「客観性に対する思考の三つの態度」）あるいは哲学史や宗教哲学が体系への導入の機能を果たしているという見方がある。Vgl. H. Lucas, Zum Problem der Einleitung in Hegels enzyklopädisches System, In: *Hegels enzyklopädisches System der Philosophie*. Hg. v. Lucas, Tschuling und Vogel, Stuttgart-Bad Cannstadt 2004, S. 4. 山口誠一「ヘーゲル哲学史の体系的位置」（久保陽一編『ヘーゲル体系の見直し』理想社、二〇一〇年）。

（9） この点は『大論理学』でも同様であり、最後の「絶対的理念」においてそれまでの全行程の「方法」が主題的に論じられる。

第三章　「現象学の論理学」再考

本章では、前章で述べたようなイェーナ時代中期における「論理学」と「形而上学」の区別と連関が、『精神現象学』（以下、『現象学』と略記）にも認められることを、「現象学の論理学」の研究史をも踏まえつつ、明らかにする。というのは、『現象学』は「学への導入」である点においてイェーナ論理学の後継者であるので、両者の間には連続的な面があるように思われるからである。だがその前に、そもそも『現象学』はいかなる書物であるかについて、少し確認しておくことにしよう。

およそ『現象学』の魅力の一つは、その随所に人間の経験の弁証法の洞察が認められることにあることは、恐らく誰しも認めるところだろう。主人が奴隷に転じ、享楽主義者が世間のしがらみに巻き込まれ、神を求めるものが神から見放されてしまう、など等。しかも、主人は他人によって奴隷にさせられたのではなく、自ら主人であることを徹底したが故に、奴隷に転落したのである。享楽主義者も、神を求める「不幸な意識」も然りである。このように人間のうちの「肯定的なもの」の内に「否定的なもの」を見届け、対立物への転換を見抜いた洞察力は、パスカルやシェークスピアあるいは老子に匹敵するものと言えよう。しかしヘーゲルの場合はそれだけではない。弁証法的な転落を通してむしろ肯定的な「概念の実現」（Ph67）が認められる。個々の経験は断片的に語られるのではなく、世界の真理と人間の自覚をめざす方向性をもったものとして「必然性」（Ph74）の連関において述べられる。しかもそれは通常の人間の経験と「われわれ」哲学者による展開や総括という、言わば二重奏において示される。またこの「意識の教養の歴史」（Ph67）はおおよそ「世界史」（Ph220）と照応してもいる。ではそれらを通して全体としてヘーゲルはいったい何をめざしていたのだろうか。

一 「現象学の理念」の問題

だが『現象学』全体の企図を解明しようとしても、それを阻む特殊な事情がある。通常、何かの本を手に取り、そこにどういう内容が扱われているかを見ようとする場合、まずは本の題名を見、更に目次に目を通して、主題とその扱い方についておおよその見当をつけ、さらに少し時間をかけて序文や後書きを読めば、著者が何を述べようとしているか、またその本の特徴について大体予想がつくだろう。ところが『現象学』の場合は、周知のように、その表題が執筆途中で「意識の経験の学」から「精神現象学」に変わり、「目次」にはローマ数字による順序づけとアルファベットのそれとが重なっている。また序論的部分も、執筆当初の「緒論」と、本文の執筆後に書かれた「序論」とではかなり様相が異なり、前者では「意識の経験の学」が、後者では「精神現象学」が解説されているようにも見えるが、実際は必ずしもまったく異なったものではない。しかもそのような混乱はヘーゲル自身自覚してもいた。彼は一八〇七年五月一日にシェリングに宛てた手紙で、出版をめぐって「不幸な混乱」が生じ、それが一部テキストの「構成」にも及んだことを認め、さらに細部に立ち入りすぎたため「全体の概観」を損なったとか、「個々の部分」で多くの「書き直し」を要すると述べていた(1)。

そこでこの紛糾を解きほぐすことが『現象学』の理念の解明につながるかもしれないという期待から、この点

について これまで様々な解釈の試みがなされてきた。一方では、執筆途中でヘーゲル自身の構想に根本的な変化が、――表題どおり、「意識の経験の学」から「精神現象学」（以下「現象学」と略記）へと生じ、したがって作品の前半と後半とでは理念が別々になっていると解したり、あるいは未刊の書とみなしたり（ヘーリンク、ペゲラー、金子、加藤）、他方では、彼の構想は部分的に変化しているものの、根本的には首尾一貫していると解したり（フルダ、ハインリッヒス、トレーデ、ジープ）、あるいは、当時「原現象学」という一定の構想があり、その構想の変容として刊行された書物を解釈しうるという見方（山口、原崎、細川、フェルスター）が出てきた。

二　「現象学の論理学」の問題

そのような「現象学の理念」をめぐる議論の中で、とりわけ「現象学の論理学」の問題が注目されるようになった。けだし、ヘーゲルは『現象学』の様々な箇所で「現象学」の叙述が「学」への「道」であると同時にそれ自身「学的な性質をなし」（Ph31）、「現象する精神」の「形態」は「学のそれぞれの抽象的契機」に「照応しており」（Ph562）、そして「学」とは「論理学」（Ph33）に他ならないことを述べていたからである。実際、ローゼンクランツによれば、ヘーゲルは一八〇六年夏学期の思弁哲学の講義の際に『現象学』の校正刷りを用い、その際「現象学」を「論理学への導入」として捉え、「絶対知」からただちに「存在」に移行した。[2] ガープラーの報告によると、この「現象学」との関連で講義された「論理学」で、「後の詳細な論理学の萌芽と暫定的な基盤」[3]が述べられたという。一八〇六年八月に書かれた一八〇六／〇七年の冬学期の講義予告でも、ヘーゲルは「現象学」に続けて「論理学」を講義すると述べていた。こうして「現象学」はヘーゲル自身において「論理学」と密接な関連をもつものとして捉えられていたことから、いかに『現象学』の構想や編成が「論理学」のそれによって規定されていたかが、問われるようになった。

その際、「現象学の論理学」はおおむね、イェーナ時代の論理学ともニュルンベルク時代の『大論理学』とも異なり、『現象学』執筆当時の論理学であると見られた。もとよりこの論理学は実際には書かれなかった。とはいえ、ヘーゲルが当時『現象学』に照応し、それに続くものとして論理学を構想していたことは確かである。それと同時に「現象学の論理学」は、それが属するいわゆる「現象学の体系」(ハイデガー)の問題をも惹き起こした。当初、彼が一八〇六年夏学期および一八〇六/〇七年冬学期の講義予告で刊行をめざしていた『学の体系』という書物には、「現象学」が含まれていなかったようである。だが一八〇七年四月に刊行された『現象学』の表題では「学の体系」「第一部」と明記され、「序論」でも「学の第一部」(Ph31)という表現があり、「絶対知」でも来るべき体系の概観が述べられていた。さらに一八〇七年の自著広告では、「学の体系」「第一部」の「現象学」に続けて「第二部」として「論理学」・「自然哲学と精神哲学」が挙げられた。実際、ヘーゲルは一八〇六年夏学期の実在哲学講義の中で、「現象学」と「自然哲学」との若干の対応関係にも言及していたようである。そこで、「現象学」と「論理学」・「自然哲学と精神哲学」という二部構成の体系が、一方でそれに先立つイェーナ時代の様々な体系の試みと、他方で後の『エンツュクロペディー』の体系といかなる関係にあるかが問われるようになった。

こうして『現象学』に一貫した構想や理念があるかどうかという問題は、同時に『現象学』がいかに「現象学の論理学」と、また「現象学の体系」と関連していたかという問題を探求する中で問われてきた。この問題は一九六〇年代以後様々に論じられたが、最近では余り取り上げられることがない。けれどもそれは何か議論に決着がついたということではなく、問題は依然として残されたままであり、今日でもなお解明が求められているように思う。そこで以下では「現象学の論理学」について研究史を踏まえ、問題の所在を明らかにすると共に、筆者の見方を提示することにしたい。

三 「現象学の論理学」の研究史

従来、「現象学の論理学」にかんしては、「絶対知」で言われた「現象する精神の形態」と「学の抽象的契機」との対応に鑑みて、いかなる意識の形態にいかなる論理学の概念が対応していたのか、つまり『現象学』の構成の問題が主に取り上げられてきたように思う。この点についてペゲラーとフルダの見方がしばしば検討されてきたが、しかし、彼らの見方は実は相互の論争の過程で変化してもいた。そこでまず両者の論争の過程を辿り、そして彼らと対照的なハインリッヒスの見方を検討することにしよう。

ペゲラーは、当初「精神現象学の解釈について」(一九六一年、ペゲラーⅠと呼ぶ)において、「意識の諸形態」には論理学のみならず自然哲学や精神哲学をも含む「体系」(P219)の諸形態が照応することを述べていた。しかし同時に「体系全体の統一性」(P225)に対しては懐疑的であった。とりわけフルダを批判した論文「精神現象学の構成」(一九六六年、ペゲラーⅡと呼ぶ)では、彼は「精神現象学の行程を統一的に、当初から一義的に編成された行程として私たちに開示するような、ヘーゲル論理学なるものは存在しない(4)」と断言した。

それに対してフルダは、『現象学』と論理学との緊密な対応を当初から主張していた。ただし、フルダの『ヘーゲル論理学への導入の問題』(1965:フルダⅠと呼ぶ)においては、よく見ると、その点について三つの見方が混在していたように思われる。第一に、一八〇五／〇六年の精神哲学末尾におけるいわゆる「思弁哲学のスケッチ」――「絶対的存在」・「相関」・「生と認識」・「知る知」・「精神」・「自己について知る精神」という諸概念からなる系列――が、『現象学』の「序論」における「精神的なもの」にかんする諸契機の系列、――「即自存在するもの」・「関係しかつ規定されたもの、他在かつ対自存在」・「規定性のうちでつまり自己の外にありながら、自己の内に止まっているもの」ないし「即自かつ対自存在」・「精神的なものについての知」・「精神としての自己についての知」・「自己自身にとって、自己へと反省した対象」としての「精神的内容」（Ph24）と「或る程度重なり合う」ことから、かのスケッチが『現象学』の成立期にヘーゲルの念頭に浮かんでいた論理学の形態を告げ知らせ」、「『現象学』の構成をも映し出しているにちがいない」（F95）と解した。こうして、「感覚的確信」の対象は「即自存在するもの」に、「知覚」の対象は「関係しかつ規定されるもの、他在かつ対自存在」に、「悟性」の対象は「規定性の内でつまり自己の外にありながら、自己の内に止まっているもの」に、「自己意識」の対象は「私たちにとって」「即自かつ対自存在」する「精神的実体」に、「理性」は「精神的なものについての知」に、「精神」は「精神としての自己についての知」に、「宗教」は「自己自身にとって、自己のうちへ反省した対象」（その「精神的な内容」がそれ自身によって「産み出された」ものである限り）に、「絶対知」はこの「精神的な内容」がさらに「自己自身にとってある」のに照応するとされた（F95, Anm. 90）。

第二に、ヘーゲルの「精神」章や「絶対知」章の概観的な叙述においては、これとは異なり、先ほどの「精神的なもの」にかんする最初の三つの契機、――「存在あるいは即自存在」・「対他存在と対自存在」・「本質あるいは普遍的なものあるいは即自かつ対自存在」（F145-146）のみが用いられていた。

第三に、さらに別の箇所では、フルダは「一八〇八／〇九年の入門的な論理学」をも「比較の対象」（F142）

とみなし、別の対応関係を示唆した。すなわち、「感覚的確信」の運動は「存在の諸規定――質、量、無限性」に、「知覚」の内容は「本質」、とりわけ「質料」と「形式」に、「悟性」の基礎は「根拠」(「全体」「力」「内的なもの」)に、「自己意識」の基礎は「自立的な相関」(「実体性」「因果性」「相互作用」)に、「理性」の根底は「概念」に照応していた(F142-144)。さらに「精神」以後の行程は、一八一〇/一一年の入門的論理学における「三、諸概念」(「主観的」概念、「客観的」概念、「理念」)に対応していた可能性があるという(F144)。

このようにフルダⅠでは『現象学』と論理学の対応は三様に見られていたが、それに対してペゲラーⅡはこのうち第三の見方を批判した。とくに「自己意識」と「相関」との対応には無理があり、むしろ「概念」との対応が認められるべきだという。また『現象学』では「悟性」において「現象と超感覚的世界」から「生」に進むが、一八〇八/〇九年の論理学ではその点が欠けていたと言う(5)。

フルダ自身は「一八〇七年の現象学の論理学について」(一九六六年、フルダⅡと呼ぶ)においてこのようなペゲラーの批判を一部受け入れ、ニュルンベルク時代の論理学との対応による説明が「一面的で幾分図式的にとどまった(6)」点を認めた。また、「思弁哲学のスケッチ」が『現象学』の構成を映し出しているに違いない」といった見方も、「思弁哲学のスケッチ」と「現象学の論理学」とは「われわれの反省」の有無にかんして「恐らく異なっているだろう(7)」と認めて、撤回するようになる。そして、彼は「現象学の論理学」の拠り所をもはや『現象学』以前の「思弁哲学のスケッチ」にも、以後のニュルンベルク時代の入門的論理学にも求めず、むしろ『現象学』そのもののうちに求めるようになる。その際、彼は、意識が一方で自己自身を吟味するが、他方で「対自存在」と「対他存在」の「関係」すなわち「形態」のその都度の「原理」に従って「われわれによって」吟味されることから、『現象学』と論理学との間に二重の対応を認めるようになる(8)。一方は「意識の自体」(「意識の対象」

として現れる限りの「精神」、すなわち「実体」）にかんする論理学的契機であり、他方は「意識のエレメント」ないし「意識形態の原理」（それはその都度、意識の先行する運動の「結果」として得られる）にかんする論理学的契機である。

この二重の系列に対して、ハインリッヒスは、「自体」と意識の運動を分けることについては疑問を呈しながらも、それを「主題的な概念」と「操作的な概念」（H92）との連関という意味では支持した。他方、ペゲラーは「ヘーゲルの自己意識の現象学」（一九七三年、ペゲラーⅢと呼ぶ）において、対応にかんして自身の以前の消極的な考えを改め、むしろ（フルダIで示されたような）「思弁哲学のスケッチ」との対応を積極的に認めるようになる。彼によれば、かのスケッチにおける「生と認識」までの最初の三つの概念が「意識」から「自己意識」までに照応し、「知る知」以後の三つの概念が「理性」から「絶対知」までに照応する（P269-270）。その際、注目されるのは、前半の三つの概念が以前のイェーナ期の「論理学」（P269）に照応し、後半の三つの概念が「形而上学」（同）に照応するというように、前半と後半が区別されたことである。諸概念は前半では「別々に」「互いに孤立し、それ自体である」（同）のに対して、後半では「自己自身を把握し、即かつ対自的に存在する全体性」（同）のうちで展開されているという。

ペゲラーはかつて論文「ヘーゲルのイェーナ体系構想」（一九六三／六四年）において、一八〇四／〇五年においてはまだ存在していた「論理学」と「形而上学」の区別が一八〇五／〇六年以後解消され、一つの論理学に統合され、しかしその論理学に対する新たな「導入」として「現象学」が構想されたと述べていた。今やその統合された論理学になお「論理学的」部分と「形而上学的」部分との区別を認めたことになる。ちなみに、トレーデによれば、「生と認識」と「知る知」の間にはコンマでなく「セミコロン」が付いており、それによって「論理学的」部分と「形而上学的」部分との区別が表されていたという。[9] ともあれ、「思弁哲学のスケッチ」が「現象学の論理学」の骨格をなすというフルダⅠとペゲラーⅢの見方は、その後トレーデ、原崎、細川など多くの研究者が――個々の対応についてはなお様々な見方があり、また「思弁哲学のスケッチ」が対応するのは「原現象学」か『現象学』かという問題もあるが――認めるようになる。[10]

しかしこの見方に反対し、「現象学の論理学」の拠り所をむしろ一八〇四／〇五年の「論理学と形而上学」（以下LMNと略記）に求めるべきだとしたのが、ハインリッヒスである。既にシュミッツはLMNにおける「比的関係」の箇所が『現象学』の「行為的理性」の叙述に照応していると分析したが、[11] ハインリッヒスはこの見方をテキストの全範囲に押し及ぼした。ハインリッヒスによれば、フルダやペゲラーの言うように、LMNの構想が頓挫して一八〇五／〇六年の「思弁哲学のスケッチ」に変わり、それが「現象学の論理学」の骨格をなすようになったという見方には、根拠がない。反対に、LMNの構想と「思弁哲学のスケッチ」とを「重ね合わせるのは容易であり」（H97）、むしろ、「一八〇四／〇五年の論理学と形而上学が現象学に対してもっている卓越した意味」（H96）を重視すべきである。けだしLMNには四つの「反省の段階」（H100）があり、それと同様なものが『現象学』にも認められる。第一段階は「対象的ノエマ」を反省する「論理学」であり、『現象学』では「意識」から「理性」の行程に対応する。第二段階は「対象への反省」を反省する「形而上学」の最初の段階であり、「精神」に対応する。第三段階の反省は「客観性の形而上学」で行なわれ、「宗教」に対応する。第四段階の反省は「主観性の形而上学」で行なわれ、「絶対知」に対応する。

しかし彼は実際にはLMNだけでまたその順序どおりに、「現象学の論理学」をすべて説明しえているわけでもない。「感覚的確信」から「自己意識」までは「論理学」における「質」から「相関」への展開に即して叙述されたと見られるが、「理性」においては「比的関係」だけでなく「客観性の形而上学」も加えられたものによる対応を認めざるをえなくなる。更に「精神」以後「形而上学」との対応が認められるものの、実際の内容の説明では『大論理学』の本質論や概念論の諸概念も援用されてくる（!）。特に「宗教」の段階において一八〇四/〇五年には無かった「絶対者の現象」（H413）という概念が初めて登場してくるという。また既に「理性」において「存在―本質―概念」という「概念論理学の枠組み」（H264）が生じ、その枠組みのうちに「精神」「宗教」も組み込まれ、それが「絶対知」で反省されるようになるという。そこから彼は最終的には、「現象学の論理学」が二つの建築術的原理の「葛藤」（H498）のうちに、すなわちＬＭＮにおける「反省の諸段階」という原理と、『大論理学』で明示されるような「概念論的に根拠づけられた三肢性」（ebd.）という原理との葛藤の内にあったと見るようになる。

なお、フォルスターはフルダの上述の第三の見方に近く、「現象学」の意識諸形態――ただし「原現象学」における意識諸形態で、「意識」から「理性」までをさす――に対応する論理学は、ＬＭＮでも「思弁哲学のスケッチ」でもなく、「一八〇八年以後のニュルンベルク・エンツュクロペディー」の「論理学」に認めた。しかし彼は、その論理学は「基本的に一八〇四/〇五年の論理学と類似している」と認め、それ故、その論理学のカテゴリーの表は「ハインリッヒスの表と多くの点で一致する」とも言う(12)。

四 「現象学の論理学」の理念と方法の問題

「現象学の論理学」にかんしてハインリッヒスのようにＬＭＮを重視する見方に対して、しかし、多くの研究者はフルダⅠやペゲラーⅢのように「思弁哲学のスケッチ」の方を重視した。それには確かにもっともな理由がある。まずLMNは清書稿であるものの、結局出版が断念された。またそこでは内容的に既に「論理学」と「形而上学」の区別が既に流動化し始め、しかも全体の方法論が規定されていないなどの問題点（これらが断念の理由とも考えられる）が認められる。それに対して、「思弁哲学のスケッチ」では「論理学」と「形而上学」の区別が解消され、統合された論理学が語られている。更にこのテキストの成立時期が『現象学』の執筆開始時期とほぼ重なり、執筆当時のヘーゲルの考え方を反映していると推測される、など。

しかし「思弁哲学のスケッチ」はしょせん簡略な素描に止まり、その詳細な内容や方法はもとより知る由が無い。それに対してLMNの方はイェーナ時代で唯一内容的に充実し、首尾一貫した方法と理念に基づいて書かれた「論理学と形而上学」のテキストである。しかも『現象学』の執筆開始のわずか一年くらい前に書かれたものである。確かに「思弁哲学のスケッチ」の方が、『現象学』に時期的に近く、「現象学の論理学」の構成を窺う上で手がかりとなるかもしれないが、これだけでは、「現象学の論理学」の方法や理念を明らかにしたことにはならないと思う。上で見てきたような従来の「現象学の論理学」の研究もその考察の大部分を『現象学』の構成の問題に費やしてきたものの、その理念や方法については余り十分に取り組んでこなかった。しかし、そもそもテキストの構成は、その方法や理念によってもたらされ、意味づけられた表徴とも言え、それ故、その点の理解がなければ、構成や章立てをいくら吟味しても、結局、表面的な理解に留まらざるをえないだろう。だが、この方法や理念という点では、むしろLMNの方が示唆するところが多いように思う。実際、既述のペゲラーⅢとトレーデにおいて、「現象学の論理学」を規定した「思弁哲学のスケッチ」のうちで、前半の「論理学的」部分と後半の「形而上学的」部分との区別が認められたが、この区別の意味はLMNから来ているように思う。この点はハインリッヒスも充分には捉えていない。

1　LMNにおける根拠づけの連関

そこでLMNにおける論理学と形而上学の連関と方法論について見て、そこから『現象学』の行程に光を当ててみることにしよう。前章で述べたように、LMNにおける論理学と形而上学の間にはおよそ次のような共通点と相違点があったように思う。共通点は、或る概念と他の概念との区別とその区別の廃棄の運動を意味する「無限性」(JL30) が叙述されていることにある。相違点は、この「無限性」が論理学では自立的なものどもの「関係」(JL133) と「弁証法的進行と廃棄」(JL134) として、まだ事柄の外から「悟性」の観点から捉えられているにすぎず、その意味ではまだ十分に反省されていないのに対して、形而上学ではそれが「認識」として顕在化され、「認識」という自己的なものの中の「諸契機」(JL134) の内在的な連関(「自己内反省」)という形式において捉えられるようになる点に認められる。けれども論理学においてもその都度、事柄の「自己内反省」が結果的には現れてくる。当初互いに「無関心的」に関係しているにすぎないように見えた諸概念が、実は相互に本質的に結びついた相関関係をなしていることに気づかされ、それによって当初の概念は廃棄される「弁証法」(JL6) を蒙る。それと同時に、当初の概念は新たな内的関係のうちで自己の「実在性ないし全体性」(JL119) に達し、それが当初の概念の「自己内反省」、すなわち「根拠」を意味する。しかし、そうして生じた新たな概念も再び外的関係のうちで捉えられ、同様な過程が繰り返される。

形而上学ではこのような二重の運動が基本的には統合されるようになるものの、なお存続してもいる。その限り、論理学と形而上学は連続的過程と見ることもできる。実際、その点は既にLMNでも「論理学の第一部もしくは悟性の論理学」(JL185) とか「反省されざる論理学」(JL145) いう表現に窺える。その傾向が一八〇五／〇六年以後、一つの論理学の構想として定着したと言えよう。とはいえ、論理学と形而上学の相対的区別、そして論理学のいわば通時的な「諸部分」(JL121) が形而上学において共時的な「諸契機」(JL131) として根拠づけられるという、根拠づけの連関を見逃してはならない。けだし、ＬＭＮにおいて行なわれていた「定義」→「分類」→「証明」・「演繹」という叙述方法、つまり「実在的定義」(JL121) は、結局「根拠」(JL118) からの諸契機の導出に他ならない。その意味で、ＬＭＮの理念とはカテゴリーや思考形式に「実在性」を付与し、それらを結果において根拠づける営みに他ならず、その点でカントなどの「超越論的観念論」のモチーフを継承していると思う。

2　『現象学』における根拠づけの連関

このようなＬＭＮにおける形而上学による論理学の根拠づけの連関は次のような点で、ほぼ「現象学」と論理学との連関に再現されていると思われる。

(1) ヘーゲルは「絶対知」章において「現象学」と論理学の区別について、前者では「知と真理の区別および運動」(Ph562) があるのに対して、後者ではそれらが「自己 Selbst に連れ戻されている」(同) と述べた。これは上述の論理学と形而上学の相違点と基本的に同じものであろう。

(2) 「現象学」から論理学にいたる運動がそれ自身論理学でもある、換言すれば「意識の経験」に「学」(Ph74)、すなわち論理学の契機が伴うという周知の連関も、ＬＭＮの「論理学」における「悟性」による叙述の背後に、その都度結果的に概念の「自己内反省」ないし「無限性」が生じているという連関から理解可能と思われる。逆に言えば、ＬＭＮは既に「現象学」、いわば「無限性の現象学」あるいは「認識の現象学」であったと言えよう。

（３）　ＬＭＮにおける論理学の後継者である『現象学』の内部において、ペゲラーが指摘したように、相対的に「論理学的」部分と「形而上学的」部分が区別される。前者は恐らく「意識」から「理性」までの行程に、後者は「精神」以後の行程に照応しよう。というのは「精神」においてそれまでの「意識の諸形態」が「精神」という「根拠」の「諸契機」(Ph314) として捉えなおされるからである。ただしこの形而上学的な捉えなおしは「宗教」と「絶対知」でも繰り返される。

（４）　このように形而上学的な根拠づけの意味で、「目次」において後からＡ、Ｂ、Ｃというアルファベットの区分が付けられ、それは全体的な「根拠」の共時的な「諸契機」を表しており、「即自存在」・「対他存在と対自存在」・「即自かつ対自存在」の三肢構造を意味していよう。それは、ＬＭＮの「論理学」と「形而上学」の終わりの箇所において定義・構成（分類）・証明（演繹）として述べられた「認識」の諸契機のモチーフの展開とも言えよう。それに対して、本文におけるⅠ…Ⅷというローマ数字の区分は、意識の「諸形態」にかんするいわば論理学的観点からの通時的な順序づけを表していよう。[13]その限り、『現象学』と論理学の対応には二重のもの、いわば論理学的通時的対応（＝フルダⅠの第一の見方）と形而上学的共時的対応（＝フルダⅠの第二の見方、ハインリッヒスの言う「概念論的」な「三肢性」）があったと見られよう。そのような二重性の故に、「現象学の論理学」はイェーナ論理学から『大論理学』にいたる過渡的な段階を表しているといえよう。

３　『現象学』の母体としてのイェーナ精神哲学

こうして、ＬＭＮから「現象学の論理学」の特質に若干光があてられよう。しかし、「現象学の論理学」の源泉はＬＭＮないしその理念や方法によってなおも規定されていたと推測されるところの「思弁哲学のスケッチ」に尽きるものでもない。そもそも論理学が成り立つ境地である「絶対知」は、ペゲラーⅠによれば、一八〇三／〇四年の精神哲学における「絶対的意識」（P210）すなわち「民族精神」に由来していた。また一八〇五／〇六年の精神哲学では、「民族精神」が現れる「国家」の段階において、芸術、宗教と共に哲学が登場し、そこにかの「思弁哲学のスケッチ」が示されていた。そうだとすると、「現象学の論理学」のもう一つの源泉はイェーナ時代の精神哲学にあったと言えよう。[14] そこには「意識」の諸形態が「民族精神」で止揚され、そこで根拠づけられるという連関が認められるが、その連関はＬＭＮにおける論理学と形而上学の根拠づけの連関と重ね合わされうるであろう。それ故、結局、「現象学の論理学」はイェーナ精神哲学を母体とし、それにＬＭＮの理念や方法を重ね合わせるところから生じたと解することができる。

引用略記

F：H. F. Fulda, *Das Problem einer Einleitung in Hegels Wissenschaft der Logik*. Frankfurt/M, 2. Aufl. 1975

H：J. Heinrichs, *Die Logik der 'Phänomenologie des Geistes'*. Bonn 1974.

P：O. Pögeler, *Hegels Idee einer Phänomenologie des Geistes*. Freiburg/München, 2. Aufl. 1993

（1）Vgl. Br. Bd. 1, 161.

（2） Vgl. K. Rosenkranz, *Hegels Leben*, Berlin 1844, S. 214.

（3） Vgl. Dokumente zu Hegels Jenaer Dozententätigkeit (1801-1807). Hrsg. v. H. Kimmerle, in: *Hegel-Studien. Bd. 4*, S. 71.

（4） Vgl. O. Pöggeler, Die Komposition der Phänomendogie des Geistes, in: *Hegel-Studien. Beiheft Bd. 3*, S. 57.

（5） Vgl. op. cit., S. 52-54.

（6） Vgl. H. F. Fulda, Zur Logik der Phänomenologie von 1807, in: *Hegel-Studien Beiheft Bd. 3*, S. 98.

（7） Vgl. op. cit., S. 97.

（8） Vgl. op. cit., S. 97-99.

（9） Vgl. J. H. Trede, Phänomenologie und Logik. in: *Hegel-Studien. Bd. 10*, S. 199.

（10） Vgl. Trede, op. cit. S. 195ff., 原崎道彦『ヘーゲル「精神現象学」試論』（一九九四年）四六―五一頁、細川亮一『ヘーゲル現象学の理念』（二〇〇二年）二七―三二頁、三九―四四頁。

（11） Vgl. H. Schmitz, Die Vorbereitung von Hegels "Phänomenologie des Geistes" in seiner "Jenanser Logik", in: *Zeitschrift der philosophischen Forschung Bd. 14*, S. 20-38.

（12） Vgl. M. N. Forster, *Hegel's Idea of a Phenomenology of Spirit*, Chicago/London 1998, S. 520, 524, 530. この点について詳しくは、本書の補説第三章を参照。

（13） 「宗教」の序論によると、「意識」「自己意識」「理性」「精神」は「精神」の「諸契機」として「何ら相互に異なった定在をもたない」（Ph476）のに対して、各契機の「個別化された規定」、例えば「意識」の「諸形態」である「感覚的確信」「知覚」などは「時間のうちで離れ離れに現れる」、ただし「後続の形態は自己において先行の形態を保持する」（Ph476）。Vgl. Ph478.

（14） Vgl. Trede, op. cit., S. 200, 金子武蔵訳『精神の現象学』上巻（一九九一年）七一四頁、細川亮一、上掲書三六頁、六五頁。

第四章　ヘーゲル哲学体系の原理・条件・方法

──イェーナ時代の思想から──

近年、ヘーゲル研究の中心が公刊された著作から講義録に移るのに伴い、後期のヘーゲル哲学は従来そう思われていた程に「体系的」ではないのではないか、という疑念が生じている。少なくとも『エンツュクロペディー』の体系は彼の実際の思想を充分に反映していないではないかと言われる。この点については新たな資料や確かな文献学的基礎に基づいて、詳しく検討されねばならない。ただその際、後期のいわゆるヘーゲル的な体系的体裁を自明なものみなし、それが講義録に見出されるかどうかのみを問うとすれば、後期の思想の意味を充分に捉え、評価することにはならないと思われる。

確かに後期の思想の実態を研究することは必要だが、それに加えて、『エンツュクロペディー』の体系の内容と叙述形式がいかなる事情で求められるようになったのかを問い直すことによって、その真の意味を説き明かすことも必要と思われる。それによって恐らく、いかなる意味でヘーゲルにおいては事柄の解明が体系的形式において行なわれるべきであり、内容が方法的吟味に耐えて、客観的な認識としての資格を得るのでなければならないかが、問題にされることになろう。彼の体系のこのような本質的な意味に鑑みることによって、公刊された著作において論述された内容と講義で話された内容との差異についても適切に評価し、それによって後期の思想を全体として把握することが可能になるだろう。(1)

それでは体系的思想の本質的意味はいかにしたら捉えられるのだろうか。周知のように、ヘーゲルはイェーナ時代に初めて哲学体系を構想し、イェーナ時代を通してそれを幾度も訂正した。更にイェーナ時代の最後で『精神現象学』を「体系第一部」とする新たな体系を構想し、その第二部をなす論理学・自然哲学・精神哲学のみを、後に『エンツュクロペディー』のうちで具体的に展開するようになった。そうだとすると、後期における体系の意味をさしあたりイェーナ時代の構想との連関から見通す必要があるだろう。そしてイェーナ時代の構想については、われわれは既に第一章から第三章にかけて、まず「生と認識」という基本的立脚点、次に「生」の「認識」そのものをめぐり導入と体系という体系構成、根拠づけの方法などを指摘してきた。そこで、本章ではこれらの点に鑑みて体系思想の意味を見通すことにしたい。

そうすると、少なくとも次の三つの点が問題になると思う。第一は体系の原理の問題である。ヘーゲルは哲学の内容を「理念」と規定し、その諸形態を論理学・自然哲学・精神哲学で展開しようとした。だが、そもそも「理念」とは何を意味したのだろうか。更にそれが何ゆえに論理学・自然哲学・精神哲学という諸部門において述べられねばならなかったのだろうか。換言すれば、体系の諸部門の編成原理はいかなるものであったのだろうか。第二は、それと関連して、この体系が果たして自己完結していたのかどうかという問題である。というのは、ヘーゲルは一方で体系への導入の構想をも捨て切れなかったように思われ、他方で非哲学的「生」、すなわち歴史的現実を前提し、そこに哲学の課題を見出していたと思われるからである。その限り、自己完結的体系の条件が問われよう。第三は、いかに体系を構築するか、その方法にかんする問題である。ヘーゲルによれば、方法は事柄に対して外的なものであってはならず、事柄に内在的な展開として、前進即遡及という道行をとるのでなければならない。しかし、それはいかなる意味で理解可能であり、正当化されうるのだろうか。以下ではこれらの問題を考察することにする。

一　「生」の学的再構成

まず、「理念」の意味を吟味することにしよう。「理念」は、『エンツュクロペディー』によれば、「それ自体においてまた自覚的にも真なるものであり、概念と客観性との絶対的統一」(GW19, 166) と規定される。この「理念」の規定が本来何を意味していたかを検討するために、イェーナ時代まで遡ってみることにしよう。第一章で見たように、ヘーゲルはフランクフルト時代まで宗教論や政治論に取り組んだ後、イェーナ時代始めに哲学に転じ、しかも体系形式の哲学をくわだてるようになった。その際、体系的哲学の対象は当初からまさに「理念 idea」(GW5, 227) ないし「絶対者の理念 Idee des absoluten Wesens」(GW5, 262) と規定されていた。この「理念」の意味を問う場合、とりわけ注目すべきは、「教授資格論文テーゼ」において、「理念とは有限者と無限者との総合であり、すべての哲学は理念 ideae のうちにある」(GW5, 227) と述べられた点である。

この「有限者と無限者との総合」という表現の背景には、フランクフルト時代における「生」の思想があった。とりわけ、彼が『キリスト教の精神』において「生」を「有限者と無限者との連関」(N309) と述べたことが想起されよう。また彼が『キリスト教の実定性、改稿序文』において「人間的自然」と「神的なもの」との連関を「概念によって根本的に考察する」ことによって、「有限者と無限者との関係の形而上学的考察」(N146) に移行すると述べた点も関連してこよう。更に彼は『ドイツ憲法論、予稿』において、「自然を自己のうちで理念に形成した」(GW5, 16)「形而上学」によって「諸制限が全体との連関で自らの限界と必然性を獲得する」(GW5,

17）とも述べていた。
これらの箇所から「理念」の意味について、さしあたり次の点が認められよう。「理念」とは宗教的「生」における人間的自然と神的なものとの連関、また社会的「生」における個人と社会、領邦国家とドイツ統一国家との連関を一般化したものに他ならない。それは宗教や国家における特殊具体的な連関をいわばメタ・宗教―社会的観点において、「有限者と無限者との総合」として概括したものに他ならない。

しかし、「生」が「理念」に高められることは、単に宗教や政治における特殊な現象が一般的な概念、いわばプラトン的なイデアの次元に高められることを意味するだけではない。「有限者と無限者との総合」において問題とされるのは、もはや人間と世界との合一を宗教や国家において実践的に樹立することではなく、真理を学の中で認識することである。哲学は「真理の学」（GW5, 271）として「絶対者の認識」（同）である。哲学において求められるのは、人間のあれこれの良き態度や幸福な社会制度というものであるよりも、まずもって、それらの内容が反省され吟味を経て、客観的に真なるものとして確証されることである。つまり、「理念」において「生」という内容が概念化されるだけでなく、学的に確証された形式に再構成され、真なるものとして認識されるべきである。ヘーゲルは一八〇三年の講義草稿の或る断片において、「哲学において生が与えられる形態」について語り、それは「認識の場における絶対的に自由な形態」（GW5, 369）であると述べた。そこからわれわれはニュルンベルク・ギムナジウムの哲学入門講義において述べられた「理念」の意味をも理解しうるようになるだろう。それは、「理念」は「真実に自ら生きることを自己の内に含んでおり」、「一部は生であり、一部は認識であり、一部は学である」（Sk4, 29）というものである。結局、冒頭で挙げた『エンツュクロペディー』における「理念」の規定、「それ自体においてまた自覚的にも真なるものであり、概念と客観性との絶対的統一」も、このような「理念」の由来に基づき、「生」を「真なるもの」として「学」において「認識」されるものとして再構成したものという意味を含んでいたと思われる。

実際、ヘーゲルは『差異論文』で哲学の課題をこのような「生」の学的再構成とみなし、それを「絶対者を意識において構成する」（GW4,11）とか「絶対者が意識にとって構成される」（GW4,16）と規定していた。だが、そこで「意識において」あるいは「意識にとって」が何を意味するかが問題であるように思う。それは、人間が絶対者を認識することを意味するのか。それとも、絶対者が絶対者の意識、すなわち絶対者自身の主観と客観との差異の相において現れるという仕方で、絶対者を哲学者が構成するということなのだろうか。私の見るところ、結局、両者とも認められる。

ただし、前者の場合、すなわち人間が絶対者を認識するという場合について、若干注意を払うべき点がある。この場合、人間の意識ないし反省がそのまま絶対者を認識するという意味であるならば、それはもとより不可能である。なぜなら反省は、本書序論で述べたように、主観と客観、および認識される客観と認識されざる客観という二重の意味の区別において成り立つのに対して、絶対者はそれらの区別をまったく免れたものだからである。したがって、絶対者が「反省される」となると、絶対者が「廃棄される」（同）ことになる。しかし、そうだからといって、ヘーゲルは反省を否定する神秘主義や、反省以前の「常識」（GW4, 20）に与するものでもない。それらの立場では絶対者の学的認識の道が閉ざされてしまうからである。

そうではなく、反省の自己否定ないし「二律背反」を通して反省と絶対者との関係が開かれてくるという意味において、反省の働きは絶対者の認識への踏み台としての機能をもっている。ヘーゲルは言う。「対立するものを結合して二律背反とすることは、反省が絶対者を提示する唯一の仕方である」（GW4, 38）。ただし、これは言わば懐疑主義的ないし否定神学的な仕方による哲学の消極的側面の提示にとどまるが、この点は本来の哲学に対する導入に照応する。ヘーゲルはそれに加えて、体系によって絶対者を積極的に提示することをもめざしていた。けだし、「体系に自己を構成しない哲学は、諸制約からのたえざる逃亡でしかない」(GW4, 30) からである。

この絶対者の積極的体系的な提示は、実は、かの「意識にとって」を「絶対者の意識にとって」と解する場合において初めて理解可能となるように思う。この点においてヘーゲルはさしあたりシェリングの同一哲学の体系構想に依拠したが、一層根源的にはヘーゲル固有のキリスト教理解に基づいていたと思われる。

シェリングは『わが哲学体系の叙述』において、一切の人間の意識の立場を捨象して、「理性」(SA19) と呼ばれる絶対者、「絶対的同一性」(SA14) の立場に立とうとした。その際、彼は絶対的同一性が同時に自己のうちに主観的な成分と客観的な成分を含むことも認めた。というのは、絶対的同一性を表す命題、「AはAである」において主語としてのAと述語としてのAとの区別が含まれており、そこに絶対者の主観的な相と客観的な相が表されていると見られるからである。この主観と客観との区別においてまさに「認識」の次元が認められる。更に言えば、この客観的な相と主観的な相とは本質的に同一であるため、主観が客観を認識することは、主観が客観において自己を認識すること、「自己認識」(SA18) を意味する。こうして絶対者としての理性はただ存在するだけでなく、同時に自己認識というあり方をしている。シェリングはこの「理性の自己認識」を体系的に提示するべく、一方で「客観的な主観―客観」を「自然哲学」で、他方で「主観的な主観―客観」を「超越論的観念論」で述べようとした。更に『超越論的観念論の体系』において理論的自我と実践的自我との対立を「芸術哲学」において総合していた。(2)

そのような構想に照応して、ヘーゲルも『差異論文』で哲学を一般に、「自己自身を認識する理性が、自分とのみ関わる」(GW4, 10)「理性の自己産出」(GW4, 10) とみなした。そしてシェリング章において「同一性と非同一性との同一性」(GW4, 64) としての絶対者の把握において、再び客観的な部分と主観的な部分とに区別し、客観的な部分を「自然の学」(GW4, 73) において、主観的な部分を「知性の学」(同) において述べようとした。更に、両部門を「芸術」「宗教」「思弁」(同) において総合し、こうして最終的に「理性の自己認識」という事態を成立させようとした。

一八〇一年秋の「哲学入門」講義の草案でもこれと同様な体系構想が提示される、——ただし論理学と形而上学が付け加えられ、最初に置かれるが。彼はそこで次のように言う。「絶対者はみずから理念において自己の像をいわば構想し、自己を自然において実現し、もしくは自然において自己の展開された身体を創造し、やがて精神として自己を総括し、自己自身に還り、自己自身を認識し、このような運動でありながらまさに絶対者である。そのように、認識もまず理念そのもの Idee als solche を表す。そして、われわれはこれまで絶対者の直観を表象してきたのであったが、今やこの理念を認識にとって für die Erkenntniss 展開し、この認識において同様に差異 Differenz へと分岐させる。しかしその展開は端的に理念そのものの支配の下で、理念そのものの必然性に従っている」(GW5, 262)。こうしてまず「論理学」ないし「形而上学」において「理念そのもの」(GW5, 263) を扱う。次に「理念」を「認識」において「差異」において展開するべく、一方で「自然哲学」(GW5, 263) において「自然」を、他方で「精神哲学」(同) において「精神」を述べる。最後に「宗教と芸術の哲学」(GW5, 264) において「純粋な理念に戻る」。

ここで注目すべきは、「理念」が述べられる論理学と形而上学―自然哲学―精神哲学―芸術と宗教の哲学という哲学の体系が、「絶対者」による像の構想―自然への受肉―精神における自己還帰という「絶対者」そのものの展開と照応していることである。このことは、しかし、「理念」が上述のように「生」の思想に根ざしたものであることを思えば、奇異ではない。とりわけ『キリスト教の精神』において「生」の合一―分裂―再合一という「生」の一般的展開が、とりわけ宗教の段階で父なる神―子なるイエス―聖霊の展開として自覚化顕在化されていたことに鑑みれば、かの哲学体系の展開はキリスト教的な「生」の哲学的再構成とも言えよう。

ただしこのことは、ヘーゲルが単純にキリスト教の世界観にしたがって体系を構築しようとしたことを意味するものではない。キリスト教の思想は当初カント哲学によって、最終的には合一哲学によって既に非神話化されていた。そしてヘーゲルによるキリスト教の合一哲学的解釈において問題だったのは、結局、「生」の展開そのものが、「生」の一部である人間を介して顕在化されることである。こうしてヘーゲルはシェリングにおける「理性の自己認識」という体系の理念を、人間を介した「生」の顕在化という意味で受容したと思われる。[3]

ところで、上述の第四の芸術と宗教の哲学の部門は後に精神哲学に吸収され、また論理学と形而上学の区別は解消されて論理学になる。そこから、――導入部門を除けば、――論理学・自然哲学・精神哲学という『エンツュクロペディー』の体系が整うようになる。そうだとすると、『エンツュクロペディー』の体系もイェーナ時代初期の体系理念を基本的には踏襲し、その枠組みを越えていないように見える。

けれども、後期の体系がイェーナ時代の体系とほとんど同じだと言い切ることにも問題がある。例えば、一八〇四／〇五年の「論理学と形而上学」および一八〇五／〇六年の「思弁哲学のスケッチ」で扱われている内容が、ニュルンベルク時代以後の論理学においてかなり縮小されているという問題がある。[4] そこから、自然哲学と精神哲学が厳密に論理学に対応していたかどうか、換言すれば、それらが「応用論理学」と言えるかどうかが、問題とされよう。[5] もう一つは、ヘーゲルは上述のように当初から体系に先行する導入部門を認めていたことである。

ここではこの導入部門の問題だけを取り上げることにする。

二　体系の完結性と開放性

ヘーゲルは『エンツュクロペディー』の個々の科目が「自己自身において完結した全体性の円」(GW13, 18) をなすことを認めた。まず、論理学はまったく前提なしに始まり、その終わりにおいて始まりを根拠づけるものである。しかしヘーゲルは、論理学の「純粋思考」の立場が同時に『精神現象学』の終わりである「絶対知」を前提することをも容認した。

更に、このような学への導入である『精神現象学』自身、「序論」において、一方で、叙述に先立って著書の目的や特性を述べることは適切ではないと述べていた。なぜならそれらは叙述の中でのみ正当化されるからである。しかし他方では、『精神現象学』の登場の「外的必然性」(GW9, 11) を、すなわち哲学に対する時代の要請を語っていた。ヘーゲルによれば、世界精神はかつて「実体的生」(GW9, 12) に埋没していたが、やがてそれから抜け出し「没実体的な、自分自身への反省」(同) に転じてしまった。しかし最近再び「実体的生」への憧憬が生じてきた。それに対して、今や「かの実体性の回復」(同) が学的形式において求められるようになる。「今こそ哲学を学へ高める時だということを指摘することが、それ故、この目的をいだく試みに対する唯一の正当化であろう」(GW9, 11-12)。

この学的形式における「実体的生」の回復は、さしあたり、世界精神の歩みの想起という形で行なわれる。世界精神が経てきたこれらの「諸形態」は、現在の世界精神の段階の「諸契機」(GW9, 15) として含まれており、この諸契機はいわば共時的に存在している。『精神現象学』はこの共時的「諸契機」を「再び新たに」「その新たな場において」、すなわち意識の言わば通時的「諸形態」において展開する。この意味において『精神現象学』は世界史の結果を前提するだけでなく、その結果を分析し、意識の諸形態として歴史的連関において再構成する。世界精神の過去の生き生きした諸形態が、世界精神の現在の状態において想起された「諸契機」となる限り、それらは「世界の形成史が影絵において模写されたもの」(GW9, 25) になっている。だが『精神現象学』の「教育的な道行き」(同) は、「世界の形成史が影絵において模写されたもの」を、再び意識の歴史的「諸形態」として展開しようとする。(6)

そのような哲学と時代状況との関連は、実は、「エンツュクロペディー」でも認められていた。ヘーゲルはハイデルベルク大学での「エンツュクロペディー」講義の開講（一八一八年）の際の「聴講者への挨拶」において次のように述べていた。「民族生活と国家の政治的全体」が回復したという目下の状況において、「あらたに若返り強化された実体的基礎を、哲学的に発展させる」ことが哲学の「使命」である、と。(7) 更に、彼は『エンツュクロペディー』第二版の序文において哲学と宗教における「真理」の表し方について比較を行なっている。それによれば、「真理の学問的認識」は「限られた人にしか向かない」(GW19, 12) のに対して、「宗教」とは、「真理」が「あらゆる人に、あらゆる教養の人間に現れる、意識の仕方」(同) である。したがって、「宗教は哲学なしにもやっていけるが、哲学は宗教なしではすまず、宗教を内に含まざるをえない」(GW19, 13)。また彼は同書の「序論」の第六節で、「哲学と現実の経験との一致」が「哲学の真理を判定する少なくとも外的な試金石」(GW19, 31-32) だと述べている。なぜなら、「哲学の内容」は「生きた精神の領域においてもともともたらされ、いまもなおもたらしつつあるものが、世界、すなわち意識の外的世界および内的世界とされた内容」(GW19,

31)、すなわち「現実 Wirklichkeit」（同）だからである。

そうだとすると、哲学体系は「生きた精神の領域」（政治、宗教など）における現今の状況の要請によって正当化され、更に導入によって媒介されねばならない。哲学は、上述のごとく自己完結的であらねばならないが、しかし「現実」を抜きにして存することは許されず、「生きた精神の領域」から求められる課題に応えねばならない。しかも、哲学は実際には「限られた人にしか向かない」ために、すべての人によって理解してもらうためには、哲学への導入が不可欠である。

だが何ゆえにヘーゲル哲学は一方で上述の如く「自己完結的」であろうとしつつ、他方で現実の「生」に対して開かれており、また「教育的」であらねばならなかったのだろうか。後者の考え方は彼の哲学にとって何か付随的な要素にすぎないものだろうか。それともむしろ彼の哲学の本質的な条件をなすものなのだろうか。この点もやはりイェーナ時代初期に立ち返ることによって、明らかになると思われる。

上述のように、イェーナ時代における「理念」とその体系は、本来、「生」の学的再構成という意味を有していた。しかしこのことは、ヘーゲルの関心がまったく宗教と政治から哲学に移行してしまい、宗教や政治のテーマがもはや彼の関心の対象とならなくなったことを、意味するものではない。周知のように、ヘーゲルは一八〇〇年一一月二日のシェリングに宛てた手紙でこう述べていた。「青年時代の理想」が「反省形式」「体系」に転換するが、同時に「人間的生への介入」という「帰路」も求めねばならない（Br. Bd. 1, 59-60）、と。こうして「人間の生」は「理念」とその体系的叙述に高められるだけでなく、「生」自身としても保持される。いわば、単純な「生」が〈生と理念〉の二重構造に拡張したと言えよう。実際、ヘーゲルが一八〇一年にイェーナ大学で初めて講義した際に、彼は「哲学は生とどのような関係をもつのか」（GW5, 261）と問い、「哲学の真の欲求」

は「哲学から、また哲学によって生きることを学ぶこと」（同）に行き着くと述べていた。

だが哲学が「生」の学的再構成であるだけでなく、「生」そのものに立ち返り、「哲学によって生きることを学ぶ」と言われたことは、何を意味するのだろうか。この点にかんして注目されるのは、一八〇一年秋の哲学入門講義で指摘された、世界史の「過渡期」（GW5, 269）における哲学の使命である。それによると、世界史の過渡期において「偉大な精神」は「まだまどろんでいる新たな人倫的世界の形態を目覚めさせる」（GW5, 270）ために、「学校において形成されねばならない」（同）。そこで彼らは、「先行した形態の一切の制約から純化されてしまう」（同）ようになる。

それ故、ヘーゲルはまず「先行した形態の一切の制約」の哲学的表現として「反省」の諸形態を問題にし、それらから自己を「純化」しようとした。つまり、彼は哲学への導入としての論理学において「有限者から始め」（GW5, 271）、「有限者が予め否定される限り」（同）において、「無限者へ進み」（同）、形而上学に行き着こうとした。だがこの論理学また形而上学の叙述はきわめて抽象的であり、それらは一見「まったく意味をもたないように見える」（同）。しかしこのような「一切の他のものからの抽象」こそが、ヘーゲルによれば、むしろ「哲学することの第一の条件」（同）である。「哲学の完全な意味は全哲学および生そのものである」（同）。したがって、既存の制約から抜け出し、「意味」をもたないように見える「思弁」が、来るべき現実において大きな「意味」をもつようになる。それ故、哲学が「生」から由来し「生」に還ってゆくという連関、および哲学への導入が必要とされることは、哲学の必須の条件とみなされよう。

しかしこの点についてキンマーレはかつて、哲学と世界との実践的連関がイェーナ時代初期には認められるもののイェーナ時代後期以後次第になくなり、「閉鎖的な体系」になったと述べた(8)。しかし上述したように、実践的な連関はイェーナ時代初期の体系構想や『精神現象学』のみならず『エンツュクロペディー』にも認められる。

三　弁証法と自己内反省

ただし導入と本来の哲学との関係については幾つか問題がある。周知のように、『精神現象学』に対して後に「体系第一部」という規定が除かれたことから、導入が体系において不要になったのではないかが、問題とされた。ここではその問題を直接取り扱うことはできない。だが、イェーナ時代の学と導入との関係にかんしては別の問題がある。導入は「反省」や「意識」という有限者の立場に立ち、その「二律背反」や「絶望」を通して、後者の「思弁」や「精神」という無限者の立場に昇るというふうに、導入がもっぱら内在的な道として捉えられるべきなのか。それとも、この道も既に無限者の立場からの援助を必要とするのか。ここではこの問題のみを取り上げることにしたい。

この問題は、周知のように、『精神現象学』の「緒論」で「意識の経験の学」の方法の問題として述べられていた。すなわち、意識は自己の知を自ら吟味し、知と真理との不一致の故に一層高い形態に自力で転換しうるものの、「新たな対象の生成」(GW9, 61) は「われわれ」(同) による付け加えを要する。こうして「学への道」それ自身が「学」(同) である。このように、非学的意識の目標として据えられ、まだそこに到達していないはずの学の立場が、しかし既に意識の内在的な進行において前提されていた。これは悪しき循環であるように見える。(9)

だがこの循環も既にイェーナ時代初期に認められていたことである。というのは、ヘーゲルは『差異論文』で哲学の「二つの前提」(GW4, 15) として、「絶対者」(同) と意識の「分裂の立場」(同) を認めていたからである。絶対者は一方で「目標」としてめざされるものの、他方でそれは「既に存在している」（同）。なぜなら、「理性が目標を達成する」のは、「意識を諸制約から解放する」ことによってのみだが、この諸制約の廃棄は「無制約性という前提によって制約されている」（同）からである。それと共に、ヘーゲルはまさに「反省」の背後で「ひそかな理性の作用」（GW4, 17）をも認めていた。実際、一八〇一／〇二年の論理学・形而上学講義によれば、「反省ないし悟性」が「ひそかに理性によって駆り立てられて、同一性にいたる」（GW5, 272）。そして、このことを認識するためには、「悟性が模写している原像、理性そのものの表現を常に前に置く」（同）のでなければならないとされた。それでは、何故そのような必要があるのだろうか。

しかしイェーナ時代初期においては、「反省」が「ひそかに理性によって駆り立てられている」ことの理由について充分な説明がなされていなかったように思われる。けれども、反省の破壊的な道と理性の建設的な道との結びつきは、やがて一八〇四／〇五年の『論理学・形而上学・自然哲学』において方法的に「弁証法」と「自己内反省」との表裏一体の過程として示されるようになる。

第二章で見たように、ヘーゲルはそこでおよそ次のようなことを述べていた。――悟性は当初、種々の概念が互いに「無関心的」であることを認める。それぞれの概念は他の概念がなくとも存在し、他の概念との間には外的な関係が見出されるにすぎない。しかしやがてその概念が他の概念との関係においてのみ意味をもつことが、認められるようになる。「自分だけで存在する規定性は、真に没関係的な規定性ではなく、自己自身との関係において否定的に他者と関係している」（GW7, 7）。それ故に、当初の没関係的な規定性は自己の反対に転ずる「弁証法」を蒙る。他方で、弁証法的な廃棄の結果、当初の概念の限界を克服した新たな概念への移行が生じる。この新たな概念は当初の概念性の「全体性ないし実在性」を表し、そこで、当初の概念はそれが真にあるところのものになり、自己のうちに反省している、つまり根拠づけられている。それにも拘わらず、再び悟性はそれを孤立的に捉えるために、自己内反省の連関を再び見失い、他の規定性との外的関係に陥る。

こうして論理学は弁証法と自己内反省との絡み合いにおいて展開される。すなわち、一方で諸概念の直線的で時間的な進行と、他方で円環的同時的な総括（「想起」）とが絡み合いながら進行している。この絡み合いは上述の『精神現象学』における「意識の経験」と「学」との関連にも見出される。

それではこのような関連にはどのような意味があるのだろうか。もしも仮にこのような関連が存せず、意識の経験の内在的進行だけが認められるのであれば、意識は、弁証法によって生じた経験の真の意義を汲み取ることはできないだろう。それは自らの過程の意味を「忘れ」、既に行なわれたのと同じ運動を繰りかえさざるをえなくなろう。それに対して、「われわれ」が意識のこの過程を一度中断し、過去の段階と現在の段階との連関を見通せば、「われわれ」は意識に、意識が経験したはずの真の意義を知らしめることができよう。それによって、意識は一層高い段階の経験へ進むことができよう。

ただし、導入においては悟性や意識の弁証法的進行が主要な側面であり、自己内反省はその背後に控えていたのに対して、本来の哲学では逆に自己内反省が前面に出てきて、弁証法的進行は自己内反省の一契機とみなされるようになる。例えば、『論理学・形而上学・自然哲学』の論理学では上述のように概念の弁証法の過程の後にその都度自己内反省が現れたのに対して、形而上学ではその論理学の内容が自己内反省によって根拠づけられた形で再登場する。そのように本来の哲学の内部で弁証法が自己内反省のうちに包摂されるという方法的連関こそが、後のいわゆる「論理的なものの三側面」、――そこでは、「抽象的―悟性的側面」と「弁証法的ないし否定的―理性的側面」が「思弁的ないし肯定的―理性的側面」と一緒に捉えられる、――の意味をなすと思われる。

そして『エンツュクロペディー』において一般に事柄はそれに内在的な方法によって述べられねばならないとされたというのも、この「論理的なもの」に基づいていた。けだし、「論理的なもの」によって学の内容のうちに「内在的連関と必然性が入ってくる」(GW19, 92) とされる。こうして、事柄の内在的な進展を可能にする「論理的なもの」とは、実は、直線的時間的進行を踏まえ、それを包摂した円環的同時的想起を意味していたと思われる。換言すれば、「論理的なもの」がそのように弁証法を自己内反省のうちに含む限り、ヘーゲルの「学」における「必然性」とは、形式論理学や数学に認められるような、演繹的推論やトートロジーの意味での「必然性」ではなく、所与のものの弁証法的根拠づけの意味での「必然性」であり、それゆえ内容のうちに「内在的連関」が出てくることになる。

四　生—導入—体系

以上をまとめることにしよう。本章で最初に問うたヘーゲルの体系的思想の本質的意味というのは、結局、体系と導入と生という三つの要素の連関に認められよう。これらの要素は、ヘーゲル哲学の理論的ポテンシャルからして、本来すべて必要である。したがって、体系は言わば氷山の一角である。もちろん時々の状況において主題が限定される関係で、個々のテキストにおいてこれらのうち或る要素が強調され、他の要素が無視されることはあるにしても、それらは本来互いに他を補い合うべきものである。確かに哲学は「理性の自己認識」である限り、他の前提をもたず、始まりを終わりにおいて根拠づけるという意味において自己完結的体系でなければならない。個々の内容がそのような形式において全体の中で位置づけられて、根拠づけられているかどうかが、その認識のいわば「真理の内的試金石」をなすだろう。しかし「理性の自己認識」はヘーゲルにおいては「生」の学的再構成という意味を含んでおり、同時に「生」の現在の状況に開かれたものでなければならない。その限り、「現実の経験との一致」が「真理の外的試金石」となる。しかし、「生」の課題そのものを達成するには、実はむしろ既存の「制約」から純化された思弁的な世界にまで高まらねばならない。そこに哲学の使命がある。そうだとすると、「生」の現実と「思弁」における自己完結的体系とを媒介する必要がある。そのために「弁証法」と「自己内反省」によって導かれる導入が求められ、いわば教育的配慮による学的体系の正当化が求められる。こうして何らかの認識や行為や社会的制度や文化が真理であるかどうかは、それらが生―導入―体系の連関のうちに首尾よく置かれうるかどうかによって、総合的な仕方で吟味されよう。

（1）　ラメイユによれば、例えば論理学にかんして、「講義のテキストを『エンツュクロペディー』とは別の独立したヘーゲル論理学の叙述と捉える」のは「誤解」である。むしろ、講義は、要綱においては簡略化されている叙述を、「口頭で」「説明した注釈」を与えるものである。Vgl. Udo Rameil, Einleitung der *Hegels Logikvorlesung im Sommersemester 1831*, Hamburg 2001. S. X-XXII.

（2）　シェリングが一八〇〇年一一月九日にフィヒテに宛てた手紙によれば、「哲学の体系」は三つの部門から成る。第一は「理論的部門」であり、「客観的主観―客観」としての「自然」を取り上げる。第二は「実践的部門」であり、「主観的主観―客観」としての「自我」を扱う。そして「第三の部門」は「芸術の哲学」であり、それは第一部門と第二部門の「対立」を「廃棄する」。Vgl. FS108-109.

（3）　何ゆえにヘーゲルがシェリングと異なって体系への導入を構想したか、その理由も、私見によれば、「生」の顕示において人間の立場が認められていたことにあると思われる。拙著『ドイツ観念論への招待』（放送大学教育振興会、二〇〇三年）二六六―二六七頁参照。

(4) 一八〇五/〇六年の「思弁的哲学のスケッチ」においては「存在」「関係」「生と認識」「知る知」「精神」「精神の自己知」が挙げられたのに対して、ニュルンベルク時代の論理学では「存在」「本質」「概念」が扱われるようになる。これに対して、いわゆる「精神現象学の論理学」はこれら二つの概念系列を含んでおり、したがって、それはイェーナ論理学と後期の論理学との間の過渡期を表していたと思われる。この点については第三章参照。

(5) Vgl. V. Hösle, *Hegels System*, Bd. 1, Hamburg 1987.

(6) フルダによれば、「形成史」は「導入」ではありえないとしても、「精神現象学」の体系的基礎である。「導入」は「形成史」とは異なって「時間的次元」のうちに存在し、「学」の登場を「非学的意識」に対して正当化する。そこからフルダは「精神現象学」の理念を次のように捉える。「精神現象学」は「意識に対する学の正当化」を行なうが、それは「意識が普遍的精神の形成史の終わりで自己を理解する際の諸様式において」である。Vgl. H. F. Fulda, *Das Problem einer Einleitung in Hegels Wissenschaft der Logik*, Frankfurt a. M. Zweite Auflage 1975, S. 263-266, 160.

(7) Vgl. G. W. F. Hegel, *Werke*, hrsg. v. Glockner, Bd. 8, S. 31, 33.

(8) Vgl. H. Kimmerle, *Das Problem der Abgeschlossenheit des Denkens. Hegels "System der Philosophie" in den Jahren 1800 und 1804*, 2. erweiterte Auflage, Bonn 1982, S. 271.

(9) フォルスターは『精神現象学』の方法を意識に内在的な道とみなし、それはヘーゲル的な意味における学のいかなる前提をも必要としないという。Vgl. M. N. Forster, *Hegel's Idea of a Phenomenology of Spirit*, Chicago/London 1998, S. 274-280. しかし以下で見るように、意識はその都度自己の弁証法的経験によって生じたはずの成果を「忘れる」。それ故に「われわれ」が意識にその成果を新たな対象として提示せねばならない。さもなくば意識は前進できないだろう。この意味で「われわれ」による「付け加え」も必要である。この点については、補説第三章も参照。

補説——最近のドイツとアメリカにおけるヘーゲル研究について

第一章　最近のドイツにおけるヘーゲル研究の諸傾向

最近、ドイツのヘーゲル研究は停滞しているのではないかということがよく言われている。確かに、かつて一九六〇年代以後ヘンリッヒ、ペゲラー、フルダ、デュージング、ジープなどがもたらしたような秀逸な成果を最近の研究のうちに見出すのは、困難であるかもしれない。しかし、一見地味ではあるが、堅実な努力が続けられており、その中から新たな注目すべき成果も出てきつつあるように思われる。それゆえ、われわれはこれらの研究からなお多くの点を学ぶことができるし、学ぶべきであろう。以下では、筆者が二〇〇三年から二〇〇四年にかけてドイツのボーフムとベルリンに滞在した際に見聞した若干の例――それらは、論理学など或る限られた領域に関して取り上げられたものでしかないが、――をもとに、最近のドイツにおけるヘーゲル研究の若干の傾向について報告することにしたい。それらの傾向というのは、第一にヘーゲルの思想を内在的に、すなわち文献学的および発展史的に研究するものであり、第二にヘーゲルの思想を当時の他の思想と比較するものであり、第三に概念史的研究であり、第四にヘーゲルの思想を現代の観点から再構成するものである。

一　文献学的発展史的研究

ヘーゲルの文献学的研究は個々に様々な研究者が取り組んでいるが、しかしその中心は依然としてボーフムのヘーゲル・アルヒーフにある。周知のように、ヘーゲル・アルヒーフでの研究の重点は、もっか、ヘーゲルの講義、とくに彼の講義の筆記ノートに移りつつある。というのはヘーゲルの刊行された著作や草稿を取り上げた、アカデミー版ヘーゲル全集の第一部門の仕事は今や「ほぼ完了しており(1)」、二十二巻から成る第一部門に続いて、現在ヘーゲルの講義を筆記ノートから再構成しようとする第二部門が準備されつつあるからである。この現在行われている作業のキーワードは、筆者の印象によれば、「『ヘーゲル研究』第二十六巻（一九九一年）」である。というのはこの作業の最初のステップがそこで述べられているからである。そこでは、「ヘーゲルがどのような講義を行なったか、その講義に対してどのような筆記ノートがかつて確認され、また活用されたか、今日どのような筆記ノートが保存されているか、伝承された筆記ノートに基づいてさしあたりまず個々の分野に関してどのような像が描かれるか(2)」、という点について概観が与えられている。ちなみにこの概観に基づき、日本のヘーゲル研究者も講義のリストを作成した（加藤尚武編『ヘーゲル哲学への新視角』（創文社、一九九九年）。

ヘーゲル・アルヒーフによる全集第二部門の編集作業はこの『ヘーゲル研究』第二十六巻で敷かれた路線の上で進行している。彼らの計画によると、筆記ノートは言わばエンツュクロペディー的な順序で分野ごとに編集され、刊行されようとしている。全集第二十三巻は論理学と形而上学を、第二十四巻は自然哲学を、第二十五巻は精神哲学を、第二十六巻は法哲学を、第二十七巻は世界史の哲学を、第二十八巻は美学を、第二十九巻は宗教哲学を、第三十巻は神の存在証明を、第三十一巻は哲学史を、第三十二巻はエンツュクロペディーの講義を取り上げる予定である。(3)

筆者はヘーゲル・アルヒーフで第二十三巻の編者のゼル女史と第二十四巻の編者のボンジーペン氏に彼らの編集作業について尋ねてみた。彼らはさしあたり未公刊の講義録の解読と、既にフェリックス・マイナー社から出ている講義録選集の中の若干の講義録の修正に従事していた。(4)ただしその編集の原理にかんして、多数ある講義録のうちどのテキストを全集版のうちに受け入れるのか、——すべてか一部の選んだものだけか、——、それらをどのような秩序で編成するのか、——年度ごとかテーマごとか、——という点がまだ決定されていないという。この点については既にホルストマンがボーフムの編集方針について批判した論文の中で或る忠告を行なっていた。それは、「それぞれ特殊な主題をもった講義の諸資料は、それらが伝承された状態に応じて、それぞれに特有な取り扱いを要する」(5)というものである。ゼルとボンジーペンによれば、この点にかんする決定は、講義資料の全貌が明らかになって初めて下されるという。

しかし仮に講義が可能な限り改善された形で再構成されたとしても、そのことがヘーゲル哲学の理解に対してどのような意味をもちうるのかが問われる。細部に対する関心の増大によって、むしろ、「ヘーゲル哲学の中心問題から逸れてしまうという」(6)ことになりはしないか。その疑問に対しては、講義録研究の積極的な意味として、恐らく次のような点が認められよう。第一に、ルーカスが指摘したように、『エンツュクロペディー』は要綱的な性格のために抽象的で外面的な連関の叙述にとどまっているが、口頭による講義の記録によって具体的で詳細な内容が補足されうる。(7)実際、「論理学と形而上学」の講義の筆記録は、ゼルによれば、多くの実例を含み、『エンツュクロペディー』の叙述よりも詳細で生き生きとしたものである。第二に、種々の時期の講義のテキストを比較することによって、ヘーゲルの思想のうちで連続している点と変化した点を新たに解明しうる。ゼルによれば、ヘーゲルは「論理学と形而上学」において「予備概念」つまり体系への導入部分を幾度も改善したが、本論の内容そのものはほとんど変えていない。他方、イェシュケは論理学の特に本質論の箇所で「非常に様々なヴァリエーション」があったことを指摘している(8)。

いずれにせよ、新たに編集されたテキストに基づくならば、種々の分野におけるヘーゲルの思想の発展の諸段階を、従来の版に基づくよりも一層よく捉え、それによって「ヘーゲルの体系とは何か」という問題に新たに取り組むことができるだろう。このような観点から注目されるのは、ルーカスなどによって一九九三年にマールブルクで開催された『エンツュクロペディー』にかんするシンポジウムであり、その成果がルーカス他編『ヘーゲルのエンツュクロペディー的哲学体系』(二〇〇三年)で公刊された。ここでは、その中からルーカスとラメイユの論理学の発展にかんする論文だけを挙げることにしよう。ルーカスは、ヘーゲルが『エンツュクロペディー』の第二版(一八二七年)において初めて、論理学の「予備概念」における「客観性に対する思考の諸態度」の叙述を体系への「真の導入」として扱ったこと、つまり、「以前に『精神現象学』で設定した課題をそこに移転させた」ことを、指摘した(9)。ラメイユは、「理念論」が一八〇九—一八一〇年のギムナジウム講義において初めて「主観的論理学」の内に編入されたことを、「一八〇八—一八〇九年の生徒の筆記ノートに対する加筆メモ」を参照することによって確証した(10)。

講義と『エンツュクロペディー』の叙述との発展史的連関にかんしては、ゲートマン・ジーフェルトなどによる美学にかんする研究も重要である。ゲートマン・ジーフェルトによると、『エンツュクロペディー』第二版(一八二七年)における絶対的精神の最初の部分、つまり芸術を扱った部分は、一八二六年夏学期の美学講義の筆記ノートの場合と比べて、大いに変更されている。また一八二八―一八二九年の最後の美学講義は、さらに『エンツュクロペディー』第三版（一八三〇年）において芸術の規定にかんして変更と補足が加えられるようになる。(11)

これらの発展史的研究の成果の他に、フルダによる論理学や『エンツュクロペディー』にかんする入門的解説、またコッホとシックの編集による『大論理学』の注釈も示唆に富んでいる。(12)

二　哲学的布置の研究

ヘーゲルの思想の発展史を内在的に理解することは、同時に当時の状況について知ることなしには、考えられない。周知のように、ヘンリッヒは一八世紀九〇年代のテュービンゲンやイェーナにおけるカント後の哲学者たちの哲学的布置について取り組んできたが、それは初期ヘーゲルの思想の背景をなすものでもある。現在ではこの種の研究が一八〇〇年前後にまで、したがってヘーゲルのイェーナ時代の頃にまで拡げられている。例えば、イェシュケとフィーベークがそれぞれ開催したシンポジウムが、注目に値する。一九八九年に「超越論哲学と思弁」にかんするシンポジウムがシリーズ「哲学的文学的な諸論争」の第二回目のシンポジウムとして開かれ、イェシュケはその諸報告をフィヒテ、ヤコービ、シェリング、ヘーゲルなどのテキストと共に『第一哲学の形態をめぐる論争（一七九七―一八〇七年）』（一九九九年）にまとめた。これらの成果をもとにわれわれはあらためて、ヘーゲルがカントの批判哲学の後「第一哲学」ないし形而上学にかんするいかなる様々な思想動向を背景にして自己の道を切り開こうとしたかを、知ることができよう。ただしその諸報告においては主にヘーゲルとシェリング、フィヒテ、シュルツェとの関係が取り上げられているが、ヘーゲルとヤコービとの関係もあらためて検討するに値するように思われる。フィーベークは一九九四年にイェーナで「ヘーゲルの自然哲学」にかんするシンポジウムを開催したが、それは、「二〇世紀六〇年代から始まったヘーゲル自然哲学への再評価の過程をさらに推し進める」(13)ためのものであり、その成果が一九九八年に出版された。とりわけフィーベークの報告は「ヘーゲルのイェーナ時代初期の哲学的構図」(14)を一層詳しく解明したものであり、示唆に富む。それと共に、ヤメとフェーケルによって編集された『ヘルダーリンとドイツ観念論』四巻本(二〇〇三年)もヘーゲル研究にとって啓発的である。というのは、それは「ヘルダーリンの哲学的発展の記録と解説および当時の哲学的文化的布置」を最新の研究成果をもとに入念に示したものであるが、ヘーゲルもこの布置に属していたからである。

三　概念史的研究

上述のような文献学的ならびに発展史的研究、また哲学的布置に取り組む研究は確かにヘーゲル哲学の理解に資するが、その際、性急にヘーゲル哲学の現代的意義を求めてはならないだろう。しかしもしもヘーゲルの思想の正当性を問おうとするならば、ヘーゲルの思想を事柄と突き合わせて吟味する必要もあろう。けれどもこの事柄に即した吟味は、ちょうどヘーゲル自身が哲学史において一つの模範を示したように、歴史的考察一般を排除するものではない。それゆえ、ヘーゲルの思想を事柄に即して吟味するためには、彼の個々の思想を概念史的に考察することが有効である。筆者はそのような概念史的な研究を、イェシュケとフッテンがヘーゲル・アルヒーフで二〇〇三年夏学期に行なったコロキウムにおいて見聞した。このコロキウムではヘーゲルの判断論がデカルト、カント、ミル、ロッツェ、ブレンターノ、フッサール、ラスク、フレーゲなどの判断にかんする他の理論との連関において問題とされた。そこではヘーゲルの判断論の特性また真理の対応説や心理学的な捉え方に対するヘーゲルの態度などが他の近代の考え方との比較において論議された。同時にこれまで判断論の歴史においてほとんど言及されてこなかった脈絡が指摘された。

四　現代思想との比較研究

このようなヘーゲルの思想の概念史的検討は現代の思想との比較やヘーゲルの思想の現代的意義の考察とも結びつくだろう。あるいはむしろ前者は後者を前提しているのだろう。この点にかんして注目すべきは、とりわけ、ブブナーが「ピッツバーグ新ヘーゲル学派(15)」と名づけた、アメリカにおけるヘーゲル研究の最近の動向が、次第にドイツのヘーゲル研究者の関心の的になりつつあることである。ドイツ古典哲学と英米系の哲学との関係については、かつてはしばしばカントと言語分析の哲学との関連が論議された。しかし今日ではカント後の哲学、とりわけヘーゲルと分析哲学との関係に対する関心が生じ、それに照応してアメリカにおける最近のヘーゲル研究に対する関心も生じている。二〇〇三―二〇〇四年冬学期のフンボルト大学におけるホルストマンの演習でも、最近出版されたブランダムやフラッセンの著書が取り上げられ、論議されていた。偶然ながら、アメリカのヘーゲル研究者ピンカードも、――彼はその著書『ヘーゲルの精神現象学』（一九九四年）で『精神現象学』の中心思想を現代的観点から再構成しようと試みていた、――フンボルト大学に滞在していた。そこで筆者は彼にこの新たな方向性をもったヘーゲル研究について尋ねてみた。彼の見方によると、戦後のドイツにおける新たなヘーゲル研究の種が、ピピンのヘーゲル研究が現れて以来、一九七九年頃からアメリカで実を結ぶようになった。加えて、クワインの全体論、クーンの歴史的観点、デイヴィドソンによる図式と内容の二元論に対する批判などによって、ヘーゲルによるカントの二元論批判やヘーゲルの認識の歴史性の思想が新たに評価されるようになった。そこから、ヘーゲル哲学のそのような分析哲学的解釈にドイツの研究者も注目するようになってきた。例えば、ヴェルシュ／フィーベーク編『思考の関心――現代の視点から見たヘーゲル』（二〇〇三年）はローティ、ブランダム、マクダウエル、ピンカードなどアメリカの研究者の論文と、ヘンリッヒ、ホルストマン、ジープなどのドイツの研究者の論文を含んでおり、言わば「分析的」態度と「大陸的」態度の総合の観がある。

最後に、学会や研究グループにおける一つの新たな傾向も言及するに値すると思う。それは、政治の世界におけると同様に、これまで互いに疎遠であったヘーゲル研究者たちの間に再統合の機運が生じていることである。二〇〇三年四月にオランダのロッテルダムで「ヘーゲルのイェーナ時代の構想」というテーマの学会が開かれたが、それは国際ヘーゲル協会（Vereinigung）と国際ヘーゲル学会（Gesellschaft）とが共同で催したものである。これは開かれた研究を促す良い兆候であるように思われる。

（1）Vgl. O. Pöggeler, Nachschriften von Hegels Vorlesungen, in: *Hegel-Studien*. Bd. 26, Bonn 1991, S. 148.
（2）Vgl. op. cit., S. 124.
（3）権左武志「ヘーゲル歴史哲学講義に関する研究報告」、『ヘーゲル哲学研究』第九号（二〇〇三年）、一一一―一一二頁参照。
（4）ゼルによれば、一八一七年の「論理学と形而上学」講義筆記ノートのテキストには多くの誤読があり、目下修正中である。
（5）Vgl. R. Horstmann, Der Kampf um den Buchstaben in der Hegel-Forschung der Gegenwart, in *Philosophische Rundschau*, 37. Jahrgang, Tübingen 1990, S. 77.
（6）Vgl. op. cit., S. 78.

(7) Vgl. H. Lucas, Zum Problem der Einleitung in Hegels enzyklopädisches System. „Vorreden“, „Einleitung“ und „Vorbegriff“ der Logik zwischen 1817 und 1830, in *Hegels enzyklopädisches System der Philosophie*, hrsg. v. Lucas, Tuschling und Vogel, Stuttgart-Bad Cannstadt 2004, S. 48.

(8) Vgl. Hegel, *Die Lehre vom Wesen (1813)*, hrsg. v. Gawoll, Hamburg 1999, S. XXXIII.

(9) Vgl. Lucas, op. cit., S. 64.

(10) Vgl. U. Rameil, Aufbau und systematische Stellung der Ideenlehre in Hegels propädeutischer Logik, in *Hegels enzyklopädisches System der Philosophie*, S. 92.

(11) Vgl. G. W. Hegel, *Philosophie der Kunst oder Ästhetik. Nach Hegel. Im Sommer 1826. Mitschrift Friedrich Carl Hermann Victor von Kehler*, hrsg. v. A. Gethmann-Siefert und B. Collenberg-Plotonikov, München 2004, S. XI. Zu den Forschungen über Vorlesungen der Geschichtsphilosophie S. 110–125.

(12) Vgl. H. F. Fulda, *G. W. F. Hegel*, München 2003, *G. W. F. Hegel. Wissenschaft der Logik*. hrsg. v. A. F. Koch und F. Schick, Berlin 2002.

(13) Vgl. *Hegels Jenaer Naturphilosophie*, hrsg. v. K. Vieweg, München 1998, S. 7.

(14) Vgl. op. cit., S. 39ff.

(15) Vgl. R. Bubner, Überlegungen zu Situation der Hegelforschung, in: *Hegel-Studien*, Bd. 36, Hamburg 2001.

第二章　ヘーゲルにおける「全体論」と「プラグマティズム」

――ブランダムの『精神現象学』解釈について――

一　アメリカにおけるヘーゲルへの転回

ヘーゲル哲学は経験論また科学や言語分析を重んずる主に英米系の哲学によって、二十世紀初め以後およそ数十年にわたって拒絶ないし無視されてきた。ラッセルはヘーゲルの「内的関係」に基づく「一元論」を拒否し、カルナップは「即自存在」「即かつ対自存在」などの語を用いるヘーゲル哲学が「無意味」な「形而上学」であると断じ、ポパーは「矛盾を容認する」ヘーゲルの「弁証法」を「独断論」として批判した。しかし今日のアメリカにおいて状況が大きく変わり、マクダウエルの『心と世界』（一九九四年）、ブランダムの『顕にすること』（一九九四年）のように、分析哲学の問題関心の側からヘーゲル的な考え方を称揚する傾向が現れてきた。(1) またそれと同様の傾向から、ヘーゲル哲学そのもの、とりわけ『精神現象学』にかんする注目すべき研究書（ピンカード、フォルスターなど）(2) も公刊された。

このような最近のアメリカにおけるヘーゲルへの転回には幾つかの背景事情が考えられる。一つは、分析哲学自身の行き詰まりである。論理実証主義の検証理論において、命題と対象との一対一の対応を示すことが困難になり、クワインは「経験論の二つのドグマ」（一九五一年）において経験論的還元主義に対して「全体論」を対置すると共に、意味論からプラグマティズムに重点を移そうとした。一九五〇年代半ばにはウィトゲンシュタインの『哲学的探求』とセラーズの『経験論と心の哲学』が出て、ヘーゲルとプラグマティズムを新たに結び付ける可能性が出てきた。セラーズは経験論の「所与の神話」を批判し、「「直接性」の偉大な敵であるヘーゲル」を評価しつつ、「知る」という出来事について「経験的記述」を与えるのではなく、「理由」に基づいて主張を「正当化」する場としての「論理空間」のうちに置いた。[3] ローティもセラーズに従って、アンチ意味論的なプラグマティズムの観点からヘーゲルの歴史的なアプローチを高く評価した。しかしこれらのヘーゲル評価はまだ断片的であった。更にその傾向を加速させたのは、ヘーゲルにかんする本格的な哲学史的研究がアメリカでも行なわれるようになったことである。既にテイラーはヘーゲル哲学をヘルダーの「表現主義」の流れの中で捉えたが、ピピンは『ヘーゲルの観念論』[4]においてヘーゲル哲学をカントにおける積極的モチーフの展開として捉え、これが大きな影響を与えることになった。というのは、分析哲学者は既に、カントについては初期ウィトゲンシュタインの問題関心との類似性の故に積極的に取り組んでいたのであり、[5] その限り、そのような分析哲学と通じるカント哲学の展開として、ヘーゲルに対して新たな注目を寄せるようになったと思われるからである。

こうしてヘーゲル哲学は社会哲学や歴史哲学、美学、倫理学などの面だけでなく、「認識の理論」[6]としても注目されるようになってきた。またそれを通してヘーゲル哲学が分析哲学の行き詰まりを打開するのに役立つのではないかという期待もかけられている。[7] その点を検討するためにも、まずは、ブランダムなどによるヘーゲル受容がいかなるものか、またそれが果たしてヘーゲル解釈として妥当かどうかを見極める必要がある。その際、マクダウエル、ブランダム、ピンカードなど最近の分析系のヘーゲル主義者の見方は、細かく見ると、必ずしも一様ではなく、ヘーゲル観念論の理解にかんして相互に異なった考えを含んでいる。[8] ここでは、その中で最も注目されるブランダムのヘーゲル論、とりわけ「全体論」と「プラグマティズム」をめぐる彼の『精神現象学』解釈を取り上げ、その是非を検討してみることにしたい。

二　意味論的全体論

ブランダムは『顕にすること』や『理由の分節化』など言語の本性にかんする体系的な著書を書いた後、『精神現象学』にかんする個別の論文を幾つか書いているが、ここでは「ヘーゲルの『現象学』における全体論と観念論」(以下、第一論文と呼ぶ(9))と「ヘーゲルの観念論における若干のプラグマティスト的テーゼ」(以下、第二論文と呼ぶ(10))を取り上げることにしよう。

ブランダムは第一論文において、『精神現象学』の「意識」から「自己意識」にいたる箇所を取り上げ、そこで世界が全体論的な構造として捉えられているだけでなく、その構造がいかなる意味で理解可能か、またいかなる前提条件のもとで全体論的な世界把握が可能となるかを問題にする。彼によれば、世界が特定の内容をもったものとして捉えられるのは、ヘーゲルにおいては、それぞれのものが単独に捉えられるのではなく、――スピノザの「規定は否定」の考え方に従って、他者の「排除」あるいは「質料的に両立不可能性」(H48)の関係において、またそれに基づく「推論的関係」(H49)において捉えられる。この関係は、とりわけ悟性の対象である「無限性」において、「全体」は「その区別項を自分の内でもっている」(H54)という全体論の形式で示されており、それ以前の過程において潜在的にあった全体論の構造が顕在化している。

問題は、この全体論的な構造がいかにして理解可能かである。そこにブランダム独自の考察が展開されているように思う。彼はヘーゲルの全体論そのものの意味について、またその理解の前提条件でありうる観念論について、或る難点を見出し、それぞれについて別の解釈によって難点を除去しようとする。

まず、全体論の意味について言うと、それは、全体の結構が部分の内容を「同定し、個性化する」、つまり特定するというものである。その際、ヘーゲルの叙述には「強い個性化の全体論」（H51、以下「強い全体論」と略記する）と「弱い個性化の全体論」（同上、以下「弱い全体論」と略記する）という二つの形態が混在していると見られる。両者の違いはこうである。或る項（状態や性質、命題や述語）の内容が他項との関係によって関連づけられる際に、「強い全体論」の場合は、その関係が「必要であるだけでなく十分でもある」（P50）のに対して、「弱い全体論」の場合は「必要である」（H51）にすぎない。つまり、「強い全体論」の場合、諸項の全体ないしシステムが「一挙に」（H52）与えられ、その限り各項の内容がシステムの内の他項との関係において特定される。それに対して「弱い全体論」においては各項の内容は関係だけで決まるものではないが、ただしその本質は他項との関係なしには規定されない。

ブランダムはこれら二つの全体論を比べ、「強い全体論」は理解不可能であり、「弱い全体論」のみが理解可能とみなす。彼によれば、「強い全体論」の場合、或る項は自分の本質がまったく他項との関係でのみ決められることから、自分の本質の決定を他項に委ねるが、その他項も同様に前者の項に委ねないと自分の本質が定まらない。しかるに前者はまだ特定されておらず、したがってその他者にボールを投げ返すことになる。そうなると、いつまでたっても、それぞれの項も両者の関係も特定できないことになってしまう。その意味でこの全体論は理解できない。それに対して、「弱い全体論」の場合は、項の内容は関係だけですべて決まるわけではなく、関係から独立な存在も認められる。だが関係は部分にとって必要条件ではあるので、原子論とは異なって、各項の本質的内容は単独に決められるのではなく、他項との関係によって決められる。この場合には、先のボールの投げあい、つまり「卵が先か、鶏が先か」(H55) という問題は生じない。関係に先立った項 (「直接的なもの」) の暫定的な定立の後 (その限り、直接的な項は言わば出発点を意味するだろう)、修正の過程を経た、その結果において諸項と関係は共に特定される。[11] ブランダムによれば、結局、ヘーゲルの言葉は一見「強い全体論」のように見えるものの、「実際にはこの種の強い全体論に与していない」(H55)。

そこで次に、問題は、この全体論の世界がいかなる条件のもとで成り立ちうるかである。しかしこの全体論的な世界把握の前提条件にかんして、ヘーゲルが論じているはずのテキストにおいて、ブランダムは再び或る難点を見出す。そのテキストというのは、全体論的構造が意識の対象において初めて顕在化したところ、すなわち「無限性」が、その成立根拠を「自己意識」に見出す、「悟性」から「自己意識」への移行の箇所である。ヘーゲル自身はこの移行を次のように述べていた。意識は「悟性」において「無限性」を「対象」としようとするが、「無限性」自身区別すると同時に区別を廃棄する運動である。したがって、対象として自己から「区別されたもの」が自己から「区別されない」ということが、「私にとって」生じている。その限り、意識は対象において自己と同じものを認め、「自己の他在における自己自身の意識」すなわち「自己意識」となる。[12]

しかし、このようなヘーゲルの論述は、ブランダムによれば、或る論理的な困難を含んでいる。ブランダムによれば、ヘーゲルは既に「知覚」章の冒頭で、意識の主観と客観が「同じ運動」(Ph93) であると認め、それ故、意識自身を「ある種の全体論的な構造」(H56) として暗示していた。その構造が今や対象の側にも見出されたことから、「自己意識」が成立したと説く。そうだとすると、ここには次のような誤った形式の三段論法が認められる。

「意識の対象は無限性である」
「意識そのものは無限性である」
「故に、意識の対象は意識そのものである」、すなわち「自己意識」が生じている[13]

この三段論法において二つの前提が真だとしても、結論は確実に真とは言えない。すなわち、「意識の対象」と「意識そのもの」は必ずしも「同一」とは言えない。せいぜい両者は「無限性」である点において、「類似」(H57) だと言えるにすぎない。更にたとえ両者に「類似性」が認められるとしても、それは「強くない」(同) 類似性でしかない。というのは、二つのものの「類似性」は「対称性」と言い換えられるが――またヘーゲルもそう思っているようだが――客観なしの主観はありえないのに対して、主観なしの客観はありうることから、主観と客観とは「非対称的」(同) だからである。そうなると、意識の対象の全体論的な構造と意識そのものそれとの「類似性」は、きわめてか細いものにすぎない。それによっては全体論的な世界把握は充分に支えきれないだろう。

それに対して、ブランダムは全体論的な世界把握を支えるに足る足場を、(ブランダムの言う) ヘーゲルの「客観的観念論」(H62) の結構に見出そうとする。それは、(1)「客観」の側の「関係」(H60) が理解可能なのは、「主観」の側の「過程」(同) ――「誤謬」(同) を取り除く過程――によるという考え方である。しかしそれは、主観が客観の存在をもたらすという、バークリ的な主観的観念論の意味でではなく、(2) 主観と客観との間の「指示的依存」ならぬ「意味的依存」の関係という意味で認められる。

（1） ブランダムによれば、一般に「推論」にかんしては「関係」と「過程」が「区別されねばならない」（H59）。「PならばQ」、そして「Pである」、それ故、「Qである」という演繹的推論の過程は、実は、「Pであり、PならばQであり、そしてQでないことはない」という一個の「関係」に言い換えられるのであって、それが前提から結論への「過程」という形に表された時に、演繹的推論と呼ばれる。(14) そしてこの区別は、今問題としている客観の全体論的な構造の根拠づけを明らかにするのに役立つ。すなわち、客観の側の両立不可能性に基づく規定性の全体論的理解は、それとは区別される、主観の側の両立不可能な信念における矛盾の解決の過程を通してのみ、理解されうる。

だが客観の関係的構造が主観の認識過程に照応するだけでなく、むしろそれを通してのみ理解されうるということは、いったいどういう意味なのだろうか。それは、例えば、唯物論ないし素朴実在論の反映論の意味で、心から独立に客観が存在し、しかし当初はその内容が明らかでなかったが、後から主観の認識努力によって映し出されるという意味で言われているのだろうか。そうではない。ブランダムはむしろこの主客関係のうちに観念論、ただし主観的観念論ならぬ「客観的観念論」を認めようとする。ただし彼が「客観的観念論」と呼ぶものは、通常この言葉が意味するように、「客観的世界は精神的なものである」という説ではなく、客観は主観への或る「依存」によって明らかにされるというものである。その点を彼は一般に概念の依存関係の特質から次のように説明する。

（2） まず彼はセラーズの「意味的依存」の概念に依拠して、一般に概念の依存関係について、「指示的依存 reference dependence」と「意味的依存 sense dependense」という、二つの形態を区別する。(15)「指示的依存」は、一方の概念が或るものに当てはまらないと、他方の概念もその或るものに当てはまらないという関係であり、その例として「教師と生徒」、「四角形と長方形」が挙げられる。「意味的依存」は、人が一方の概念を把握しないと、他方の概念も把握していなかったというだけの関係であり、例えば、「釘とハンマー」がそうである。そして「意味的依存」は「指示的依存」を含まない、換言すれば、「内包の定義的依存」は「外延の事実にかんする依存」を含まない。[16] したがって、釘がハンマーに意味的に依存しているとしても、ハンマーが存在しないからといって、釘も存在しないということにはならない。つまり、釘はハンマーとの関係から独立に何か物体としては存在し、「ハンマー」として捉えられるものとの道具的関係の中で初めて、「釘」という意味をもったものとして捉えられるということであろう。これと同じことが、主観と客観との関係にも当てはまる。すなわち、客観的世界は、認識主観がなければ存在しないということではなく、主観と関わりなく存在しうるが、主観の過程との関係において初めて、特定の内容を帯びたものとして顕在化する。

その際、客観的世界の内容は、ヘーゲルの場合、全体論的に分節化されているものであった。したがって、全体論的な世界把握がいかなる前提条件のもとで理解可能かという当初の問題も、客観的世界の「関係」が主観の「過程」に「意味的依存」するという関連のもとで答えられたことになる。これを彼は「意味論的全体論 semantic holism」(H51) と名づける。それは、同時に、全体論が「弱い全体論」であることを意味しよう。なぜなら「弱い全体論」では「直接的な」項が関係に先立って存在し、[17] しかる後他項との関係を介した「過程」の結果として、各項と関係が全体の中で特定されるからである。つまり「弱い全体論」の運動は「意味的依存」の関係に基づいて成り立っていたのであり、そして「弱い全体論」のみが理解可能である限り、全体論的な世界の把握が理解可能なのは、客観における「関係」と主観における「過程」の「意味的依存」の関係においてであったということになる。

更にブランダムはこの全体論的に分節された世界を把握する「過程」そのものを「弁証法的理解」と呼んで、その過程を「直接性」―「媒介性」―「媒介された直接性」の三段階において示す[18]。第一段階では、或るものが「直接的に」、すなわち他者との関係なしに受け取られる。第二段階では、その直接的所与が「媒介的に」、すなわちもっぱら他者との関係に還元される。第三段階では両者が総合され、「媒介された直接性」、すなわち直接的所与が関係によって媒介されたものが捉えられる。この最後の段階において、直接的所与は関係的な構造を「表現する」「記号」としての「役割」を演じていると解される[19]。ただし「記号」とは、「絵」のように自分とは異なる対象を写すものではなく、自分を一部として包括するところの全体を表現するものである。

三　ブランダムの全体論的ヘーゲル解釈の検討

以上がヘーゲルにおける「全体論」とその観念論的根拠づけにかんするブランダムの解釈である。これをわれわれはどう受け止めたらいいのだろうか。まず、全体論そのものについて言うと、確かにヘーゲルは、既に『差異論文』で「部分は、孤立化されて限定されたものである限り、欠陥があるが、全体との連関によってのみ意味と意義をもつ[20]」と述べていたように、当初から「項」の原子論的把握に反対して「関係」を介した全体論的把握を説いていたことは確かである。またヘーゲルにおいて「強い全体論」と「弱い全体論」が共存しており、客観的世界の全体論的な構造の前提条件として、客観における共時的「関係」と主観における通時的「過程」との「意味的依存」の関係が認められ、その「過程」は「弱い全体論」に他ならないという解釈も、ほぼ妥当であり、決して恣意的な見方とは言えない。その点をヘーゲルのテキストに即して確認してみることにしよう。

ブランダムは「悟性」の「無限性」において全体論的な構造を認めたが、その「無限性」概念は実は一八〇四／〇五年の『論理学・形而上学・自然哲学』において主題的に取り上げられていた。しかもそこでの「無限性」の捉え方のうちに、通時的「過程」と共時的「関係」の連関が認められる。[21]「無限性」は「論理学」の段階では、概して、「悟性」の（事柄に対して）外的な観点から、自立的なものの「関係」と「弁証法的進行と廃棄」という、まさに通時的「過程」の相貌において示される。それに対して、「形而上学」の段階では、「無限性」は（論理学の結果において顕在化した）「認識」という自己的なものの中の「諸契機」の内在的連関（「自己内反省」）として共時的構造において捉えなおされる。しかし「論理学」においてもその都度、事柄の「自己内反省」が結果的には現れてくる。当初の規定性は結果において自己の「全体性」に達し、そこに「自己内反省」が成立している。その限り、ここには通時的「過程」と共時的「関係」とが同じメダル（「無限性」）の表と裏のようにあることが認められる。

同時にこの連関において「過程」は「弱い全体論」を意味していると言えよう。当初、互いに無関心的に関係しているにすぎないように見えた諸規定性が、実は相互に本質的に結びついた相関関係をなしていることに気づかされ、それによって当初の規定性が廃棄される「弁証法」をこうむる。それと同時に、当初の規定性は新たな内的関係のうちで自己の「全体性」に達する。したがって、これは「直接的な所与」から出発し、次にそれを「関係」によって両立不可能なものに直面せしめ、最後にその矛盾抗争を一なる「全体」のうちで止揚して、直接的所与を媒介的連関のうちで復活させる「弱い全体論」に他ならないだろう。こうして部分の意味は全体との連関において初めて捉えられるが、その全体はしかし過程の結果において初めて現れてくるという面をもつ。したがって部分の意味も結果において、全体と一緒に一層良く特定される。そして「強い全体論」はこの結果から翻って「弱い全体論」の「過程」を総括的に回顧できる局面において、あるいはそのように想定される観点において成立すると思われる。

このような通時的「過程」と共時的「関係」、「弱い全体論」と「強い全体論」の連関は、一八〇四／〇五年の「論理学と形而上学」の理念と方法を継承した『精神現象学』にも見出される。(22) そこでは、一般に「意識の経験」の弁証法的過程が、その都度結果において「われわれ」の観点から総括されて、進行に「学」の意味が付与されるだけでなく、「意識」の辿る通時的「諸段階」は「精神」にいたると「精神」の共時的「諸契機」として捉えなおされ、根拠づけられる。同様の根拠づけは「宗教」においても「絶対知」においても行なわれる。けだし、「宗教」の序論によると、「意識」「自己意識」「理性」「精神」は「精神」の「諸契機」として「何ら相互に異なった定在をもたない」のに対して、各契機の「個別化された規定」、例えば、「意識」の諸形態である「感覚的確信」「知覚」などは「時間のうちで離れ離れに現れる」(Ph476)。

こうしてヘーゲルの全体論にかんするブランダムの解釈はほぼ妥当なものと思われる。しかし幾つか問題点も認められる。まず、彼が「弱い全体論」のみを理解可能とし、「強い全体論」の意味をまったく認めようとしない点は、問題である。彼は言う。「ヘーゲルに強い全体論を取らしめるように見える箇所は、全体論的な構造を把握するないしは理解する過程における、一つの（結局、不適切な）局面に照応するものと解すべきである」(H66)。しかし、上述したように、「強い全体論」は、「弱い全体論」の過程の結果の「局面」において「弱い全体論」を回顧する際に、認められると思われるが、その「局面」の内容自身は「不十分」あるいは「理解不可能」ではなく、それ自身現実総体の特性を表したものとして理解可能である。そこではむしろ（「教師と生徒」に見られたのと同様な）「指示的依存」の関係さえ認められるだろう。例えば、ヘーゲルは、（「精神」以前の「意識」

の「諸段階」を自己の「諸契機」として捉えなおす）「精神」の局面で、「人倫的実体」とそのすべての構成員（「諸々の自己意識」）との間に相互に他をもたらし合う依存関係を認めている。一方で「人倫的実体」はすべての「自己意識」の「根底」および「目的」であり、他方で「人倫的実体」はすべての「自己意識」の「活動」によって産み出される「仕事」である。(23)

それによって、同時に、ブランダムの言う「客観的世界」の内実の狭さも問題になると思う。彼が「客観的世界」について語るとき、主観の活動によって開示されるとはいえ、それ自身主観から独立な存在として考えられていたように思う。(24)このことは、『精神現象学』が、対象意識だけでなく「自己意識」「理性」「精神」にいたってもなお「自然的意識」の主客対立の立場を保持し、「確信」と「真理」の区別の観点を保持しようする面をもつ限り、許容されるように見えるかもしれない。しかし、「自己意識」以後、実践的世界が問題になり、とりわけ行為的理性以後では、客観的世界は主観から独立な「物」でなく、主観の行為によってもたらされた「事柄」であることになる。それは個人から独立なものであるという意味では「客観的」であるが、その内容は自分や他人の行為という「主観的」要素を含む現実である。つまり、その中では主観と客観の対立が克服されているところの「精神的」現実である。しかし「意識」は「意識」である限り、そのことを再び忘れ、再び「精神的」現実を一つの「客観」として立て、新たな主観と客観の対立をもうける、そしてまたその対立の克服が行なわれる。

そうだとすると、ブランダムが問題にした「客観的関係」と「主観的過程」の区別は——その指摘自体は適切だが——主観から独立な「客観的世界」とそれから独立な「主観的過程」との区別というよりも、むしろ「（主観と客観の区別を克服した）現実」と「（主観と客観との対立を前提し、それを克服すべき）主観的過程」との区別と言うべきであったろう。この点は、「客観的観念論」の更なる根拠としての社会的実践の領域と「プラグマティズム」とも関連してくるので、次にその問題を見ることにしよう。

四　規範的プラグマティズム

ブランダムは、上述のごとく、全体論的な世界把握は「客観的観念論」という条件のもとで理解可能であるとみなしたが、さらに、第二論文ではそれを自己意識の「社会的達成」という一層大きな枠組みのうちに置き、そこに「プラグマティズム」の思想を認めようとする。この点は、実は第一論文でも暗示されていた。彼は第一論文で、客観的世界の把握が主観の認識の過程に依存していると語ったとき、これは、「概念的内容の把握」が「何かを行なう能力」ないし「過程に従事する能力」(H60)を発揮することに他ならないとも言い、この考え方を「概念的プラグマティズムの特殊なヴァージョン」(同)と呼んでいた。確かに釘を、単なる物体としてでなくハンマーとの関係で「釘」という「役割」を持った「記号」としてその概念を特定するにいたる、主観の過程において、認識主体はハンマーと釘を用いて靴などを作るという実践を行なっている。あるいは少なくともその「能力」をもっていると想定されよう。そしてプラグマティズムとは、一般に「概念の使用が概念の内容を規定する」(P209)という考え方であるとすると、これを「概念的プラグマティズム」と呼ぶのも理解できる。ただ「概念的プラグマティズムの特殊なヴァージョン」というのはどういうことだろうか。彼は上述の「能力」をもっていることを、「過程に従事する主観的義務を認めること」(同)というように言い換えていた。つまり、単に或る物の意味を、ハンマーと一緒に使用する限りにおいて、「釘」と特定することだけでなく、「或る人がこの物体は釘であるとみなすことは正当であり、そう主張する義務がある」ということが問題である。したがって、

「特殊なヴァージョン」だというのは、判断したり行為したりする人間の義務や権利というような「規範的な概念」にかんする「プラグマティズム」という意味である。これを彼は「規範的プラグマティズム」（P212）と呼ぶ。[25]

ところで概念の規範性について、ブランダムは、既にカントの合理論的な世界観において「概念」に「規範的な性格」（同）が含まれており、それをヘーゲルが継承したという。それは、デカルト的な「確実性」（同）がカントにおいて「必然性」（同）に移ったことを意味する。[26] つまり、私が或る対象の概念を「確実に」知っているかどうかが問題ではなく、私が或る概念の使用を他の概念の使用との関連において義務づけられるかどうか、すなわち拘束性あるいは権威性の意味での「必然性」が問題である。ただし、ブランダムによれば、カントは更にこの概念の規範性の条件を充分に問わなかった。いかなる条件のもとで或る規範に対して責任を負ったり、権利をもつものになるかという問題が、カントでは解明されていない。だがその問題においてこそ、われわれがヘーゲルから大いに学ぶべき点があるという。

彼はヘーゲルにおけるそのような「規範的プラグマティズム」について第二論文で取り組み、そこで主に二つのことを述べている。第一に、或る概念を用いることが義務づけられたり、権利を与えられたりすることができるところの「コンテキスト」（P222）であり、それは、『精神現象学』の「自己意識」章で説かれた「相互承認」、すなわち自己意識の「社会的達成」（P216）に認められる。そこには、規範的概念の意味の制定はその使用に他ならないという「規範的プラグマティズム」が見られる。そこから、第二に、ヘーゲルの「概念的観念論」の「モデル」（P222）がこの相互承認の過程に認められる。

まず一般に概念の意味がどのようにして真なるものと認定されるかと言うと、ブランダムによると、カントとカルナップは概念の「制定」の段階と概念の「使用」の段階に分けて説明した。まず、概念の意味が経験から独立に規定され、その種々の意味のレパートリーが用意される。次に、それらを実際に適用してみて、その中で使用不可能な候補を切り捨て、使用可能な候補のみを真に存在するものとみなす。しかしクワインは、概念の経験的使用から切り離して概念の内容を制定すること自体、「幻想」(P214)だと批判した。クワインによると、言語を使用することは「概念の使用 application」(同)として理解されるだけでなく、その言語表現が正しいもしくは正しくないという、「概念的規範」の「制定 institution」(P215)でもある。概念は使用されると同時に「規範」として制定される、そういう「ひとつの実践があるのみである」(P214)。

ヘーゲルもそのような「一元論的意味のプラグマティスト」(P215)だと見られる。ヘーゲルにおいては、経験は、既に用意された諸概念のレパートリーの中から適当なものを選ぶこと、あるいは他の概念によって取り替えるという働きを意味するのではなく、「当の概念の内容の修正と展開」(同)を意味する。経験における規範的概念のこの展開において、概念は使用されると同時に制定される。それは自己意識の「相互承認」の過程に認められる。たとえば、或る人を「将棋の良い差し手である」とみなすべきである(あるいは、彼を権威ある将棋協会の会員として推薦できる)という規範的態度が問題であるとしよう。この規範的態度は私一人の思い込みによってではなく、私が或る「理由」(同)に基づいて行なった提案が、他の会員によって「承認される」、つまり他人に対する交渉の結果として現れるだろう。つまりこの交渉が成功し、相互承認が成立した時にはじめて、私の抱く「良い将棋の差し手」という概念を或る人について「使用」することが、他のすべての会員がそれを認めねばならないこととして、つまり「普遍的」な規範として「制定」されたことになる。こうして規範的態度の位置する「コンテキスト」は、相互承認において成り立つ共同体にある。人が或る判断や行為の正当性を、理由をもって主張する、したがってまたその関与に責任を負うという場合には、暗黙であれ意識的であれ、そのような共同体が想定されているのでなければならない。

この考え方は、しかし、ヘーゲルのまったくの独創というわけでもない。ブランダムによれば、概念の使用と（規範としての）制定の同時的成立は、既にホッブス、ロックの社会契約説に認められ、さらにそれがルソー、カントの「自律」（P219）の思想に継承された。ただカントの「自律」の思想には形式主義的な難点が含まれていた。(27) 私が自発的に選んだという形式をもっていれば、いかなる内容であれ、そのすべてが私を拘束する権威をもつわけではない。それは、ヘーゲルの場合、他人次第である。私の権威は部分的でしかなく、他の部分は他人の権威であり、両者の合意によって初めて普遍的な規範が成立する。

そのことは、しかし何か個人が共同体にまったく埋没することではなく、むしろそこで初めて「個別」（P224）としての「自己」（P222）の意識が生じることを意味する。「個別」と「共同体」（P227）とは同時に一緒に成立する。「自己意識」というのは、孤独な個人が自分を内省することではなく、当初「特殊な」私の言動が共同体の中で承認され、その中で私が権利を持つと共に、規範に従う義務を負うことになる、すぐれて社会的規範的な主体であることに他ならない。当初の「特殊な」私が「普遍」すなわち「共同体」の中の一員として認められたときに、その「特殊」は「個別」という身分をもち、そこで「自己」が確立したことになる。

同時にブランダムはこの「規範的プラグマティズム」の事態から、「概念の構造と統一は自己の構造と統一と同じである」（P210）という、ヘーゲルの「概念的観念論」（P52）のテーゼ（それは、「論理学」の「概念」論の冒頭で主張されている）も理解可能になると考える。つまり、相互承認を通して「自己」が「共同体」との連関で成立している事態は、判断や推論をめぐる論理学的な領域の「モデル」と解されうる。それは二つのレベルで、すなわち一方では判断の要素である「特殊」と「普遍」の関連において、他方では個々の「概念」と諸概念の全体論的な「システム」の関連において認められる。(28) 一般に或る概念が他の概念との連関において規範性をもっていることは、当該の概念を用いる態度の全体論的な連関に根ざしていることになる。

五　ブランダムのプラグマティズム的ヘーゲル解釈の検討

それでは、ヘーゲルの観念論を「規範的プラグマティズム」と読み換えようとするブランダムの以上のような見方は、どう評価すべきだろうか。まず、全体論的な世界把握の条件としての「客観的観念論」が、更に自己意識の「社会的達成」という一層大きな枠組みのうちで位置づけられることについては、――その点について彼の説明はなお充分でないが、――実は、先に問題とされた「無限性」の意識としての「自己意識」の箇所に、暗示されていたと思われる。そこでヘーゲルはこう述べていた。「物の意識は自己意識にとってのみ可能であるだけでなく、自己意識のみがかの物の意識の諸形態の真理である」(Ph135)。この文の前半(「物の意識は自己意識にとってのみ可能である」)はかの「客観的観念論」の立場を表していると言えよう。(29) それに対して、後半(「自己意識のみが物の意識の諸形態の真理である」)において、「意識」が「自己意識」という「コンテキスト」のうちにあることが暗示されていると思われる。というのは、「真なるものは全体である」(Ph24)と言われたように、一般に或るものの「真理」とはヘーゲルの場合、或るものの「全体」に他ならず、それは「コンテキスト」と言い換えられるからである。つまり、「物の意識」は「自己意識」という、全体論的な「コンテキスト」の要素ないし契機として存する。そして「自己意識」は、「自己意識」章で示されるように、一般に「欲求一般」(Ph139)

という実践的態度であり、それは更に「相互承認」の中でのそれに、すなわち「社会的達成」に極まるからである。その意味で、ブランダムがヘーゲルの「客観的観念論」を「社会的達成」という「コンテキスト」の中に位置づけたことは、妥当な解釈である。そしてカントが問わなかった規範的態度の前提条件を、ヘーゲルが「相互承認」に見出したという指摘も、正しいと思う。そうだとすると、このブランダムのヘーゲル解釈は、「知る」という出来事のうちに主体の規範的要素を認めたセラーズの認識論を、更に規範的態度の条件の分析へと深化させたという意義をもつだろう。

その際、概念の真理性をめぐって、カントとカルナップにおける意味の制定と使用の二段階論を批判し、ヘーゲルを、二段階論を克服した「一元論的プラグマティスト」だとみなしたのも、うなずける。ただし、二段階論的考え方が一般に「幻想」だというのは、言いすぎではないかと思われる。むしろ二段階論的な考え方が現実の或る狭い範囲でしか成り立たないと言うべきであったろう。というのは、最初に或るものが持っているはずのいくつかの性質やその連関を想定し、次にそれに該当するものが実際に見つかった場合、その或るものが現実に存したと解するというのは、自然科学や技術に、また常識的な見方にもよく見られる思考の手続きだからである。例えば、胃に痛みが感じられ、それが「癌」に起因するものだ、すなわち胃に「癌」が存在するかどうかが問題だとする。その場合、まず、癌であるための要件として、レントゲンに写った影の様子とか、血液検査の数値とか、痛みが出てくる時間や状況とか、幾つかの指標が予め医者によって想定されている。次に、その指標に当てはまる現象が或る患者において実際に見出されるかどうかによって、患者の「癌」の有無が診断されることになる。もしも「癌」に当てはまるデータが見られない場合には、今度は例えば単なる「胃炎」を構成する別の指標に鑑みて、それらに該当するものが見出されるかどうかが、検証されよう。

しかしこれらの場合には、常に或る専門家の知性によって構成される可能的本質が先行し、その後に現実的存在が知覚的経験によって認められたり、認められなかったりする。そうだとすると、知性によって構成されないようなものは最初から度外視されている。しかも本質と存在が区別された上で、知覚によってその存在が確認できるような客観的な対象しか、問題とならない。これでは人間的現実のきわめて限られた範囲しか問題にされていないと思われる。人間的現実には、逆に現実的存在が可能的本質に先行するとか、可能的本質と現実的存在が同時に出現したり、現実的存在が潜在的本質の表現や展開として生じたと解される場合があると思われる。また人間の知性によって予め捉えられない「偶然」との遭遇も、人間的現実の一面だと思われる。さらに、単なる外的知覚によっては捉えられないもの、むしろ概念や理念と共にしか捉えられない現象が存在する。ヘーゲルの場合は、「現実性」は「可能性」の「展開」として、あるいは「本質」と「現実存在」との「統一」として捉えられ、単なる「存在」でも「本質」でもない。「相互承認の過程」もそのような「展開」「現実性」の具体的ケースと言えよう。その「展開」(「社会的達成」)において、概念の規範としての「制定」がその「使用」と同時に成立するとされる限り、ヘーゲルのうちにある種の「プラグマティズム」を見るのも、間違いではないだろう。この点でブランダムのヘーゲル解釈の独自性は評価されるべきだろう。

ただしそこでなお三つの点が問題点として残ると思われる。第一に、上述の「強い全体論」の否認にかんする問題点とも重なるが、ヘーゲルにおいては個人的な「意識」が「相互承認」を通して「精神」を自覚するだけでなく、本来的にはその前に「精神」自身の「意識」への外化が前提されている――『精神現象学』では「意識」の立場から出発するため、その点は当初は問題とならないが、「学」の立場では問題となる。あるいは少なくとも最終的に「意識」がこれら二重の側面(「精神」の「意識」への外化および「意識」自身における「精神」の自覚)

を含んだ全体的立場に高まり、それを自覚することがめざされているが、その点が考慮されていない。

第二に、ヘーゲルの「自己意識の概念」には「三つの契機」が含まれているが、その一部が無視されている。すなわち、第一は「純粋に区別されない自我」、すなわち外的な物が自己に等しいことを自覚している自我の契機、第二は自我が「欲求」において「自立的な対象」と関係するという契機、第三は自我が他の「自己意識」と関係するという契機であるが[30]、しかしブランダムは第二と第三の契機を重視するものの、第一の契機を無視している。あるいは、第一の契機の意味での「自己意識」を第三の契機に還元しようとしている。しかし、第一の契機の意味での「自己意識」は「自己意識」章だけでなく、恐らくすべての意識の形態に認められる成分であり[31]、けっして社会的実践主体にのみ還元できるものではないと思う。

第三に、彼は相互承認論が「概念的観念論」一般の「モデル」をなすと断定したが、この点もやや性急である。確かに「社会」と「歴史」と「推論的領域」の間に形式的に共通の構造が見出されるかもしれない。しかし、何故にそのような共通性が成り立つかについてはなお説明不足である。換言すれば、ヘーゲルの「概念的観念論」の「モデル」として、例えば「有機体」とか「主観性」とか「宗教」とかではなく、何ゆえに「相互承認」における社会的実践のみが挙げられるのだろうか。その問題を考えるには、恐らく、彼が殆ど手をつけていないヘーゲルの思想の発展過程を顧慮する必要があると思われる。

（1）　Vgl. J. McDowell, *Mind and World*, Cambridge 1994; R. B. Brandom, *Making it explicit*, Cambridge 1994.

（2）　Vgl. T. Pinkard, *Hegel's Phenomenology*, Cambridge 1994; M. Forster, *Hegel's Idea of a Phenomenology of Spirit*, Chicago 1998.

(3) W・セラーズ『経験論と心の哲学』(浜野研三訳、岩波書店、二〇〇六年) 四頁、七〇頁、八五頁参照。

(4) Vgl. R. Pippen, *Hegel's Idealism*, Cambridge 1989.

(5) 竹市明弘編『超越論哲学と分析哲学』(産業図書、一九九二年)、E. Förster, Der deutsche Idealismus aus der Sicht der USA [邦訳『ヘーゲル哲学研究』第十三号 (こぶし書房) 所収] 参照。

(6) Vgl. T. Pinkard, op. cit., p. 3, T. Rockmore, *Hegel, Idealism, and Analytic Philosophy*, New Haven/London 2004, p. 3.『精神現象学』を認識の理論として解釈すること自体は、必ずしも新しくはない。それは我が国でも既に例えば岩崎武雄氏の解釈(「認識の弁証法」)に認められよう。ただしブランダムの場合、後述するように、「意味論的全体論」と「規範的プラグマティズム」の意味が含まれている点が新しいと言えよう。

(7) ローティはブランダムの仕事を「分析哲学をカント的段階からヘーゲル的段階へと導く試み」として高く評価した。ハルビック、クヴァンテ、ジープは、マクダウエル、ブランダム、ピンカードなどが、ヘーゲル哲学において「図式―内容の二元論」の批判、真理の対応説と整合説のジレンマからの脱却、倫理的プラグマティズム、社会的外在主義、社会的実践の推論主義的理論、自然と精神の関係に関する自然主義的な考え方の批判などの点において「現代哲学にとって魅力的な選択肢」を認めた点を指摘した。しかし、他面ではこれら現代の新プラグマティストがヘーゲルのカント批判の形而上学的動機を無視し、ヘーゲル哲学の「存在論的―形而上学次元」の意義を見失っていると批判した。ヘンリッヒもマクダウエルの議論にはなお思想と世界との関係について厳密な論述と解明が欠けている点を指摘している。ホルストマンは、ヘーゲルの『精神現象学』や『法哲学』に対する最近の新プラグマティズム的アプローチが魅力的であることを認める一方、それが『論理学』には充分に目を向けておらず、認識上の相対主義に陥る危険性を認めている。Vgl. R. Rorty, Introduction, in: W. Sellars, *Empiricism and the Philosophy of Mind*, Cambridge/London 1997, S. 8-9; C. Halbig, M. Quante, L. Siep (Hg.), *Hegels Erbe*. Frankfurt am Main 2004, S. 10-17; D. Henrich, Philosophie. Eine Kolumne. Zwei Naturalismen auf englisch, in: *Merkur*, No. 565, 1996 No. 4, S. 340; R. P. Horstmann, Substance, Subject and infinity: a case study of the role of logic in Hegel's system, in: *Hegel. New Directions*, hg. v. K. Deligiorgi. Chesham 2006, S. 70.

(8) Vgl. J. McDowell, Selbstbestimmende Subjektivität und externer Zwang in: *Hegels Erbe*, hrsg. v. C. Halbig, M. Quante und L. Siep, Frankfurt a. M. 2004, S. 204, T. Rockmore, op. cit., p. 139ff.

（9）Vgl. R. Brandom, Holism and Idealism in Hegels *Phenomenology*, in: *Das Interesse des Denkens Hegel aus heutiger Sicht*, hrsg. v. W. Welsch und K. Vieweg, München 2003（以下Hと略記）.

（10）Vgl. R. Brandom, Some Pragmatist Theses in Hegel's Idealism, in: R. Brandom, *Tales of the Mighty Dead*, London 2002（以下Pと略記：初出は *European Journal of Philosophy* 7, August 1999, p. 164-189）.

（11）ブランダムのこのような全体論の考え方は、ヘーゲルにおける「内的関係」に基づく「一元論」に対するラッセルの批判に対して、ヘーゲルを擁護する意味をもつだろう。ラッセルのヘーゲル批判の問題点については、拙著『ヘーゲル論理学の基底』（創文社、一九九七年）二三九頁参照。

（12）Vgl. Ph128.

（13）Vgl. H57.

（14）Vgl. H59-60.

（15）Vgl. H61.

（16）Vgl. H62.

（17）Vgl. H66. ヘーゲルにおいて直接的なものが先行するとしても、それはいわゆる「基礎づけ主義」とは異なることは言うまでもない。

（18）Vgl. H68-71.

（19）Vgl. H67.

（20）Vgl. Sk2, 30.

（21）以下の箇所については、本書第Ⅳ部第二章参照。

（22）この点については、本書第Ⅳ部第三章参照。

（23）Vgl. Ph314.

（24）ロックモアはこのブランダムの見方を「形而上学的実在論」といって批判した。ロックモアによると、ブランダムは、ヘーゲルが「指示の問題」に関心を持っていたと解したが、それは誤解であり、『精神現象学』は「心から独立な客観的世界」を「指示する」考え方を拒んだ。しかしブランダムの言う「客観的観念論」は実在論とは異なり、むしろカントの「超越論的観念論」に近いと思う。Vgl. T. Rockmore, op. cit., p. 118, 127.

(25) ロックモアは、ブランダムの言う「プラグマティズム」は「古典的プラグマティスト」（パース、ジェイムズ、デューイ）のそれとも、「新プラグマティスト」（クワイン、パットナム、ローティ）のそれとも異なると見る。Vgl. T. Rockmore, op. cit., p. 112. それは、ブランダムのプラグマティズムが「規範的な概念」に関するものであると共に「意味論的全体論」を含んでいるからであろう。そしてこれらの点で彼はセラーズから大いに影響を受けたと思われる。

(26) Vgl. Pinkard, op. cit., p. 5.

(27) Vgl. P387.

(28) Vgl. P224. ブランダムはさらに「自己」と「概念」との関連にかんして「歴史的次元」（P229）を指摘し、「伝統の承認的構造」（P234）を認めている。

(29) この立場はカントの「超越論的観念論」のそれに類似している。それ故、『精神現象学』を「超越論的観念論」の或る展開と解することができる。この点については、本書序論、第Ⅳ部第三章参照。

(30) Vgl. Ph140.

(31) 飛田満『意識の歴史と自己意識』（以文社、二〇〇五年）一〇二頁、二四五頁、二四九頁参照。

第三章　フォルスターの『精神現象学』解釈について

今から八年ほど前であるが、フルダは彼の有名なヘーゲル研究書〝Das Problem einer Einleitung in Hegels Wissenschaft der Logik〟（一九六五年）の邦訳（『導入としての現象学』、高山・久保訳、法政大学出版局、二〇〇二年）の際に「日本の読者への序文」において、フォルスターの『ヘーゲルの精神現象学の理念』を高く評価し、フォルスターがフルダ以後におけるヘーゲル「精神現象学」の「理念」の研究において、「きわめて意味深い寄与を果しました(1)」と述べた。実は、フォルスター自身もフルダの『導入としての現象学』を高く評価しており、それに鼓舞されて、この『ヘーゲルの精神現象学の理念』を書くようになったという。しかし彼は同時に幾つかの点でフルダの解釈を批判してもいる。

それではフォルスターはいかなる意味で「精神現象学」の「理念」の問題で「寄与」を果たしたのだろうか。周知のように、『精神現象学』が何をめざし、それをどのように遂行しようとしたか、テキストの性格や意味については、以前から種々の解釈や議論があった。とくに次の二つの点が研究者によってしばしば問題とされてきた。一つは、テキストの構想が執筆途中で変わったか否かという問題であり、それは同時にいわゆる「精神現象学の論理学」や「精神現象学の体系」がいかなるものだったかという問題と関連して、論議されてきた。他の一つは、『精神現象学』が後にどのように扱われ、『エンツュクロペディー』の体系といかなる関係をもつようになったかという問題である。これらの点について、フルダは、まず「精神現象学」の構想には基本的には大きな変化はなく、そしてその意味は、「精神が学の境地にいたる形成の最後の局面における、非学的意識に対する学の正当化」にあると解した。(2) それに対して、フォルスターは一方でフルダのこの見方を基本的に受け継ごうとしたが、他方でそれを展開するに際して、幾つかの点でフルダの解釈を批判してもいた。

そして、フルダ自身はそのようなフォルスターの批判を上述の「日本の読者への序文」においておおむね受け入れた。この批判の論点の一つは、フルダが「精神現象学」の「課題」について、「もっと多くの課題を配慮すべき」(3) であり、またそれら諸課題の区別と連関を明らかにすべきだったというものである。その際、フォルスターの言う「精神現象学」の諸課題とは、後述するように、「教育的課題」「認識論的課題」「形而上学的課題」と言われるものである。他の一つの論点は、意識の諸形態と論理学の諸カテゴリーとの「対応関係」、いわゆる「精神現象学の論理学」の問題だが、フルダはこの問題にかんするフルダ自身の説に対するペゲラーやハインリッヒスの対案をいずれも「納得しませんでした」と退けるものの、フォルスターのフルダ批判は「的を射て」おり、「フォルスター自身の解釈の諸提言」は「少なくともこれまでになされたいずれよりも優れています」と高く評価した。(4)

実は第一の問題はフォルスターのヘーゲル書の「第一部」から「第二部」までにおいて扱われた内容にかんするもので、第二の問題は後の方の「第四部」で扱われた主題に関係する。そこでまず彼のヘーゲル書の目次を見て、全体の概要を確認しておくことにしよう。

第一部　『現象学』の公的な企図
第1章　ヘーゲルの学への「導入」としての『現象学』
第2章　近代の文化の治療：教育的課題
第3章　ヘーゲルの学の正当化：認識論的課題
第4章　創造神、意味、真理：形而上学的課題
第二部　公的な企図（続）：『現象学』とヘーゲルの学との関係
第5章　ヘーゲルの学の「現象」としての『現象学』
第6章　ヘーゲルの学に対する『現象学』の独立
第7章　ヘーゲルの学にいたる『現象学』の止揚
第三部　『現象学』における歴史と歴史主義
第8章　歴史主義の二つの形態
第9章　「意識」章から「理性」章にいたる歴史
第10章　「意識」章から「理性」章にいたる知的歴史主義
第11章　「精神」章から「絶対知」章にいたる歴史
第12章　『現象学』における更なる知的歴史主義
第四部　『現象学』と「原現象学」：『現象学』と論理学
第13章　論点
第14章　プランの変更を示す基本的な事例

このような内容を通して著者が「精神現象学」の「理念」の問題について、従来の研究とりわけフルダのヘーゲル解釈との関連で、どのように独自な見解を示したかについて、予め要約的にいえば、つぎのような点が挙げられると思う。

第一に、「精神現象学」の構想が執筆途中で変化したと認められる。この点では彼はフルダの見方とまったく対立し、むしろ今日では殆ど支持されなくなったヘーリング説に近い。すなわち、当初、「原現象学」なるものが存在し、それは「意識」章から「理性」章までの範囲にあったと推測され、「精神」章以後の内容は後から付け加えられたと解される。この意識諸形態に対応する論理学の諸カテゴリーに最も近いものが、ニュルンベルク・ギムナジウムにおける一八〇八年以下の「論理学」に認められる。これらの点は「第四部」で論じられる。

第二に、「原現象学」の構想は「『現象学』の公的な企図 official project」と呼ばれ、その内容が本書の「第一部」で「教育的課題」「認識論的課題」「形而上学的課題」として解明される。この点についてフルダの場合には恐らく「認識論的課題」や「形而上学的課題」の一部しか取り上げられなかったと見られよう。「教育的課題」においては「近代」における「二元論」の「病気」とその「一元論的治療」が問題とされ、初期ヘーゲルの宗教思想にまで遡られる。「認識論的課題」ではイェーナ時代初期以来の「常識」に対する「懐疑主義」の批判が問題とされる。「形而上学的課題」にかんしては「意味」と「真理」の「共同性」が解明され、その点で後期ウィトゲンシュタインとの類似性が説かれる。

第三に、そのような「原現象学」の内容が当時のヘーゲルの「学」の立場との関係でいかなる意味を持つかが、本書の「第二部」で考察される。「精神現象学」は「学の現象」として、それ自身「学」である側面をもっているが、それがいかなる意味で成り立つかが問われる。その際、「精神現象学」はその進行において「学」の立場をけっして「前提する」ものではなく、——この点においてもフルダなどによる従来の解釈と異なる、——「内在的な仕方で」展開しているとされる。

第四に、「第三部」において、「意識」から「理性」にいたる意識の「歴史」について、それが、従来の多くの解釈とは異なり、文字通り「時代順」に古代オリエントから近代ドイツにいたる社会の展開に照応していることが、——しかもその過程が「精神」と「宗教と絶対知」において繰り返されるが、——明らかにされる。他方、思想は歴史のうちで根本的に変化するという「知的歴史主義」の考え方が、デイヴィドソンなどの異論に対して擁護されると共に、「知的歴史主義」の種々の形態が分析される。

第五に、本書の「第五部」において、ヘーゲルの後期における『精神現象学』に対する態度が取り上げられ、それは従来の多くの解釈のように根本的に変更したと見られるべきでなく、当初の構想と矛盾しないものだったと解される。それと同時に「精神現象学」への熱気が冷めたという面が認められ、しかしそれは逆説的ながら

「作品が成功したという信念」によって生じた、つまり「精神現象学」をめぐる「歴史的コンテキスト」が「過ぎ去った」という事情に因ると説明される。

以下では、本書の内容の順序に従って彼の所説を一層立ち入って検討してみることにしよう。

一

まず、「精神現象学」の当初の企図が何であったかという問題であるが、著者によれば、ヘーゲル哲学の目的は一般に「真理の探究」にあるだけでなく、「人間の幸福の追求」(18〔上掲のフォルスターの原書の頁数、以下同様〕)にもあった。「精神現象学」においてはそのようなテーマが、「近代的個人」(17)に対してヘーゲルの体系を理解せしめる教育の問題、「教育的課題」(同)として追求されている。ここで真の「幸福」とは、単なる利己主義的な快楽や欲望の満足ではなく、「共同体との連帯ないし合意への欲求」「真理の認識への欲求」「根本的自由への欲求」(19)という「最も深い欲求」(18)を満たすことにある。しかるに近代西欧においては、人間は「神と人間・自然」、「人間と自然」、「個人と共同体」、「思想と現実」、「事実と意志」(理論と実践)、「義務と欲求」、「徳と幸福」、「心と身体」という種々の「二元論」に悩まされ、不幸に陥っている。この近代人の不幸を治癒する手立ては、初期ヘーゲルの宗教論稿で示されたように、「二元論的な考え方」に基づく「文化」(79)を樹立することにある。そこでは、神は人間によって知られうるものとなり、自然に人格性と目的が帰せられ、個人の欲求の実現は共同体に依存し、真理は共同の合意に帰せられ、事柄は個人および全個人の行為となり、義務は社会の全員が統一することへの欲求に他ならず、徳は共同体への連帯でもある限り個人の幸福の条件をなし、心は行為を通して身体に現れざるをえないと考えられる。

しかしヘーゲルの同時代の「常識」(106)はこれとは異なり、二元論的考え方に固執しており、ヘーゲルの立場との間に乖離がある。ヘーゲルはこの乖離を埋め、「常識」をヘーゲルの立場へ架橋するための「教育的な通路」を設ける必要があると考え、それをまずイェーナ時代初めに「論理学」として企てた。それは当初、反省が捉える有限な概念や判断が自己矛盾に陥ることを示す「破壊的側面」(110)と、哲学的真理の暫定的提示を行なう「建設的側面」(同)とに分かれていたが、やがて一八〇四／〇五年の「論理学と形而上学」の「弁証的方法」(114)において両側面が結び付けられる。そのような企てが「精神現象学」において、新たに「意識の形態」に即して追求される。

こうして「精神現象学」では、意識の非学的観点が自己矛盾に陥ることを示し、ヘーゲルの学的立場の「正当性」を説得せしめるための「認識論的課題」(126)がたてられる。この課題を遂行する方法は、イェーナ時代初め以来の古代懐疑主義の論法に認められる。その点は既に多くの研究者が指摘しているところだが、フォルスターは古代懐疑主義において特に二つの論法に注目する。一つは、equipollence(129)、すなわち対立する主張内容のいずれにおいても等しい正当性が認められるというものである。それによって意識のいかなる特定の主張も自己矛盾に陥ることが示される。しかしこの論法は、フォルスターによれば、ヘーゲル自身の立場に対しても向けられうるはずである。けれども、ヘーゲルは「緒論」において、意識の主張に対して「学」の「基準」を対置するという考え方を取らず、意識の自己吟味の道を説いており、「学」自身が懐疑主義に屈服する可能性は避けられているという。もうひとつの論法は、concept-instantialiation(160)と呼ばれるものであり、概念に対し実例が存する、すなわち概念が真なるものかどうかを問うものである。フォルスターによれば、ヘーゲルは、概念が実例と異なるところの意識の立場から出発し、それが自己矛盾に陥ることを示す。その代案として、概念と実例が一致するヘーゲル自身の考え方（「カテゴリー」と「事柄」の同一性）を提示する。最後に、ヘーゲルはこうして正当化されたヘーゲル自身の立場が、非学的な観点にとっても受け入れられるものであることを示す。というのは、例えば「絶対知」にいたって、そこからただちに「感覚的確信」に還帰すると言われたように、「精神現象学」の体系においては意識の諸形態は「円環的コースをたどり、出発した形態に戻る」（171）からである。

こうしてヘーゲルの一元論的主張の「正当性」が獲得されるのは、カントのように認識を「道具」とみなす考え方――それは「懐疑主義」の上述の論法に「耐えられない」（157）――による超越論的根拠づけによってでも、シェリングのように「教えられも学ばれもしない」（109）「知的直観」によってでも、ラインホルトのように哲学から独立な「真なる前提からの演繹、根拠づけ」（158）によってでもなく、むしろクリプキが後期ウィトゲンシュタインの議論に認めた「懐疑的パラドックス skeptical paradox」―「懐疑的解決 skeptical solution」（176、208）と同様な論証によってである。しかもこの「懐疑的解決」は、常識の非学的観点とはまったく別な境地へ移行することではなく、「円環的コースをたどり、出発した形態に戻る」ものである限り、常識の観点自身の真相を表す。それ故、そのような非学的観点からも受け入れられると考えられる。

以上のような「教育的課題」「認識論的課題」が問われる場は、「意識」が「学」へいたる過程であったが、この「意識の経験」の過程は同時に周知のように「精神の現象」の過程ともみなされていた。そこで、フォルスターは「精神現象学」のそのような側面にも目を向け、そこに含まれている哲学的問題を取り上げ、それを「形而上学的課題」（193）と呼ぶ。まず、「精神」概念が絶対者（「絶対的精神」）という意味をもつ限り、意識の経験を通して絶対者や神（「絶対的精神」）が自己を認識し自己を実現する、つまり「実体が主体である」とされるが、それはいかにして可能かが問われる。それに対するフォルスターの答は、結局、絶対者の主体と人間の主体とが「非同一性」を含んだ「同一性」の関係にあること、同一なものが非同一なものに、また非同一なものが同一なものに移行する、そういう「変化」を含むような「同一性」(200)の関係にあることから可能だというものである。

次に、「精神」概念は「我なる我々と我々なる我との統一」として「社会におけるすべての個人の合意」(205)という相をも含んでいるが、そこにフォルスターは、一般に「概念」の「意味」の成立と、更に「真理」、とりわけヘーゲルの「学」の世界史的成立の場を認める。「概念」の「意味」についてフォルスターは、「感覚的確信」の「思い込み」と言語にかんする議論から「理性」における「普遍的自己」にかんする議論への展開と、後期ウィトゲンシュタインの私的言語批判との類似性に注目する。彼はそこに「意味」をめぐる「懐疑的パラドックス」と「懐疑的解決」の論証過程を認める。すなわち、「一般的概念」の「意味」は特殊なものの「直示」に「基づく」のではなく、逆に「直示」を「一般的概念と合致して解釈する」のでなければ、その行為が特殊なものを「指示する」ことにはならない。個人が「一般的概念」をもつためには、「言語共同体」のうちにある「意味のある言語」を持つのでなければならない。それ故、孤立した個人のみが言語をもつこと(私的言語)は、認められない(205—221)。

この「意味の共同性」の議論はそのまま「真理の持続的共同的合意説」(240)の議論と重ね合わされる。「感覚的確信」から「理性」への展開は「意味」の個人主義的理解に対する「懐疑的パラドックス」と「懐疑的解決」を意味していたが、この展開は同時に、「真理」を表象と事実との「対応」(232)とみなす対応説に対する「懐疑的パラドックス」から、「真理」を「間主観的一致」(同)と解する「懐疑的解決」への展開と解されうる。つまり「感覚的確信」から「精神的動物の国」までの意識諸形態は、いずれも表象と事実との一致を求め、いずれも失敗する。だが「精神的動物の国」の終わりにおいて、真理が「持続的共同的合意」にあることが見出されるようになる。ちなみに判断が或る文脈において「真」であるのは、判断がその文脈において「判断のための諸規則に合致すること」(239)において成り立つが、「意味」と「判断のための諸規則」は「共同体において分かち持たれる言語的行為」(同)によって制定される。それ故、判断が「真」であるのは、結局、それが「共同体によって集団的に是認される」(同)場合である。この真理—合意説に対して考えられうる種々の批判に対して、フォルスターは逐一反論している。

この真理の共同性という特性は基本的にはヘーゲルの体系自身にも求められるはずだが、しかし、フォルスターによれば、『精神現象学』執筆当初においては「彼の学のための持続的共同的合意はまだ存在していない」(245)。それ故ヘーゲルの哲学体系が完全に「真」なるものとして成立していない状況にあった。周知のように、ヘーゲルはイェーナ時代において種々の体系構想を企てたが、『精神現象学』執筆時点ではそれらを放棄した。そして新たに、『精神現象学』の後でそれに続く一層成熟した体系(論理学、自然哲学、精神哲学)を構想していたものの、「多くの部分で、口頭にせよ、著述においてにせよ、詳しくは展開していなかった」(225)。こうして一方で「学の内容と構造にかんする或る暫定的なアイデア」(226)は彼の中で既に獲得されていたものの、他方でそれはまだ充分に肉付けされていなかった。何よりも「彼の学の用語がまだ共同体規模の使用に達していない」(225)。この欠落部分を埋め、彼の学が「同時代の世界および後世による受容」を獲得するために、まさに『精神現象学』の「教育的」「認識論的」働きが求められた。従って、その意味では、——既にフルダが指摘したように、——「精神現象学がそれ自身この過程における最後の局面である」(同)。その意味からすると、ヘーゲル哲学の真理は、ヘーゲル個人の営みによってのみ達成され確証されるのではなく、「同時代の世界や後世による受容」、つまりガダマーの言う影響作用史的状況に委ねられてもいることになろう。

更にこの導入の機能を果たすことは、フォルスターによれば、同時に上述の「共同体的連帯」「真理の認識」「根本的自由」を実現する所以でもある。この実現はヘーゲルの見方では、個人の自己形成以前に世界史的規模において行なわれつつあり、古代社会における「主人と奴隷」の対立から、それを克服して「共同体」を可能にする近代社会への長い道のりにおいて、辿られてきたものだと見られる。このようなフォルスターの解釈は、フルダのそれ――「精神現象学」は「精神が学の境地に至る形成の最後の局面における、非学的意識に対する学の正当化」である――を、基本的に受け継いだものであることは、明らかである。

二

以上のような「学への道」の企てはヘーゲルによって同時に「それ自身学である」と述べられたが、フォルスターはそれがいかなる意味で成り立つかについて、「第二部」において「学の現象」という概念を手がかりに検討している。彼によれば、「現象 Erscheinung」という概念は『大論理学』において「実存」と「相関」の中間に位置し、「実存」における不安定な流動的現象から「相関」における安定した内容への「移行」ないし両者の「混合」(261)を表している。「精神現象学」が「学の現象」であるといわれる際にも、この「移行」と「混同」の意味が念頭に置かれているが、「移行」については既に述べられた。そこで「混合」について言うと、ここで「意識の諸形態」は「学と同じ内容を表すものの、非学的観点の不完全性を含む」(262)ということ、つまり

「精神現象学」は「真理の、その真の形態における学」ではなく「学の悟性的形態」（同）であることに他ならない[5]。それは、「学」を「非学的観点」のレヴェルにおいて「暫定的に提示」することであり、既にイェーナ初期の論理学でも「推理」にかんして示されたのだが、「精神現象学」ではさしあたり、意識諸形態が論理学の諸カテゴリーに照応するとされる限り、そこに「論理学的部分の暫定的表現」（269）が認められる。さらに、フォルスターによれば、自然哲学と精神哲学の内容も既に「精神現象学」のうちでなにがしか扱われており、それが後の学の体系で保存されることになる。

　しかし、「精神現象学」が「学」の内容を「暫定的」に表すものであるとしても、それは意識の経験の過程に「学」が介入するということと解されてはならない。確かにヘーゲルは「緒論」の最後で、自然的意識が自己矛盾に陥ることは「学」を前提せずに論証されるものの、次の意識の形態への移行の「必然的展開」においては「学」（「われわれ」）の契機が加わると述べていた。それ故、ペゲラー、フルダなども、ヘーゲルがここで「本来の学の知識を前提している」（270）と解してきた。また本文の叙述中で次の意識形態への移行の必然性を論証する際にも、「論理学の或るヴァージョンの知識」（272）に訴えかけている箇所が見られる。しかしもしもそうだとすると、非学的観点から学の正当性を論証するという「精神現象学」の企てと矛盾することになるだろう。フォルスターによれば、「精神現象学」の方法はむしろ「いかなる意味においてもヘーゲル的学を前提しておらず、ヘーゲル的学からまったく独立である」（274）。次の意識形態の生成を見守る「われわれ」も、実は「単なる考察の対象以上であるような」「非学的な意識」（276）と考えられる。「精神現象学」の本来の方法は、各意識形態から次の形態への移行を「内在的な仕方」（280）で論証するものであって、ヘーゲルが時に「或る論理学のヴァージョン」に訴えているのは、この方法の「逸脱」（278）と見なければならない。

だがこのようなフォルスターの見方に対して、筆者は疑問を抱かざるをえない。確かに意識の経験の過程が「学の現象」である所以は、意識の経験が既に「学の暫定的表現」であるという意味で成り立つ。だが、それは、意識自身が自己の知の自己矛盾の経験を通して、対象自身の内容における有限性のみならず自己と対象との区別という前提が崩壊し、それを通して一元論的で全体論的な内容（「無限性」）と意識の立場（「自己意識」）が既に出現しているからである。ところが、意識は意識である限り、目の前にある「有限な内容」をもった「対象」に対する関係という構えを崩すことはできず、それ故この一元論的全体論的事態を理解できず、その都度「忘れて」しまう。そこで、この事態は、意識自身の経験によって生じたにも拘わらず、意識の「背後で」生じているように見える。したがって、この事態を掬い取るためには、意識の「背後」、つまり過去の意識形態と現在の意識形態との連関を見通すことができる「われわれ」が、この事態をいわば「想起し」、現在の目前の対象にしがみつく意識に提示してやらねばならない。その限り、意識の経験の流れは一時中断することになるが、この中断は意識の経験の真の意味を意識に知らしめるのに必要なステップである。逆に意識がまったく「内在的」にのみ振舞おうとするならば、意識は自己の経験から学んで自己を高めることはできず、繰り返し元の立場に戻ってしまうだろう。意識は「時間」の中に分散し、他のものへと変化し、種々の「段階」を経てゆくのみだが、「われわれ」はいわば「永遠」のうちで自己に留まり、意識が辿った種々の「段階」を種々の「契機」として一つの全体的連関のうちに取り集めることができる。この二つの観点の区別と連関、すなわち「弁証法」と「想起」の組み合わせこそが『精神現象学』の方法だと思われるが、フォルスターはそれを捉えておらず、一面的に「意識」の「内在的」観点に固執している。実は、この方法は既に一八〇四／〇五年の「論理学と形而上学」に認められたの(6)だが、フォルスターは一八〇一／〇二年の論理学を「精神現象学」の先駆形態とみなしているものの、一八〇四／〇五年の「論理学と形而上学」には充分に注意を払っていない。そこに彼の分析の限界があるように思われる。それは後述する「精神現象学の論理学」の理解にも及ぶ問題である。

三

時間と永遠の関連の問題は、当然、「精神現象学」で大きな位置をしめる「歴史」とも関係してくるだろう。フォルスターは「第三部」で「精神現象学」の内容における「歴史」（第九章、第一一章）と「歴史主義」（第一〇章、第一二章）を取り上げ、それらがいかなる意味で認められるかを検討している。ここで「歴史」というのは、思想や社会の「年代順的な歴史 chronological history」（297）を意味し、「歴史主義」、とりわけフォルスターがここで取り上げる「知的歴史主義」とは、「人間の思想は歴史の過程を通して根本的な変化をこうむる」（293）という見方である。

まず、「意識の歴史」についてであるが、イポリット、ペゲラー、ハリスなどが意識の諸形態の展開は、厳密には「年代順的な歴史」を表していないと見たのに対して、フォルスターはルカーチに従って、「意識」から「理性」までの箇所は基本的に「古代から近代に到る意識の展開の年代順的な歴史」（297）を表していると解し、個々の意識形態にそれぞれいかなる社会や文明が年代順に対応するかを、事細かに指摘している。その中で彼が特に強調した箇所は「精神的動物の国」章である。それは一八世紀末ドイツの「ヘルダー」の「実践的社会的観念論」（343）に対応し、その点が、――とりわけ、「事柄」と「行為」の統一や「真理」の「共同性」の考え方はヘルダーに由来するという意味で、――「精神現象学の理解にとってきわめて重要だ」（346）と述べている。

この「意識」章から「理性」章にかけて見られた古代から近代への世界史的展開は、さらに意識の「社会的コンテキスト」(447)の立場にシフトした「精神」章全体において、また「絶対者の本性を表す」(同)ところの「宗教」「絶対知」章においても、つまり『精神現象学』の後から加えられた部分でも、基本的に繰り返されたと見られる(第一一章)。ただ、「精神」章の「純粋透見」以後の箇所では、(「理性」に対応する)ドイツ近代の展開を述べるべきところで「フランス」(445)の展開が扱われ、社会的コンテキストが扱われずに「観察的理性」の分析がおおむね繰り返されており、首尾一貫していないとされる。その理由の一つとしてフォルスターは当時のドイツの状況を挙げる。それは、当時ヘーゲルが「ナポレオン」(同)によるドイツの社会的政治的変革を期待したためだと見られる。しかしヘーゲルは「軍事的出来事」(同)に直面してこの期待にも絶対的な確信をもてなくなり、また「ドイツ側に立つという彼自身の立場」(同)のせいもあって、そこで「社会的政治的な問題」から一転して、「予言しても一層問題の少ない、個人的にも無難な」「フランスの影響の知的な側面とそこから出てくる新たなドイツ」(同)というテーマに転じたというのである。

しかしながら、『精神現象学』の叙述内容が必ずしもまったく「年代順的な歴史」に即して展開されていたわけではないという問題は、「精神」章にのみ認められるのではない。既に「意識」から「理性」にいたる箇所でもフォルスターは意識諸形態の展開が年代順であるだけでなく、「近代的意識を構成する諸層の集まり」(354)でもあることを認めている。従って、例えば、古代ギリシアの合理主義に対応するはずの「悟性」に、ニュートン物理学も含意されることになったと弁明している。これは注目すべき点である。というのは、この点は実は上述の時間と永遠の連関、すなわち過去の「諸段階」がいわば年輪のように最後の形態の同時的「諸契機」として捉え直されるという、言わば論理学的―形而上学的連関を暗示していると思われるからである。しかも、この連関はまさに「精神」章の冒頭と「宗教」章の冒頭でヘーゲル自身によって述べられている。それにも拘わらず、フォルスターは「年代順的な歴史」に固執し、その方法論的意味に気づいていない。

次に「知的歴史主義」だが、これはヘーゲルの時代には「新しく革命的」(362)であったとしても、今日では「陳腐」(同)にみえるだけでなく、最近の哲学ではとかく疑いの目で見られている。そこで、フォルスターは現代の「知的歴史主義」批判の考え方に対して、とりわけ「アプリオリスト」としてのデイヴィドソンの議論と、「アポステリオリスト」としてのベルリンとケイの議論に対して反駁を試みている。

デイヴィドソンの考え方は、もしも人が他人の行動や言葉や信念を「自分の言語」に「翻訳し」「解釈し」えたならば、同一の「概念的図式(コンセプチュアル・スキーム)」(370)「諸信念のネットワーク」(381)に即して理解したのであって、その限り、原理的に異なった考え方を相手にしているわけではない、つまり、人々の思想は互いに根本的に異ならないというものである。それに対してフォルスターは次のように反論する。第一に、言葉の「意味」が意味の「ネットワーク」によって全体論的に決められるという考え方は、実際には理解しがたい。第二に、人々の間で根本的な思想の違いを容認するのは、「概念的図式」と「経験的実在的内容」との「二元論」(378)に基づくという見方は、ヘーゲルのように思想の多様性を認めつつ「図式—内容」の二元論を拒否する場合には当てはまらない。第三に、子供が最初に母国語を習得するときには、「自分が既にもっている言語や概念」(376)を下敷きにして他人を理解しているのではなく、むしろまったく「新しい概念を獲得している」(同)と言うべきである。第四に、外国の思想や文化の解釈と翻訳には種々の仕方があり、必ずしも母国語による逐語訳だけとは限らない。例えば、人類学者が外国人の言葉を母国語に翻訳するのではなく、その言葉が適切に用いられるところの宗教的制度や儀式や信念などを記述することによって、言葉の意味について説明するとか、「直示」

という非言語的手段を用いたりする。また母国語に翻訳するにしても「意訳」を行なったり、母国語の従来の用法を変更して翻訳する。こういう場合は、解釈したり翻訳することが、むしろ自他の思想の差異を明らかにすることになる。

他方、人類学者ベルリンとケイは、「色」の「言葉」にかんする実証的研究によって「知的歴史主義」を批判した。彼らによれば、色にかんする語彙の豊かさが異なった人々において多様であったとしても、色の種の全体の中で或る「特定の色概念」(410)にかんして、等しくそれぞれが「或る特定の言葉」(同)を用いることが見られる。その限り、その色に対して、異なった人々の間で「合意」(同)が成立しているという。しかし、フォルスターによれば、この「特定の色」というのは実際には「黒と白」のみであり、従ってこの知見によって思想一般の「普遍的な一致」を論証するには足らない。また別々の言葉が同じものを指すとしても、それらの言葉が厳密に同じ意味だとは限らない。実際、ニューギニアの或る民族の「黒と白」が指す範囲は、英米人の「黒と白」のそれと一致しない(410―411)。

フォルスターは更に「精神現象学」にはこれとは異なる七種の「知的歴史主義」の考え方もあったと見ており、その是非を検討している。「第二の知的歴史主義」は、過去の思想をその「内側」から理解し表現するというものだが、しかし「宗教」章では「基本的な連続性」(416)を認めようとしている。したがって二つの相反するアプローチが並存しているが、しかしフォルスターによれば、それらは「異なったコンテキスト」において「異なった目的」(418)においてあり、相互に矛盾していない。「第三の知的歴史主義」は、既述のように、「意識」から「理性」への過程は「意識の展開の歴史」であると同時に、「近代的立場の諸相」(420)でもあるというものである。「第四の知的歴史主義」はその「諸相」は「想像」のうちで「抽象」(442)により理解可能だというものである。だがフォルスターはここでは、後に歴史から姿を消した概念や、「われわれとは異なる文化的伝統における概念」（同）にはこのモデルは「役に立たない」（同）というように、疑問を呈している。「第五の知的歴史主義」は歴史的変化の「メカニズム」（425）にかんするもので、先行形態のうちに「自己矛盾」が見出されたが故に、人々はその「解決」へと駆り立てられたというものである。「第六の知的歴史主義」は、われわれは「自分の思想」を過去からの歴史的展開の結果として捉えて初めて「認識しうる」（430）というものである。これについてもフォルスターは「或る場合」には適用可能だが、別の場合には適用不可能だといい、「一般化することはできない」（442）という。

しかしこれらの問題点は、ヘーゲルにおけるいわば解釈学的観点をどう評価するかに関わると思われるが、フォルスターの議論は歴史認識における過去の出来事と現在の観点との連関を充分に考慮していない。それに対して「第七」と「第八」の「知的歴史主義」には賛同できるところが多い。

「第七の知的歴史主義」は、意識諸形態を時々の「社会的コンテキスト」に属するものと見るものである。例えば、「ストア主義」「不幸な意識」「法状態」が古代ギリシア・ローマの社会的抑圧状態から発生したというのは明らかだが、近代ドイツの二元論は『ドイツ憲法論』で指摘された「近代ドイツの分裂」（474）に基づいていたと推測される。「第八の知的歴史主義」はこの連関のうち、とりわけヘーゲル哲学自身と社会的政治的現実との密接な連関を認めるものである。ヘーゲル哲学は二元論を克服し「差異を含んだ合一」を説くものだが、その「社会的政治的土台」（477）は、「合一のうちで社会的政治的な差異を含んだ未来のドイツ国家」（同上）であり、具体的には代議制を伴った君主制国家というものである。ただこの関連をめぐる「精神現象学」のスタンスは、イェーナ初期の「行動主義」（489）と『法哲学』の「非行動主義」（495）との中間に位置すると解される。一方で、

「精神現象学」は「社会的政治的分裂」のただ中にあって、ようやく「現れつつある（差異を含んだ）社会的政治的統一」（482）を促進させるべく、「一つの役割を演ずる」（495）。その点ではイェーナ初期と共通するが――ただし、社会的変革はもはや「政治的指導者」の「行動」によってではなく、「彼らとの繋がりにおいて」「理論的仕事」（495）によって行なわれるというように「一層控えめ」（496）になる。しかし他方、「精神現象学」の後に来るべき「本来の学」は、むしろ変革が完遂した暁に現れると考えられ、その限り、現実の把握のみを求める『法哲学』の「非行動主義」と通ずる。

四

続く「第四部」では、以上の議論で既に前提されていたテキストの成立事情――『精神現象学』の範囲は当初「意識」から「理性」までであり、「理性」の終わりから「絶対知」に移行するはずだった。しかし後に「精神」と「宗教」「絶対知」が加えられて現在の『精神現象学』が出来上がった――について主題的に論ぜられる。フォルスターはまずこの見方を裏づける幾つかの証拠を挙げる。ついで、意識の形態と論理学的カテゴリーとの対応の故にプランの途中での変更を認めないフルダやハインリッヒスに対して、彼らの想定する「論理学」は「精神現象学」の根底にあったものを見間違えていたと批判する。フルダは「現象学の論理学」が一八〇五／〇六年の「思弁哲学のスケッチ」に基づいていたと見たが、それは「論理学と形而上学」を表すものであり、またハインリッヒスとペゲラーも「現象学の論理学」がイェーナ初期の「論理学と形而上学」に基づいていたと見た。しかし、フォルスターによれば、『精神現象学』の執筆の時点で既に「論理学」のみが想定されていた。「精神現象学の背後にあるのは後期の論理学であって、初期の論理学と形而上学ではない」(518)。しかるにそのような「後期の論理学の最初のヴァージョン」(519)は、「一八〇八年以後のニュルンベルク・エンツュクロペディー」の「論理学」(520)に認められる。実際、この「論理学」の諸カテゴリーはほぼ「意識」から「理性」への「意識諸形態」に対応していることが見て取れる。この対応は、フォルスターによれば、次のようなものと考えられる。

[「表五」(530)]

一八〇八年以下の「論理学」	「原現象学」
1 存在論的論理学	
Ⅰ 存在	
質(存在、定在、変化)	感覚的確信
量(対自存在	知覚
[数的一、多、…]	
定量、無限性)	
Ⅱ 本質	力と悟性
本質	
命題	
根拠と根拠づけられるもの(全体と部分、	
力とその現れ、内と外)	
Ⅲ 現実性	

実体
因果［と］
相互作用
2　主観的論理学
概念
判断
推理
3　理念論
生の理念
（有機的諸部分、感受性、興奮性、再生産、…
非有機的条件、類の普及）
認識の理念
［認識：
定義
分類］
［義務、善］
絶対的理念／絶対知／知

生
主と奴
ストア主義
懐疑主義
不幸な意識
観察的理性
a　自然の観察
b　論理学的法則と心理学的法則
c　人相術と頭蓋論
行為的理性
社会的理性

ちなみに「緒論」などで言われた「対応」は、カテゴリーと「意識諸形態」との対応であって、すべての「精神現象学の内容」との対応ではない（573）。したがって、カテゴリーと意識形態の一対一対応は、当初、「意識」から「理性」までの諸形態のみにおいて考えられていたのであって、その限り、むしろプランの変更説を支持することになる。しかしプランの変更を認めることは、フォルスターによれば、ヘーリングやペゲラーが言ったように「精神現象学」の内容に「首尾一貫性」がなくなることを意味しない。というのは、「精神」と「宗教」「絶対知」は、「原現象学」の歴史的材料にいかなる変更も加えておらず、ただ繰り返しを行なっているだけだからである。

それでは、何故にヘーゲルはプランを変更したかといえば、フォルスターはその最も強い動機として、ヘーゲルが執筆途中で「説明の歴史的側面および歴史主義的側面に対する強い関心」（543）をもつようになり、それを「一層広い歴史的および歴史主義的企図へと展開する」ための「可能性」（同）――それが後に歴史哲学、美学、宗教哲学、哲学史の講義で一層詳しく展開される――を認めたことを、挙げている。こうして「精神現象学」は当初「学への導入」たらんとしたが、最終的には「歴史的および歴史主義的な企て」の「誕生地」（同）になったという。

このようなフォルスターの見方に対しては、われわれはなお納得がいかない点が残る。第一に、『精神現象学』が全体として「学への導入」である限り、イェーナ時代の「論理学」の後継者でありつつも、ペゲラーやトレーデが解したように、その中で相対的に「論理学的部分」と「形而上学的部分」の区別を認めることは、可能である。それは、既述のように方法論的意味をもった機制でもあり、その消息は「精神」「宗教」「絶対知」において先行過程を想起した箇所にうかがえる。第二に、「自己意識」の相互承認において既に「精神の概念」が認められるだけでなく、「行為的理性」において「人倫とは何であるかの意識」つまり「道徳性」が予告されているなど、ヘーゲルが当初から「精神」以後の内容をめざしていたことがうかがわれる。第三に、「精神」になって「世界の形態」にシフトしたというが、しかし完全に「精神哲学」になったわけではなく、なお「導入」として懐疑主義的論証形式を保持していたことは否めない。第四に、彼は「現象学の論理学」を「後期の論理学」と同一視し、「後期の論理学の最初のヴァージョン」として一八〇八年以後の「論理学」を挙げているが、ペゲラーやフルダも指摘したように、「現象学の論理学」はイェーナ論理学でも後期の論理学でもなく、その中間の時期の論理学構想であったと言うべきであろう。第五に、その論理学構想は単一のものだったと決めてかかることもできない。むしろ一八〇五／〇六年の「思弁的スケッチ」の六つのカテゴリーの展開と並行して、「即自」「対自─対他」「即かつ対自」という三肢構造が繰り返されているとも見られ、そして後者の側面のみがニュルンベルク時代の論理学で展開されるようになったと解されよう。(7)

五

最後に、後期において『精神現象学』への態度がどうなったかが問題にされる。多くの研究者はこの点におけるヘーゲルの態度の「変化」を認めたが、フォルスターはそれに反対する。彼によれば、たとえ「精神哲学」の一部に「精神現象学」が登場し、「学の体系第一部」という規定が撤回され、更に『エンツュクロペディー』の「客観性の思想への諸態度」が導入的機能を果たすようになったとしても、それはヘーゲルが当初の「導入」としての「精神現象学」を拒んだことを意味するものではない。確かにヘーゲルは『精神現象学』の執筆直後に既に、「原現象学」を拡張したことを「撤回する」ようになるなど、訂正の必要性を認めていた。しかしそれだからといって、「導入」としての「精神現象学」構想そのものは捨てておらず、むしろそのために『精神現象学』第二版の刊行に着手したのだ。

しかし他方、フォルスターは上述の「第八の知的歴史主義」、すなわち「『現象学』の歴史的相対性」(556)にかんがみて、ヘーゲル自身の「精神現象学」への熱気が冷めたという事実を認める。しかし、それは、逆説的だが、「作品が成功したという信念」(558)のためだという。つまり、「精神現象学」が問題にした「教育的課題」「認識論的課題」「形而上学的課題」の殆どは「歴史的相対的」であり、そして『大論理学』と『エンツュクロペディー』の公刊、ベルリン大学教授としてのヘーゲルの名声の高まりなどによって、それらの課題は「成功裏に成し遂げられた」(560)と思われるようになり、また「認識論的課題」の「解決の場」(566)が「論理学」(同)に移され、かくて「精神現象学」の根底にあった「歴史的コンテキスト」が「過ぎ去った」(同)。したがって熱気は冷めたというわけである。ただし、認識論的課題のうち、「ヘーゲルの学を非学的観点に対する論証によって正当化する」という課題だけは、「歴史的相対的」ではなく、「本来の学」のうちに移されることもないという。したがってこの課題の達成こそが、ヘーゲルが『精神現象学』第二版を企てる動機になったと推測される。

しかし、もしも後期において「精神現象学」の根底にあった「歴史的コンテキスト」が「過ぎ去った」のだとすると、それはヘーゲル哲学が広く知られるようになったことだけではなく、——彼の上述の仮説に従えば、——ヘーゲル哲学の「土台」たるべき、代議制を伴った君主制国家および政教分離という政治的宗教的課題が、この時点で既に実現したということでなければならないだろう。しかしその点はまったく疑わしい。むしろ、ヘーゲルの政治的宗教的課題はドイツにおいてなお根本的には実現されないままに、彼の哲学の体系の完成がめざされたのではないだろうか。その限り、後期はイェーナ時代初めの状況と根本的には変わっていないのではないか。むしろ、それ故に『精神現象学』はなお必要であり続けたのではないかと思う。

(1) フルダ『導入としての現象学』ix頁参照。
(2) 拙稿「「現象学の論理学」の論議について、——訳者あとがき」上掲書、四三三頁。
(3) 同上、ix頁。
(4) 同上、ix頁。
(5) このことの社会的歴史的背景については、後述の「第七の知的歴史主義」(482) などを参照。
(6) 本書、第Ⅳ部第二章参照。
(7) 本書、第Ⅳ部第三章参照。

あとがき

二〇〇七年はヘーゲル『精神現象学』刊行二〇〇年に、二〇〇九年はシェリング『自由論』刊行二〇〇年にあたり、それぞれ種々の学会で記念の集会やシンポジウムが催された。カント、フィヒテ、シェリング、ヘーゲルなどドイツ古典哲学の遺産が現代においてどのような意味をもつのかについて、その評価は当然ながら現代人の関心によって左右されるだろう。例えば、シェリングやヘーゲルが「絶対者」にかんする「体系」を企てたということは、現代の「ニヒリズム」や「ポスト形而上学」の観点からすれば、ほとんど受け入れがたいかもしれない。あるいは逆に、「ポスト分析哲学」や「新プラグマティズム」の立場から見たときに、ヘーゲルの全体論や二元論批判は分析哲学の隘路を打開する手がかりになるともみなされよう。けれども、これらの哲学に性急にアクチュアリティーを求めて、現代の観点のみから二〇〇年前の思索を裁断してよいものか、という疑問も沸いて来る。むしろ、二〇〇年という時間の経過を強引に現代の状況の中に解消するのではなく、逆にその隔たりを隔たりとしてそのまま認め、そこから隔たりのもつ或る効果を期待すべきではないだろうか。例えば、能や文楽などの我が国のすぐれた芸能を英語で上演したり、現代風に翻案することによって、何か身近な意味が加味されて、新たな感激を呼ぶということは確かにあるだろう。しかしまたすぐれた演者が原作を徹底的に研究し、伝統的な様式のままにそれを再現することに長けているならば、観客は現代の常識とはまったく異なる世界に引き込まれ、現代人が身につけてしまった滓のようなものから浄化される、そういう感激をもつのではないだろうか。

それと同様に、ドイツ古典哲学の作品を現代人との「近さ」においてだけでなく、「遠さ」においても受けとめ、現代人の観点と著者の観点との融合を図る必要があろう。そのためには、テキストから自己の関心事のみを引き出すのではなく、著者の思想内実を虚心に受け止め、更にはその著者の思想の発展史をも省みて、内在的な解釈を施さねばならないだろう。しかしそれだけでも充分な解釈には至らないと思われる。個々のテキストの思想を、それを取り囲む一層広い範囲の歴史的コンテキストや同時代の様々な哲学者によって共有された問題意識の連関の中で捉えなおす必要もあるだろう。しかも、そういうコンテキストの研究は昨今かなり進化してきている。フィヒテ、シェリング、ヘーゲルなどのアカデミー版の全集の編集が進み、今まで知られていなかったテキストや背景事情が解明され、種々の哲学者の哲学的布置の掘り起こしが行なわれつつある。

筆者もこれまで非力ながらそのような方向でカント、フィヒテ、ヘルダーリン、シェリング、ヘーゲルなどの見直しを試みてきた。七年前に書いた拙著『ドイツ観念論への招待』では、おもにカントとドイツ観念論における形而上学的なモチーフ、すなわち世界を根拠づける種々の思考の可能性の一端を、人間と自然との連関や関係の存在論などにおいて垣間見てみた。本書はほぼその続編とも言え、おもにフィヒテ、シェリング、ヘルダーリン、ヘーゲルについてその後数年間に種々の学会で発表した論考を中心にまとめたものである。ただし、本書は厳密な意味で前著の続編というよりも、むしろ前著で扱ったのと同様な主題を、次のようにやや視野を拡げ角度を変えて捉えなおしたものである。

第一に、カントによる形而上学的なモチーフは、表象の客観的実在性の根拠づけというものであったが、それがフィヒテ、シェリングなどにおいていかに展開されたかという点が今回さらに検討された。その際、表象の客観的実在性を根拠づける諸条件は、本質的に共時的な諸契機でありながら、通時的な諸段階において「歴史」を通して提示されるようになる。第二に、この問題をフィヒテやシェリングは当初「自我」という根拠から追究していたものの、やがてその根拠を「絶対者」に求めるようになったが、筆者はその転換にかんしてヤコービの影響を今回とくに強調した。ちなみにヘンリッヒは、初期ドイツ古典哲学がラインホルトとヤコービとの間の哲学的布置の中で動いていたことを指摘し、ヘルダーリンの合一哲学や初期シェリングの哲学の成立にヤコービの影響を認めた。だが筆者の見るところでは、それだけではなく、とりわけ一八〇〇年頃のシェリング、ラインホルト、フィヒテ、ヘーゲルがこぞって哲学の新たな課題を「絶対者」に拠る知の根拠づけに求めようとしたのは、カントやフィヒテの観念論的哲学を「ニヒリズム」と断じたヤコービの「非知」の挑戦に対する応答の結果であるように思われる。第三に、その際に、これらの哲学者は自己の哲学そのものを、またヘルダーリンは自己の詩を、「生」の観点から反省するようになり、「生と認識」の連関の自覚のもとで思索するようになるという点が認められる。それによって、知の根拠づけとしての哲学は、人間と世界の連関である「生」を前提しつつ、その根源的な理論化と自覚化であり、かつそれを自覚化することによって、人間が現実によく対処するための方向づけを行ないうるものであることが、明らかになる。上述のように、我々は今日ドイツ古典哲学の時代からかなり距ったところに立っているが、それが故に、かえってかつては見えなかったドイツ古典哲学の山々の裾野を見ることができるようになった――この裾野を含めた全体像を「生と認識」と名づけることができよう。その限り、ドイツ古典哲学の体系的理論は、「生」という氷山の一角である。したがって、もしも現代においてドイツ古典哲学を「観念論」「表象主義」「形而上学」「思弁的体系」などと言って、批判して事足れりとするならば、このような哲学の理念を喪失するという代償を払うことになろう。しかしまたそれだからこそ、現代においてわれわれはドイツ古典哲学の哲学理念に従って、現代の日本における「生」のもとで、その「生」の理論化自覚化と現実への対処を行なわねばならないことにもなろう。

本書が成るに当たっては、多くの方々から示唆と刺激をいただいた。本書で、とくにヤコービとドイツ古典哲学の関係について多く言及したが、その切っ掛けの一つは、二〇〇三―〇四年にボーフムとベルリンに滞在した際に得られた刺激によるところが多い。ヤコービについてはルール大学(ボーフム)のイェシュケ教授の演習やフンボルト大学のシュレッサー講師の授業においてしばしば話題になり、とくにシュレッサー氏と話をした際に「ヤコービ・ルネッサンス」という言葉を聞いたことが、とても印象的であった。

他方、補説で取り上げた「ピッツバーグ新ヘーゲル学派」にかんしては、その評判は以前から耳にしていたが、ベルリンではちょうどホルストマン教授がブランダムの"Making it explicit"を演習で取り上げていたので、それに参加してみた。また偶然にもアメリカのピンカード教授と会い、最近のアメリカのヘーゲル研究事情を聞くことができた。ただし、筆者はたんにヘーゲル研究の新しい動向、あるいは一般に英米系と大陸系の哲学の融合に関心をもったから、この点に注目しただけではない。私事で恐縮だが、筆者の大学院生の頃には分析哲学や科学哲学がもてはやされ、分析哲学なかりせば哲学ではなく、ドイツ古典哲学の歴史的研究などにどれほどの意味があるのかという、雰囲気さえ感じられた。そこで筆者のヘーゲル研究の動機は、当初、ヘーゲルの形而上学的思索をいかにカントや分析哲学の形而上学批判に対して擁護し正当化しうるかにあった。そのために初期ヘーゲルの発展史的な研究を試みた。しかし時代は変わった。現代では分析哲学の側からカントのみならず、ヘーゲルへの接近が行なわれるようになった。だが、そこから二重の問題関心が呼び起こされるように思われる。一方は、ドイツ古典哲学のうちに分析哲学と共通な事柄が含まれているかどうかについて、これらの新たな研究動向を手がかりに、さらに問い直すことである。他方は、逆に最近の分析系のヘーゲル研究がどれほど従来の発展史や哲学的布置の研究の達成に耐えうるものかを確かめることである。ただ本書ではこれらの点にまだ充分に取り組めておらず、それは今後の課題になるだろう。

また日本フィヒテ協会、日本シェリング協会、日本ヘーゲル学会の会員諸兄からは研究発表の機会を与えていただき、討論において多くの示唆と刺激をいただいた。そのような機会のおかげで、少しずつながら研究を進めることができた。とはいえ、そのような研究も、知泉書館の小山氏からの出版のお誘いなしには、形にはならなかったかもしれない。二〇〇五年六月に駒沢大学で日本ヘーゲル学会の第一回の研究大会が開かれたが、その際小山氏から出版へのお誘いの言葉をいただいた。筆者はその時はとても一冊の本にするほどの材料を持ち合わせていなかったが、そのことがその後ずっと気にかかっていた。そして今回遅まきながら、やっとその宿題を果たすことができたのではないかと思っている。ただし、ご期待に添えられるだけのものになったかどうかは、はなはだ心もとない。ともあれ、厳しい出版事情の中で、本書のように、必ずしも直裁にアクチュアルな内容ではない、哲学史的な研究に対して、出版の機会を与えてくださったことに対して、小山氏に心から感謝申し上げたい。

二〇一〇年六月

久保陽一

初出一覧（各論文に関して今回多少とも手を加えてある）

序論　ドイツ古典哲学の問題意識と理論的特質（書き下ろし）

第Ⅰ部　超越論的観念論の根本的モチーフの展開

第一章「カントにおける表象の客観的実在性の根拠づけ」と第二章「「すべての実在性の根拠」としての「感情」――フィヒテにおける根拠づけ」　日本フィヒテ協会第二〇回大会（二〇〇四年一一月二〇日、同志社大学）におけるシンポジウム「カントとフィヒテ」の提題報告「客観的実在性と関係性、――カントからフィヒテへの展開」をもとにした論文、「「すべての実在性の根拠」としての「感情」――フィヒテにおけるカントとヤコービの総合」（『フィヒテ研究』第一三号、二〇〇五年一一月）。

第三章「シェリングの超越論的観念論の特性」　国際シェリング哲学会議（二〇〇六年一一月二三日、東京大学）における発表 "Die Entwicklung des transzendentalen Idealismus bei Schelling" をもとにした論文 "Die Eigentümlichkeit des transzendentalen Idealismus im Vergleich mit Kant und Fichte" (in: Journal of the Faculty of Letters, The University of Tokyo, *Aethetics*, Vol. 32, 2007) の翻訳（書き下ろし）。

第Ⅱ部　生と認識――ドイツ古典哲学におけるヤコービ問題

第一章「フィヒテにおける「生」の再構成」「関係における自己認識――フィヒテ、ヘルダーリン、ヘーゲルにおける

「生」の再構成」（千田義光・久保陽一・高山守編『講座、近・現代ドイツ哲学』理想社、二〇〇四年）の中の「フィヒテ」に関する箇所。

第二章「シェリングとヤコービ――有限者と無限者との連関をめぐって」『理想』第六七四号、二〇〇五年三月、所収。

第三章「ラインホルトとフィヒテ――ラインホルトにおける超越論的観念論から合理的実在論への展開をめぐって」日本フィヒテ協会第二五大会（二〇〇九年一一月二二日、明治大学）におけるシンポジウム「カントとフィヒテの間の哲学者たち」の提題報告。

第Ⅲ部　生と認識――ヘルダーリンにおける哲学的思索

第一章「私にとっての存在」　日本フィヒテ協会第一三回大会（一九九七年一一月、京都大学）におけるシンポジウム「フィヒテとロマン主義」の提題報告「「私にとっての存在」――ヘルダーリンとフィヒテとの関係をめぐって」（『フィヒテ研究』第七号、一九九八年一一月）。

第二章「ヘルダーリンにおける美と詩の思想」　日本シェリング協会第一〇回大会（二〇〇一年七月、立命館大学）におけるクロス討論「哲学 VS 文学」の提題報告「ヘルダーリンにおける美の哲学」をもとにした論文、「〈自然の暗号文解読〉の根拠づけ――ヘルダーリンにおける美の哲学」（『シェリング年報』第一〇号、二〇〇二年七月）。

第三章「ヘルダーリンにおける生の思想」　伊坂青司・原田哲史編『ドイツ・ロマン主義研究』お茶の水書房、二〇〇七年一月、所収。

第四章「ヘルダーリンにおける生の認識」　シンポジウム「生の矛盾は解消されるのか」（二〇〇九年三月七日、新潟大学）における発表、「ヘルダーリンにおける「生の認識」」（『駒沢大学総合教育研究部紀要』第四号、二〇一〇年三月）。

第Ⅳ部　生と認識――ヘーゲル哲学体系のポテンシャル

第一章「初期ヘーゲルにおける信仰から認識へ」　国際ヘーゲル学会（二〇〇四年九月二二―二六日、トゥールーズ）における発表、"Vom Leben zur Unendlichkeit" をもとにした論文 "Vom Glauben zum Erkennen—Entwicklung der Denkweise Hegels über das Leben"（in: *Hegel-Jahrbuch 2006*, Akademie Verlag 2006）の翻訳、「信仰から認識へ――ヘーゲルにおける「生の考え方」の展開」（『駒澤大学「文化」』第二四号、二〇〇六年三月）。

第二章「「無限性」と「認識」――「超越論的観念論」としての論理学と形而上学」　「「無限性」と「認識活動」――「超越論的観念論」としてのヘーゲルの論理学と形而上学」（『哲学雑誌』第七九一号、二〇〇四年、一〇月）。

第三章「「現象学の論理学」再考」　日独哲学シンポジウム「『精神現象学』二〇〇年」（二〇〇六年三月二五―二六日、法政大学）における発表、「「現象学の論理学」再考」（『理想』第六七九号、二〇〇七年八月）。

第四章「ヘーゲルの体系の原理・条件・方法、――イェーナ時代の思想から」　国際シンポジウム「ヘーゲルの体系の見直し」（二〇〇九年三月三―六日、駒澤大学）における発表、"Idee, Bedingung und Verfahrensweise des Hegelschen Systems. Aus den Jenaer Gedanken" の翻訳（久保陽一編『ヘーゲル体系の見直し』理想社、二〇一〇年、所収）。

補説――最近のドイツとアメリカにおけるヘーゲル研究について

第一章「最近のドイツにおけるヘーゲル研究の諸傾向」　ヘーゲル研究会コロキウムにおける提題報告、"Die Tendenzen der letzten Hegel-Forschungen in Deutschland"（二〇〇四年四月、お茶の水女子大学）の翻訳、「最近のドイツにおけるヘーゲル研究の諸傾向」(『駒澤大学「文化」』第二五号、二〇〇五年三月)。

第二章「ヘーゲルにおける「全体論」と「プラグマティズム」――ブランダムの『精神現象学』解釈について」　東北哲学会シンポジウム「ヘーゲル『精神現象学』の現代的意義」(二〇〇七年一〇月、東北大学)における提題報告、「ヘーゲルにおける「ホーリズム」と「プラグマティズム」――ブランダムの『精神現象学』解釈について」(『駒澤大学総合教育研究部紀要』第二号、二〇〇八年三月)。

第三章「フォルスターの『精神現象学』解釈について」　ヘーゲル〈論理学〉研究会における書評報告(二〇〇八年九月、駒澤大学)「フォルスター『ヘーゲルの精神現象学の理念』」(『ヘーゲル論理学研究』第一四号、二〇〇八年一二月)。

なお、本書は二〇〇七―二〇〇九年度科学研究費補助金〈基盤研究(C)〉の交付を受けた成果の一部である。

人名索引

事項索引

さ　行

た　行

な　行

は　行

ま　行

や～わ　行

久保 陽一（くぼ・よういち）

1943年中国・上海に生まれる。1966年東京大学文学部卒業，1972年東京大学大学院人文科学研究科博士課程単位取得退学，1991年文学博士（東京大学）。現在駒澤大学教授。

〔著書〕『初期ヘーゲル哲学研究——合一哲学の成立と展開』（東京大学出版会，1993年），『ヘーゲル論理学の基底——反省批判と関係の存在論』（創文社，1997年），“Der Weg zur Metaphysik”（Verlag Fink，2000年），『ドイツ観念論への招待』（放送大学教育振興会，2003年），『ヘーゲル体系の見直し』（編著，理想社，2010年）

〔生と認識〕　ISBN978-4-86285-089-8

2010年 8 月15日　第 1 刷印刷
2010年 8 月20日　第 1 刷発行

著　者　久 保 陽 一
発行者　小 山 光 夫
印刷者　藤 原 愛 子

発行所　〒113-0033 東京都文京区本郷1-13-2
電話03(3814)6161 振替00120-6-117170
http://www.chisen.co.jp
株式会社 知 泉 書 館

Printed in Japan　印刷・製本／藤原印刷